本书的出版得到中央财政专项课题"大都市社区治理与公共安全专业能力实践基地"子项目"白发相亲与社会的情感结构——以沪杭两地相亲角为例"的支持,也是2011年上海高校青年教师培养资助计划项目("白发相亲"与社会的情感结构,项目编号:HZF11003)的阶段性成果之一,特此致谢!

谁来娶我的女儿

上海相亲角与"白发相亲"

孙沛东 著

中国社会科学出版社

图书在版编目(CIP)数据

谁来娶我的女儿？：上海相亲角与"白发相亲"/孙沛东著.
—北京：中国社会科学出版社，2012.12 (2013.1 重印)
ISBN 978 - 7 - 5161 - 1761 - 3

Ⅰ.①谁… Ⅱ.①孙… Ⅲ.①婚姻问题—研究—中国
Ⅳ.①D669.1

中国版本图书馆 CIP 数据核字 (2012) 第 279013 号

出 版 人	赵剑英
责任编辑	姜阿平
责任校对	张玉霞
责任印制	王 超

出 版	中国社会科学出版社
社 址	北京鼓楼西大街甲 158 号（邮编 100720）
网 址	http://www.csspw.cn
	中文域名:中国社科网 010 - 64070619
发 行 部	010 - 84083685
门 市 部	010 - 84029450
经 销	新华书店及其他书店

印 刷	北京君升印刷有限公司
装 订	廊坊市广阳区广增装订厂
版 次	2012 年 12 月第 1 版
印 次	2013 年 1 月第 2 次印刷

开 本	880×1230 1/32
印 张	9.5
插 页	4
字 数	256 千字
定 价	28.00 元

凡购买中国社会科学出版社图书,如有质量问题请与本社联系调换
电话:010 - 64009791

序

戴慧思(Deborah S. Davis)

    2007 年，孙沛东完成博士阶段的学习之后，从广州来到上海。她希望尽快认识和理解这个陌生的城市。位于上海某公园的"相亲角"当时已经名声在外，同年 9 月，她开始在这里进行为期 10 个月的田野研究，访问每逢周末和节假日来此为自己的未婚子女寻找合适的结婚对象的父亲母亲。媒体将这种现象称为"剩女"现象，尤其是高学历的职场女性相对男性"过剩"，而难以找到合适的配偶的后果，这些年轻女性被称为"败犬"，她们都有一颗"恨嫁"的心。

    事实上，作为一位社会学者，孙沛东博士深知就性别比而言，在 35 岁以下的待婚者中，男性的人数多于女性；40 岁仍然未婚的男性数量仍旧多于同龄的女性；即使在上海 20 岁上下的男性的人数也多于同龄的女性。基于此，她希望解释"剩女说"为何仍旧在社会上大行其道的原因。

    孙沛东博士通过批判性地评述择偶的文献，继而开始了对"相亲角"的精彩叙述。她比较了经济学的婚姻市场理论、社会学的地位匹配理论和心理学的情感模型理论，发现它们都不能解释她在"相亲角"发现的悖论，该悖论是指：尽管"相亲角"效率低下,但是人气却很旺。从经济学角度说,这个婚姻市场缺乏效率,几乎没有父母在其中为子女找到配偶。事实上,父母和子女都认为只有子女本人才能找到意中人。然而,尽管父母们清楚他们的努力不会成功,但是,他们仍旧定期聚集在公园,同时更加积极地将子女在学业上和工作中的成就,事无巨细地通过"征婚牌"广而告之。

在上海社会开始变得前所未有的市场化的背景下,对"相亲角"的父母们貌似非理性的行为和市场失灵的解释是"理性的非理性"。当需求大于供给时,市场会呈现出一种生气勃勃的景象;价格也会上升,以便吸引更多的供给;供给增加,市场达到均衡。但是,"相亲角"的主要功能不是达到供需均衡。相反,它回应了当下中国社会中涌现的一种集体焦虑,尤其是60岁左右的城市人口的焦虑。他们是第一代独生子女的父母,曾经"上山下乡"的"知青一代"父母。正因为这些父母历经苦难的岁月,个人情感和婚姻生活并不幸福,所以,他们更加迫切地希望自己的子女不要再"走错路"。然而,就现实而言,他们也深知自己无法帮助子女在择偶问题上做出"正确的选择",既然如此,他们为什么仍旧坚持不懈地来到"相亲角"寻寻觅觅?为什么他们要继续做出这种非理性的行为?

孙沛东博士给出的专业解释是:与为子女寻找到一位合适的结婚对象相比,"相亲角"在更大程度上满足了父母们自身的需求。"相亲角"吸引了成百上千的焦虑的父母,他们中的许多人业已退休,或者刚刚从外地来到上海生活。一方面,这些父母们除了每个周末都会从四面八方聚集到公园之外,他们之间的共同点少之又少。但是,事实上,另一方面,他们都有一种集体焦虑积郁胸中,这种焦虑来自对未来的不确定以及对子女"选错人"的灾难性后果的恐惧。然而，在公园这个公共空间的定期会面以及将个人忧虑诉之于众的做法，使得他们获得了一种独特的社会支持。对子女的担忧原本属于个人性的，就传统而言，中国社会并不鼓励人们将个人私事带入公共生活。但是，在"相亲角"，个人的忧患唤醒了众多公共担忧，通过分享他们对于子女的忧虑，相亲角成为一个成功的公共聚集地。

上海相亲角的研究还回应了阎云翔及其他学者所进行的有关中国社会出现的日益增长的个人化趋势的研究。市场化以及国家从住房、医疗和儿童养育等领域的退出，迫使城市居民凡事靠自己的程度达到了 1949 年以来前所未有的高度。同时，中国对源自海外的新文化价值持一种开放态度，人们能够更加自由地选择流动到新城市，开始一份新工作，组建一个新家庭，这些都相应地对公共生活中的社会交往产生了更多的需求。因此，尽管上海相亲角的效率低下，不能达到最初和预想的功能，它却依旧保持了很旺的人气，因为"相亲角"的存在，在一定程度上纾解了人们的焦虑，这种焦虑来自于市场化和商品化产生的新自由。

我第一次遇到孙沛东是在广州，作为她的博士论文答辩委员会主席，我在中山大学参加了她的答辩会。她的博士论文分别用汉语和法语两种语言完成。答辩之后，她获得了双博士学位：一个是中山大学的社会学博士学位，另一个是法国巴黎政治学院（Sciences Po in Paris）的社会学博士学位。沛东的论文研究了"文革"时期广东民众的日常着装选择。服装一向被视为琐碎的、显而易见的和无足轻重的，然而，这篇论文却表明通过对一种着装行为的仔细研究，能够揭示日常生活中的着装选择如何帮助我们理解社会现实，对此，宏观的和微观的经济学测量却难以捕捉。为什么求之不得并不总是意味着失败? 在这本相亲角的专著中,孙沛东博士再一次向我们展示了她系统性地、睿智地研究日常生活的能力。

目　　录

4 谁来娶我的女儿?

引　言

一　"中国式焦虑"

在今日之中国，焦虑已经成为社会的普遍心态，或者说"普遍的社会性焦虑"① 在中国蔓延。当我们的衣、食、住、行这些基本的生存环节都遭遇到莫大的风险之时，我们很焦虑。

高房价、高物价、高生活成本、蚁族、裸婚族、官二代、富二代、军二代、垄二代……从 20 世纪 90 年代中期到 2005 年短短 10 年，人们的财富差距就由万元级、几十万元级转向千万元级。在很多普通民众看来，如果没有"背景"，缺少资本，生"错"地方，入"错"行业，没赶上好机遇，即使通过自我不断地努力，也无法实现个人的既定目标。② "老不信"③ 不假思索地怀疑权力和财富，同时热衷于追逐权力和财富。我们生活在互不信任中，充满了焦虑和恐惧，并不断地饮

① 何怀宏：《中国的忧伤》，法律出版社 2011 年版，第 8 页。

② 杜海涛：《焦虑成为社会普遍心态》，人民网 2011 年 8 月 5 日（http：//www.21ccom.net/articles/zgyj/gqmq/2011/0805/42517.html）。

③ 蒋波：《老百姓不相信政府专家及媒体，成"老不信"》，新华网 2011 年 9 月 8 日（http：//news.xinhuanet.com/local/2011—09/08/c_121999265.htm）。

鸩止渴。在这样的情况下，我们的心态怎么会平和？

2011 年 6 月出现的"郭美美事件"；2011 年 7·23 甬温线动车追尾事故及铁道部的善后处理，几乎彻底粉碎了中国大陆中产阶级对现实的幻想与改良的梦想。① "今天的中国本身就是一列在雷雨中行驶的动车，你我不是看客，你我都是乘客。"② 2011 年 10 月广东佛山发生的两岁女童先后被两辆车碾压，18 位路人无一施救的惨案再次拷问我们："道德冷漠"③和"道德盲视"④ 究竟如何产生并蔓延？缺乏人性关怀的社会，如同一架飞速运转的马达，因缺乏足够的润滑剂，到处是冲突与不安。当前中国社会集体焦虑症呼唤关怀。面对纷乱而残酷的社会事实，一方面，新政策和措施不断出台，党和政府就像消防队，四处灭火和补救；另一方面，普通民众以及那些良知尚存的独立知识分子们一遍遍地追问：我们的国家到底怎么了？这一切都是为什么？政府缺位？市场失灵？社会幼弱？道德沦丧？问题很严峻，良药有待寻，叫我们如何不焦虑？

徒劳的焦虑于事无补，我们希望剖析这种"中国式焦虑"。深陷于这种"中国式焦虑"的人中，有一些"中国式父母"。"谁来娶我的女儿"是上海某公园相亲角很多父母失望而无助的呼号。这句话背后难以按捺与排解的同样是"中国式焦虑"。这是"城市病"？还是现代性难以承受的后果？抑或是个体化的后果？

---

① 潘采夫：《当中产成了愤怒的小鸟》，嫣牛博 2011 年 8 月 1 日（http：//www. bullock. cn/blogs/pancaifu/archives/154537. aspx）。

② 祝华新：《到了用网络倒逼改革的时候了》，《中国青年报》2011 年 7 月 25 日（http：//zqb. cyol. com/html/2011—07/25/nw. D110000zgqnb_ 20110725_ 5—03. htm）。

③ ［英］齐格蒙·鲍曼：《现代性与大屠杀》，杨渝东、史建华译，译林出版社 2002 年版，第 25 页。

④ 同上书，第 32 页。

二　问题的缘起

我是一个道地的"乡下人"：来上海工作之前，我从未涉足此地，相关"地方性知识"几乎为零。为了迅速适应并融入当地生活，几乎每个周末，我都行走在上海的角角落落。2007年9月8日，周六，我来到位于闹市区的某公园。

每逢周末和法定节假日，上海市HP区NJ路附近某公园的北角人头攒动，熙熙攘攘，如同集市。一群中老年人三三两两或立或坐，以品评的目光相互打量着。这些人的共同点是都拿着纸牌或者站在自己的摊位前面。这种特殊的聚会似乎暗示这里是某种市场，其商品既非古玩又非汽车。事实上，这是一个婚姻市场：一个独一无二的公共聚会。

他们为人父母，面容疲惫，心事重重，自带干粮饮品和小板凳，沐雨栉风，却气节不倒，口风强硬，绝不让步。为了帮助儿女们挑选合适的"结婚候选人"，他们从城市的各个角落搭乘公共交通或驾车聚集到这个公园的一角。

这里被分为两块：一块是"自由挂牌区"，印有择偶者年龄、身高、学历、工作、月薪、房产和户口等信息以及择偶要求的广告纸，被整整齐齐地贴在长达十几米长的广告栏上，广告栏被安置在蓝色的遮阳走廊上。由于广告位有限，有些父母干脆将上述信息写在纸板上，平铺在地面上或者用木夹把纸板夹在树枝上供人浏览。大多数情况下，这些广告纸还配发择偶者的照片，甚至是大幅艺术照。①

---

① 笔者2007年12月在此遇到的一位父母，将女儿的巨幅艺术照悬挂在大树上，守相待人。因为照片拍得很美，引来众人围观。这对父母要求有意者自行介绍男方的具体情况，觉得满意才肯透漏女儿的一些相关信息。

广告分60后版、70后版、80后版、涉外版、"新上海人"版、二婚版等,号称另类"儿女交易市场"。另一块是"业余红娘区",父母们挤在婚介周围,翻看记录册上登记的相亲者信息。

这里是相亲角。

这里正在上演"白发相亲"的街头剧。

什么是相亲角?指近年在中国大中城市的某些公众场所(如公园等)出现的免费相亲场所。2005年6月起,上海某公园一角由父母自发组织并形成了以摆摊挂牌的方式帮助子女寻找结婚对象的一个免费平台。根据媒体的报道,这一现象在国内其他大中城市也屡见不鲜。[①] 什么是"白发相亲"?它是一种非制度、非正规的婚姻代理方式,指父母代替子女在"相亲角"寻找结婚对象这种新型的择偶模式。

来到相亲角"摆摊"的多数是帮助子女寻找结婚对象的父母(或者其他亲戚),也有一些私人婚介,还有少数为自己找伴侣的大龄,甚至中老年男女。总体来说,待婚

---

① 　参见《北京晨报》、《杭州日报》和中国频道等媒体的相关报道。李佳佳:《申城风景线:"梅花"七夕搅局　沪人相亲热度不减》,中国新闻网(http://www.chinanews.com/sh/2011/08—06/3238893.shtml);蒋佳佳,孙晓菲:《80后入驻人民公园相亲角　父母操心儿女终身大事》,《东方网》2009年2月7日(http://sh.eastday.com/qtmt/20090207/u1a533692.html);肖向云:《万松书院相亲会,上了海外纪录片》,《杭州日报》2006年8月6日(http://hzrb.hangzhou.com.cn/20060801/ca1182797.htm);肖向云:《"万松书缘"相亲会》,《杭州日报》2010年5月12日(http://week.hzrb.cn/system/2010/05/12/010630489.shtml);王毅:《"不一样的周末"他们忙着给子女相亲》,《城市周刊》2009年10月28日(http://week.hzrb.cn/system/2009/10/28/010224512.shtml);阿董:《南京"万人相亲会"老中青上阵》,《中新网》2006年3月19日(http://news.eastday.com/eastday/node81741/node81763/node124673/userobject1ai1923697.html)。

青年①以女性白领为主，年龄从 20 多岁到 40 多岁不等，② 待婚者中才貌双全、儒雅多金的优秀人士很多，让人难以相信他们会遭遇结婚障碍。

相亲角男少女多，女方的父母远远多过男方的亲友。"剩女"嗷嗷待嫁，"剩男"则一幅施施然待价而沽的模样。在中介费用方面，标准更是"男女有别"。有个中介的摊档前摆放着这样的广告："业余红娘：几百位优秀男女等你选择，男方免费报名、介绍，大龄女勿扰。"男方父母只需在这里留下孩子的基本资料，即可免费入会，而女方则需支付 90 元方能成为会员。

令人不解的是：就老一辈而言，"白发相亲"的父母们具有哪些群体特征？属于哪个社会阶层？他们为什么会如此深度地介入子女的婚姻？他们如何看待相亲角？在相亲角上演的"白发相亲"这种择偶模式的效率如何？至于新一代，青年人为什么会同意父母帮助自己相亲？相亲这种在人们的印象中封建又传统的择偶方式，为何在崇尚自由、标榜爱情、时尚前卫的都市白领身上重新复活？

三　谁在"白发相亲"？

在 2007 年 9 月至 2008 年 6 月这段田野研究中，我们访问

---

① 本书中所用到的"待婚青年"、"待婚男女"和"待婚子女"这些称谓是一种"理想类型"式的划分，旨在与社会上"大龄青年"和"大龄男女"之类的词语区分开来：笔者认为"大龄"含有某种程度的年龄歧视。事实上，笔者也不能否认"待婚"暗含"他们应该结婚"的意味。

② 2010 年 3 月 8 日上海电视台早 7：30 新闻再次报道了相亲角，题目是《人民公园相亲角 90 后露面》。

了 43 位父母，其中男性 17 人，女性 26 人；被访者的年龄从 48 岁到 73 岁不等（其中只有一位年仅 36 岁，他是为妻子的姐姐寻找结婚对象）。他们主要以上海本地人为主（83.7%），只有 7 位来自外地（江西、湖北、黑龙江和天津四地），占 16.3%。

有学者将 1947—1957 年出生的人口划为"知青一代"，[①] 这主要是人口学意义上的划分；也有人认为"知青一代"大体包括 1947—1959 年出生于城镇，并于 1967 年底至 1979 年初上山下乡的 1647 多万人。[②] 有学者认为"文革一代"、"知青一代"和"红卫兵一代"，大体上指同一个代。[③] 事实上，在中国，把城市年轻人下放到农村始于 1955 年，到 1962 年时这已成为政府日常工作的一部分，但涉及的人数不多，1966 年这项工作因"文革"的混乱而暂时中断。1968 年恢复实行，但性质已大不相同，且规模更大。[④] 就参加者来看，三次浪潮的主题分别是：1967 年末—1972 年，年龄较小的初中生为主体，包括大部分"老三届"初、高中生和 1969—1972 届的初中生；1973—1977 年，以"文革"中的高中生为主体；1978—1979 年，生于 1950 年代末的青年刚走出高中校门，他

①　彭希哲、任远：《从"知青一代"的职业流动看社会变迁》，《社会学研究》1998 年第 1 期。

②　陈意新：《从下放到下岗 1968—1998》，《二十一世纪》1999 年第56 期。

③　杨国斌：《红卫兵一代的认同转变》，载宋永毅主编《文化大革命：历史真相与集体记忆》，香港田园书屋 2007 年版，第 384—398 页。

④　从 1955 年到 1961 年不到 20 万人，从 1962 年到 1966 年共有近 130 万人，一共不到 150 万人。从 1967 年到 1979 年这 13 年，大约有 1650 万人。知青被送到农村"下乡"，从 1968 年开始成为强制性的，并且原则上成为固定不变的政策。这一运动称为"上山下乡运动"。参见潘鸣啸《上山下乡运动再评价》，《社会学研究》2005 年第 5 期。

们中的一小部分人也去了农村。① "下过乡"和经历过"文革"是这一代人共同拥有的经历。

自20世纪中期起，上海市曾经有110余万知识青年响应国家号召上山下乡支援外地建设。② 在相亲角的43位被访者中，按照年龄，1947—1959年出生的有30人；1942—1946年出生的有10人；1935年、1960年和1972年出生各1人。1998年，"上山下乡运动"爆发30周年的时候，这些被访者大都年过不惑，有的已达知天命的年纪。2008年他们在相亲角接受笔者访问的时候，大多数人已经是五六十岁的年纪。总体看来，他们都是1949年建国以后成长起来的一代，而且70%的人（30人）属于"知青一代"。由此可见，本样本群体中的"白发相亲"者的人员构成以上海知青这一代人为主。

他们的教育背景：小学及以下有2人，占4.65%；初中有12人，占27.91%；高中（包括中专）有12人，占27.91%；大学有17人，占39.53%。由此可见，受访的"白发相亲"者的受教育程度较高，高中及以上学历的占到整体的67.44%。

被访者的职业分布如图1，其配偶的职业大致相同或妻子一方略低于丈夫一方。

---

① 第一次上山下乡高潮中，他们中的715.68万人去了农村；第二次高潮中，他们858.66万人去了农村；当上山下乡接近尾声时，生于20世纪50年代末、高中刚毕业的青年中的一小部分人也去了农村。参见陈意新《从下放到下岗1968—1998》，《二十一世纪》1999年第56期。

② 张宁宁：《回沪知青群体社会保障问题探析》，《劳动保障世界》2011年第8期。

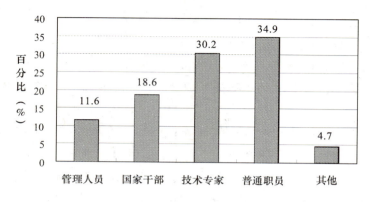

图1　上海某公园相亲角"白发相亲"受访者职业结构

　　这里的管理人员指企业主、企业培训主管、财务主管、销售主管和总经理秘书等。国家干部指公务员、国企管理层、街道干部和工会干部等。技术专家指教师、研究人员、医生、工程师、会计师等。普通职员指普通工人和普通白领。"其他"指农民和家庭妇女。由图1可见,包括管理人员、国家干部和技术专家在内的三类人员占"白发相亲"者的60.4%。

　　就住房情况而言,以家庭为单位,36位本地人共有54处房产,平均每个家庭占有住房1.5套。具体来说,其中有25人拥有1套,占69.44%;9人拥有2套,占25%;2人拥有3套,占5.56%;1人拥有4套,占2.78%,而且这些房产主要位于黄埔、静安、虹口等核心老区(只有一套房产在崇明郊区)。7位外地人中只有一位在闵行区购买商品房,有6位租房与子女共同居住。在上述自有住房中,商品房总数为42套(包括两套别墅),占77.78%;老公房6套,占11.11%;回迁房3套,占5.56%;自建房3套,占5.56%。

　　因此,从受访者的教育水平、职业、住房三个指标来看,

"白发相亲"的"知青一代"已经是这个城市的中产阶层。参照李强提出的中产阶层的标准——小康生活、职业白领以及良好教育，[①] 他们同样属于中产阶层。本研究的"中产阶层"概念泛指一般意义上的城市中等阶层，特别是城市居民为主体的中等收入群体。由于本书并不对中国城市的阶层结构以及本研究对象群体的经济收入、职业声望、权力地位及阶级意识等展开分析，因此本书的"中产阶层"概念有别于严格意义上的（作为理想类型的）"中产阶级"概念。

四　为谁"白发相亲"？

上述被访者来到相亲角，是为 46 位（其中一位母亲帮一对子女和一个外甥女找，一位父亲帮两个女儿找）子女寻找合适的结婚对象，这些子女又有何特征？

就性别来看，男性 17 人（36.96%），女性 29 人（63.04%），被访者的年龄分布如下表所示：

表1　　上海某公园相亲角"待婚者"性别与年龄结构

年龄（岁）	女性（位）	男性（位）
21—25	5	3
26—30	16	5
31—35	3	8
36—40	4	0
41—45	1	1

---

① 李强：《转型时期：中国社会分层》，辽宁教育出版社 2004 年版，第305页。

从户籍来看，正如他们的父母一样，46 个青年中有 7 位来自外地，因此，整体上以上海人为主，总数为 41 位，其中包括取得户籍的"新上海人"2 位，占到 89.13%。

他们的教育背景：本科以下（包括高中、大专和中专）有 9 人，占 19.57%；本科有 30 人（包括双学士 1 人），占 65.22%；硕士（包括双硕士 1 人）有 5 人，占 10.87%；博士有 2 人，占 4.35%。硕士及以上学历者拥有海外学位的有 4 位，占全部硕士及以上学历者的 57.14%，总之，本科及以上学历占总人数的 80.43%。

他们的职业以普通白领（这里用普通职员一词）居多，占 39.1%；其次是技术专家，占 32.6%；再次是管理人员，占 23.9%；最后是各占 2.2% 的国家干部（即公务员）和学生。如图 2：

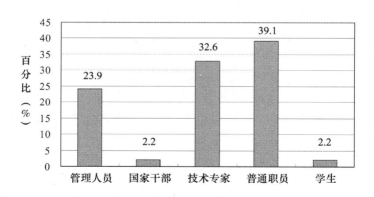

图2　上海某公园相亲角"待婚者"职业结构（受访者数据）

上文提到"上山下乡"的上海知青有 110 余万人，从 20世纪 80 年代初开始，考虑到部分上海知青因工作和家庭不能返乡，上海市政府出台上海知青子女可以回沪一人的政策。从此开始，知青子女开始陆续顶替知青父母来到上海学习、居住和生活。1978 年 10 月至 1981 年 12 月，顶替父母回沪的知青子女有 12.44 万人，1982 年抽样调查显示，从外省迁入上海市区的人口中，23% 是以子女顶替形式迁入的。而根据 1987 年 1% 上海市人口抽样调查，市区的青年人口数量为 2722994 人，其中回沪知青子女数量占了将近 5%。① 这些在相亲角"上市"的年轻人中的大部分就是这样的"知青子女"。

与他们的父母一样，经过努力，他们也已经成为上海年轻的中产阶层。他们中间主要以上海本地人为主；学历较高，本科及以上占到 80% 以上；职业中以普通白领、管理人员和技术专家为主，占到 95.6%。在这 46 位待婚者之中，女性占 6 成以上，其中 5 成以上女性的年龄在 26—30 岁；而接近 5 成的男性的年龄在 31—35 岁。

---

① 朱孔芳、刘小霞：《上海市回沪知青子女抗逆力研究》，《当代青年研究》2010 年第 1 期。

第一章

文献回顾

　　媒体关注"白发相亲"现象已有多年历史，少数学者探讨过电视征婚这种择偶方式，[①] 但对于"白发相亲"这种独特的择偶模式及相亲角，国内外学界尚无相关研究。在本书的文献回顾章节，我们将主要探讨有关择偶标准的理论，有关择偶过程的理论，有关择偶的实证研究和有关"白发相亲"现象的研究。

一　有关择偶标准的理论

（一）社会学理论

　　从社会学的角度研究择偶行为，大体上包括两个不同的角度：一是从微观的角度切入，把择偶行为看做是个体之间通过资源交换实现互惠的过程，"资源交换论"是这种视角的代表；二是从宏观的社会结构的角度切入，探究双方地位组合表现出来的模式，这主要包括相似相容的"同类匹配论"和男高女低的"梯度匹配论。"

----

　　① 风笑天：《电视征婚有助于青年人择偶吗?》，《社会》2001 年第 1 期。

1. 资源交换论

从社会学的交换理论看，择偶也是一种理性的交换行为，在婚姻市场中，男女双方通过有形无形资源的交换，以期获得最大的回报。[①] 但是，不同的学者强调不同类型的资源交换：有学者认为在婚姻关系中，男方是用自己的社会经济资源来交换女方的性和家务服务[②]；也有学者强调男方用社会经济资源交换女方的种族地位[③]和文化资本[④]。

从现有的研究看，在择偶过程中，男女双方的资源交换有以下几种类型：[⑤]

一是男性用社会经济资源与女性的外表吸引力相交换。[⑥] 这些学者强调，在交换过程中，女方看重的是男方的社会经济地位，而男方则关注女方的容貌，有学者直截了当地把论文题目叫做《作为成功象征的男性和作为性对象的女性》[⑦]。这种标准与中国存在的"郎才（财）女貌"的择偶标准相一致。Taylor

① Edward, J. N., "Familiar Behavior as Social Exchange", *Journal of Marriage and the Family* 31：518—526，1969.

② Schoen, R. and Wooldredge, J., "Marriage Choices in North Carolina and Virginia, 1969—1971 and 1979—1981", *Journal of Marriage and the Family* 51：465—481，1989.

③ 转引自 Wang, Yujun "A Critique of the Status Exchange Theory of Merton and Davis in Mate Assorting", Paper presented at the annual meeting of the American sociological association, Montreal Convention Center, Monttrea, Quebec, Canada, Aug. 11, 2006。

④ DiMaggio P. Mohr J., "Cultural Capital, Educational Attainment, and Marital Selection", *American Journal of Sociology* 90：1231—1261，1985.

⑤ 转引自 Rosenfeld, Michael J. "A Critique of Exchange Theory in Mate Selection." *American Journal of Sociology* 110（5）：1284—1325，2005。

⑥ Edward, J. N., "Familiar Behavior as Social Exchange", *Journal of Marriage and the Family* 31：518—526，1969.

⑦ Davis, S., "Men as Success Objects and Women as Sex Objects：A Study of Personal Advertisement", *Sex Roles* 23：43—50，1990.

和 Glenn 的研究发现，在控制女性社会经济特征的情况下，妻子的外貌吸引力仍然对丈夫的职业声望有正向的影响。[1] 但该研究的缺陷在于，它没有控制丈夫的外貌吸引力，如果个体自身的吸引力和职业声望正相关的话，那么表面上的交换效应更可能是夫妻之间基于吸引力同类匹配的结果。Stevens 等人（1990）的研究表明，在同时控制丈夫的吸引力和妻子的教育程度的条件下，妻子的吸引力对丈夫的教育并没有影响。[2]

二是男性的社会经济资源与女性的持家能力交换。这种类型的交换与我国"男主外，女主内"的现象相吻合。然而，随着女性教育程度和就业率的提高，以及家务劳动社会化的逐步出现，这种交换模式也受到一定程度的影响和冲击。

三是男性的社会经济地位与女性的种族地位交换。[3] 这种视角最早由默顿和戴维斯提出，因而也有学者称之为默顿—戴维斯假设。该假设认为对一个种族地位较低的男性而言，社会经济地位较高的社会成员更有可能外婚，找一个种族地位较高的异性。在默顿看来，高地位的黑人男性与低地位的白人女性之间的族际婚姻是一种非正式的交换，即黑人用较高的社会地位换取白人的种族优势。这是在社会学择偶研究中受到关注最多的交换模式之一，是用来解释族际通婚的主要理论视角。但

---

① Taylor PA, Glenn ND. , "The Utility of Education and Attractiveness for Females' Status Attainment through Marriage", *American Sociological Review* 41：484—498, 1976.

② 转引自 Kalmijn, Matthijs "Intermarriage and Homogamy：Causes, Patterns, Trends", *Annual Review of Sociology* 24：395—421, 1998.

③ Schoen, R. and Wooldredge, J. , "Marriage Choices in North Carolina and Virginia, 1969—1971 and 1979—1981", *Journal of Marriage and the Family*, 51：465—481, 1989; Kalmijn, Matthijs, "Trends in Black/White Intermarriage", *Social Forces* 72：119—146, 1993.

是，从后文对实证研究的回顾中可以看到，该假设并没有得到经验资料的充分支持。

四是男性的社会经济地位与女性的文化资本交换。DiMaggio 和 Mohr 的研究发现，在控制女性教育程度的情况下，女性的文化资本对男性的教育水平有正向的影响;[①] Uunk 进一步的研究发现，在同时控制女性的教育程度和男性的文化资本的条件下，女性的文化资本与男性的教育水平依然存在显著的偏相关，从而为交换理论提供了支持的依据。[②]

从上述四种常见的资源交换类型可以看出，对社会经济地位较低的女性来说，她们可以凭借外貌吸引力、持家能力、种族地位或文化资本等方面优势"上嫁"给社会经济地位较高的男性，从而通过婚姻实现向上的社会流动。

择偶作为一种社会交换，与市场上的纯经济交换也存在区别：首先，经济交换存在一个交换双方"讨价还价"的过程，而社会交换在一些情况下是一种无意识或下意识的举动。其次，社会交换把无形资源纳入了研究的范畴。由于无形资源的价值较难评估，再加上评价标准又存在个体差异，所以交换带有很强的个人色彩。[③]

还有一个与资源交换比较接近的婚姻市场理论，该理论认为未婚男女形成一个潜在的交易市场，社会和人口因素的变化会影响市场的均衡进而影响男女双方的择偶。由于婚姻市场理

---

①　DiMaggio P. Mohr J. , "Cultural Capital, Educational Attainment, and Marital Selection", *American Journal of Sociology* 90: 1231—1261, 1985.

②　W. J. G. Unnk, *Who Marries Whom? The Role of Social Origins, Education and High Culture in Mate Selection of Industrial Societies during the Twentieth Century*, PhD Thesis, Jijmegen University, 1996.

③　Eshleman, J. R. , *The Family: An Introduction*, (7th Edition) Botston: Allyn and Bacon, 1994.

论对供求均衡的考察只考虑性别比、年龄、种族、文化程度等较易测量的因素的影响，忽略了受社会、文化影响的偏好结构的重要性，从而折损了该理论的解释力。[1]

2. 同类匹配论（status homogamy）

还有些学者从社会结构的视角看待择偶，这种视角并不排斥交换，但强调择偶行为并不是任意的、随机的，而是发生在一定的边界范围之内，跨边界的婚姻是少数现象。构成这个边界可能是种族、宗教、阶级等。这样，整个婚姻市场就根据边界的不同被分割为几个不同的亚市场，择偶行为通常发生在不同的亚市场内部。这些学者发现，人们通常倾向于与群体内部的其他成员或是与自己社会地位相似的人结婚，这也被称为"内婚制"（endogamy）或"同类婚"（homogamy）。这种相似性可以表现在三个不同的层面：第一个层面是完全先赋的因素：民族和种族；第二个层面是价值观，指由宗教和文化影响塑造的人生目标、兴趣爱好和行为方式；第三个是个人层面，主要强调的是社会属性，即个人的教育程度、社会经济地位和家庭背景等。[2]

社会学主要从个体择偶偏好、社会群体的压力和婚姻市场结构的约束三个方面解释同质婚的原因。[3] 首先，从个体偏好来看，人们在择偶过程中关注对方的社会经济资源和文化资源，因为在社会经济和文化背景等方面相似的人之间更可能实现公平交换，心理上感到舒适。其次，从群体影响看，一方

---

[1]   转引自李煜、徐安琪《择偶模式和性别偏好研究：西方理论和本土经验资料的解释》，《青年研究》2004 年第 10 期。

[2]   转引自李煜、徐安琪《婚姻市场中的青年择偶》，上海社会科学院出版社 2004 年版，第 25—26 页。

[3]   Kalmijn, Matthijs, "Intermarriage and Homogamy: Causes, Patterns, Trends", *Annual Review of Sociology* 24: 395—421, 1998.

面，在社会化的过程中个体会内化内婚制的规范，从而选择相似的配偶；另一方面，如果违背内婚制的规范，则可能受到社会群体的惩罚（sanction）。最后，从婚姻市场的约束看，特征相似的人通常空间距离比较近，从而增加结识机会，降低交往成本；那些数量较小、居住空间比较分散的社会群体成员，内婚制受到限制。

西方社会学家主要从种族、宗教和社会经济地位三个方面描述同质婚。种族、宗教问题对研究我国的婚配模式借鉴意义不大，这里主要介绍学者对地位匹配的研究。地位匹配具体可分为基于先赋条件和自致因素两类，先赋条件通常用夫妻双方父亲的职业来测量，而自致因素则用夫妻双方的教育和职业来测量。

学者对西方社会的地位同质婚的研究发现主要有以下三个方面：第一，用不同的标准衡量，内婚程度不同，教育同质婚最强，职业同质婚次之，而先赋性匹配程度最弱；第二，不同地位群体的内婚程度不同，教育程度最高和最低的群体内婚响度较高，从职业看，农民内婚程度高；第三，不同的群体边界跨越难度不同。对教育而言，最强的边界在于是否接受过大学教育，对职位而言，最强的边界存在于蓝领和白领之间[1]。

这里需要指出的是，在社会学对婚配模式的研究中，教育是测量自致因素最重要、最常用的指标，因而受到许多学者的关注，相关的研究文献也最多。教育受到重视主要有以下三个方面的原因：首先，随着从传统农业社会向现代工业社会的转型，个人自致条件取代先赋因素成为重要的地位获得标准，教育是重要的自致因素，家庭背景通过影响子女教育影响他们的

---

① Kalmijn, Matthijs, "Intermarriage and Homogamy: Causes, Patterns, Trend", *Annual Review of Sociology* 24: 395—421, 1998.

生活际遇；其次，在现代工业社会，教育不但影响个人和家庭的社会经济地位，还影响到个人的文化资本和生活品位；最后，与职位和收入相比，教育测量更稳定、可靠，具有较高的信度。

事实上，研究婚配模式的学者关注的一个核心问题是：在现代化过程中，内婚制或同类婚会强化还是弱化。对种族、宗教同质婚发展趋势而言，学者的研究发现比较一致，它们在现代化的过程中会走向弱化。[①] 但对教育同质婚的发展趋势，学者的发现则不尽相同。一些学者认为，在现代化过程中，教育取代家庭背景成为影响地位获得的主要因素，这会对人们的择偶行为产生影响。在择偶过程中，社会成员为获得较高的社会经济地位，会更关注对方的教育程度，从而造成婚姻的教育匹配程度会强化。[②]

而另有一些学者则强调，随着社会物质财富的积累、福利水平的提高和社保制度的健全，社会成员通过婚姻确保社会经济地位的动机在下降，爱情会取代教育成为婚姻的基础，因而教育在择偶过程中的重要性削弱，婚姻的教育匹配也会随之弱化。有学者综合前两种看法，提出在现代化过程中教育同质婚呈现先升后降的倒 U 形，在早期随着现代化水平的提高而上升，到了一定的程度，则随着现代化水平的提高而下降。[③]

---

① Kalmijn, Matthijs, "Intermarriage and Homogamy: Causes, Patterns, Trend", *Annual Review of Sociology* 24: 395—421, 1998.

② 此外，还有学者用从离校到结婚之间时间间隔缩短来解释现代化过程中教育同质婚的提高，参见 Mare R. D., "Five Decades of Educational Assortative Mating", *American Sociological Review* 56: pp. 15—32, 1991。

③ Smits, Jeroen, Wout Ultee, and Jan Lammers, "Educational Homogamy in 65 Countries: An Explanation of Difference in Openness Using Country-Level Explanatory Variables", *American Sociological Review* 63: pp. 264—285, 1998.

3. 梯度匹配论（heterogamy/hypergamy）

还有学者研究发现，人们的婚配模式存在一定的梯度，即男性通常倾向于寻找与自己地位相当或稍低的女性为伴侣；女性则倾向于寻找比自己地位高的男性为配偶。这样，由女性"上嫁"和男性"下娶"形成"男高女低"的梯度婚配模式。①

从社会流动的角度看，这种婚配模式为在男权社会中处于地位劣势的女性提供了一条通过以自己的容貌换取对方社会经济地位，从而实现向上流动的渠道。

婚配模式也与性别角色关联。随着女性教育程度、就业率、职业地位和经济收入的提高，男女两性之间梯度匹配模式受到挤压，女性的社会经济地位受到重视，择偶偏好的性别差异减弱。

中国内地市场化之后，白领阶层的兴起意味着其经济能力的提升。那么，经济能力与婚姻进入的关系如何？对于这一问题，学者大体上有三种不同的观点："经济能力的婚姻抑制论"、"经济能力的婚姻促进论"和"情境变异论"。

第一，"经济能力的婚姻抑制论"。这种观点认为经济能力与婚姻进入负相关，经济能力较高的女性更可能单身，从而更不可能结婚。针对这里的因果机制，学者主要有两种不同的解释，首先是贝克尔的分工交换理论，该理论认为由于婚姻关系预期收益的下降和机会成本的升高，使得经济独立的女性主动退出婚姻，选择单身。② 该理论建立在家庭中性别角色分工

---

① Lasswell, M. & Lasswell, T., *Marriage and the family*, (3rd Ed.) Belmont, CA: Wadsworth Publishing Company, 1991, p. 375.

② Becker, Gary S., "A Theory of Marriage: Part II", *Journal of Political Economy* 82: pp. 11—26, 1974; Becker, *A Treatise on the Family*. Cambridge, MA: Harvard University Press, 1981; Becker, Gary S., "A Theory of Marriage: Part I", *Journal of Political Economy* 81: pp. 813—846, 1973.

的基础上，强调在"男主外、女主内"——即男性主要负责参与劳动力市场，女性主要负责家务劳动——性别角色分工模式下，女性结婚的主要动机在于通过建立婚姻关系，以自己的家务劳动和生育能力交换男性手中的经济资源。

随着越来越多的女性开始走出家庭进入劳动力市场，参与劳动力市场就为女性提供了一条不需要通过婚姻就可以获得经济资源的替代性渠道，尤其是对于社会经济地位（通常以教育程度、职业地位和经济收入来衡量）较高的女性来说，结婚的边际收益低而机会成本高，这大大降低了婚姻对她们的吸引力，进而导致结婚率的下降。简言之，贝克尔认为，经济独立性的增强会削减女性结婚的动机，促使她们放弃婚姻选择单身，成为主动退出婚姻市场的"不婚族"。这种观点被称为"经济独立论"，即由于经济独立导致"甲女不嫁"。

由于具有较高的表面效度，经济独立命题成为解释"二战"后西方婚姻家庭变迁的主流范式。但是，有两点我们必须注意：首先，大多数态度调查并没有为我们提供足够的证据，表明经济独立后的女性会拒绝婚姻。[①] 其次，支持该命题的经验证据主要来自于对地区层面、同一时点的横截面资料的分析。因此，这类研究存在两个方法论上的缺陷：第一，结婚与否是个人层面的现象，用地区层面的资料得出个人层面的结论犯了"生态学谬误"；第二，这种推断存在因果倒置的可能，同一时点的数据难以区分到底是因为进入劳动力市场而导

---

① 转引自 Xie, Yu, James M. Raymo, Kimberly Goyett, and Arland Thornton "Economic Potential and Entry into Marriage and Cohabitation", *Demography* 40（2）: pp. 351—367, 2003。

致女性退出婚姻市场,还是由于结婚导致女性退出劳动力市场。[①] 基于此,旨在解释经济能力与婚姻进入之间存在负相关的第二种理论逻辑应运而生。

其次是"婚姻市场不匹配论",该理论认为婚配市场的不匹配是导致经济独立后的女性成为单身一族的主要原因。具体说来,在"男高女低"的婚配模式的作用下,女性为了通过婚姻关系维持和提升自己的社会经济地位,倾向于选择跟自己地位相当或高于自己的男性结婚。这就大大缩小了社会经济地位较高的女性的择偶范围。而根据"郎才女貌"的择偶标准,婚姻市场中的男性比较关注女性的持家能力和年龄、外貌等方面的生理特征,而不太看重女性的经济能力。由于难以兼顾家庭和事业以及年龄偏大等原因,那些在劳动力市场上如鱼得水的女强人对婚姻市场中的异性来说,并没有太大的吸引力。因此,由于自身社会经济地位的提高以及不对称的择偶标准和婚配模式的维续,使得"三高"(高学历、高收入、高地位)女性在婚姻市场中出现匹配障碍,而最终成为单身一族。这种观点被称为"婚姻市场不匹配论"。雷蒙等人对日本的经验研究支持了这种解释。[②]

第二种观点被称之为"经济能力的婚姻促进论"。它指出经济能力与婚姻进入正相关,经济能力较高的女性更可能结婚。这种观点存在两个相关的子命题:一是"择偶标准趋同论",这种观点强调随着女性参与劳动力市场,男女之间的性别角色开始趋同,双方的择偶标准也会渐趋一致,都注重对方的经济能力;对于女性来说,经济能力取代家庭背景和持家能

---

① Oppenheimer, Valerie Kincade, "A Theory of Marriage Timing", *American Journal of Sociology* 94: pp. 563—591, 1988.

② Raymo, James M., "Education Attainment and the Transition to First Marriage Among Japanese Women", *Demography* 40 (1): pp. 83—103, 2003.

力成为她们在婚姻市场上吸引力和竞争力的主要影响因素，因而拥有经济资源较多的女性更可能结婚。[1] "甲女好嫁"还是"甲女难嫁"主要取决于婚姻市场中的择偶标准有没有随着女性地位的提高发生相应的转变。二是"择偶过程延长论"，即对于经济独立的女性来说，她们有动机、有能力花费较长的时间在婚姻市场上精心挑选自己的未来夫婿。因此，择偶过程延长导致"甲女晚嫁"，而不是"甲女不嫁"。一些学者运用事件史分析方法，通过对个体层面不同时点的纵贯性数据的分析，发现女性的经济能力与婚姻进入正相关，从而支持经济能力的婚姻促进论假设，而与贝克尔的经济独立命题相矛盾。

在学者的实证研究中，常用教育程度作为测量女性经济资源的指标来检验贝克尔的经济独立命题。但是学者的研究发现并不一致：Raymo 在日本[2]和 Pinelli、De Rose 在意大利[3]的研究都表明：女性的教育程度与婚姻进入负相关；而在美国等其他大多数工业化国家，Blossfeld、Thornton、Goldstein 和 Sweeney 等人的研究认为女性的教育程度与婚姻进入要么正相

---

[1] Oppenheimer, Valerie Kincade, "A Theory of Marriage Timing", *American Journal of Sociology* 94: pp. 563—591, 1988.

Oppenheimer, Valerie Kincade, "Women's Rising Employment and the Future of the Family in Industrial Societies", *Population and Development Review* 20: pp. 293—342, 1994.

Oppenheimer, Valerie Kincade, "Women's Employment and the Gains to Marriage: The Specialization and Trading Model of Marriage", *Annual Review of Sociology* 23: pp. 431—453, 1997.

[2] Raymo, James M., "Education Attainment and the Transition to First Marriage Among Japanese Women", *Demography* 40 (1): pp. 83—103, 2003.

[3] Pinelli, Antonella, and Alessandra De Rose, "Italy", in *The New Role of Women: Family Formation in Modern Societies*, edited by H. P. Blossfeld, Boulder: Westview Press, 1995.

关，要么关系不显著。[①]

第三种观点是"情境变异论"。它试图调和前面两种彼此对立的观点，认为经济能力与婚姻进入之间的关系随着情境的变化而变化，这里情境主要由性别角色分化程度来确定。具体说来，在性别角色高度分化的情况下，经济能力与婚姻进入负相关，由于难以同时兼顾家庭和事业，具有较高经济能力的女性更可能单身；在性别角色比较平等的情境下，经济能力与婚姻进入正相关，由于男女之间择偶标准的趋同，具有较多经济资源的女性更可能结婚。简言之，经济能力对婚姻进入具有促进效应还是抑制效应主要取决于性别角色的分化程度。学者 Blossfeld、Litchter、Sweeney、Xie 和 Santow、Bracher[②] 所做的跨国比

---

①　Blossfeld, Hans-Peter, and Johannes Huinink, "Human Capital Investments or Norms of Role Transition? How Women's Schooling Affects the Process of Family Formation", *American Journal of Sociology* 97: pp. 143—168, 1991; Thornton, Arland D., William G. Axinn, and Jay D. Teachman, "The Influence of School Enrollment and Accumulation on Cohabitation and Marriage in Early Adulthood", *American Sociological Review* 60: pp. 762—774, 1995; Goldstein, Joshua R., and Catherine T Kenney, "Marriage Delayed or Marriage Forgone? New Cohort Forecasts of First Marriage For U. S. Women", *American Sociological Review* 66: pp. 506—519, 2001; Sweeney, Megan M., "Two Decades of Family Change: the Shifting Economic Foundations of Marriage", *American Sociological Review* 67: pp. 132—147, 2002.

②　Blossfeld, H. P., "Changes in the Process of Family Formation and Women's Growing Economic Independence: A Comparison of Nine Countries", in *The New Role of Women: Family Formation in Modern Societies*, edited by H. P. Blossfeld, Boulder: Westview Press, 1995; Litchter, Daniel T., Diane K. McLaughlin, George Kephart, and David J. Landry, "Race and the Retreat from Marriage: A Shortage of Marriageable Men?", *American Sociological Review* 57: pp. 781—799, 1992; Sweeney, Megan M., "Two Decades of Family Change: the Shifting Economic Foundations of Marriage", *American Sociological Review* 67: pp. 132—147, 2002; Xie, Yu, James M., Raymo, Kimberly Goyett, and Arland Thornton, "Economic Potential and Entry into Marriage and Cohabitation", *Demography* 40 (2): pp. 351—367, 2003; Santow, Gigi, and Michael Bracher, "Change and Continuity in the Formation of First Marital Unions in Australia", *Population Studies* 48: pp. 475—496, 1994.

较研究发现，在性别角色分化明显的意大利、日本等国，女性的经济地位与婚姻进入负相关，而在性别角色较为平等的瑞典、美国、澳大利亚、西德和匈牙利等国家，女性的经济能力与婚姻进入具有促进效应，从而为"情境变异论"提供了证据的支持。

(二) 心理学理论

心理学家也关注择偶现象，并从自己的学科视角出发提供了解释择偶行为的理论。"心理进化论"和"社会学习论"从心理学的角度解释了"郎才女貌"的婚配模式，"父母偶像论"强调子女会寻求与自己父母相像的异性为配偶，"需求互补论"则认为人们倾向于寻求与自己性格互补的异性为配偶。

1. 心理进化论

Buss 的进化心理学也强调择偶双方的相似性，并对相似性的功用提供了不同的解释：(1) 相似的人之间更容易相互赞赏；(2) 根据认知不一致理论，我们总是喜欢与那些和我们意见一致的人交朋友，以达到认知协调；(3) 根据预期价值学说，我们不愿意冒失败的风险去和那些比我们强很多或很热门的那些人，而是与我们差不多但最好稍强一些的人约会。进化心理学也揭示了择偶过程中存在的性别差异。该理论认为，择偶行为与其他行为一样，是长期进化的结果。在漫长的进化过程中，为了将自己的基因成功地遗传下去，男女双方形成了不同的择偶标准：女性寻求能够提供资源并有精力照顾孩子的男性；男性寻找具有生育潜力的女性，由于年轻和吸引力是女性多育和健康的一个明显标志，因此男性更关注年龄、外貌特征等方面的信息。[①]

2. 社会学习论

社会学习理论把择偶标准上存在的性别差异归因于男女两性社会地位的不同以及社会化的结果。在男权社会中，处于优势地位的男性，比女性有更大的自由选择在生育潜力和性上使自己满意的女性，而相对处于劣势地位的女性则很难独立地生存，因而会寻找资源丰富、年纪大些的男性以求得社会经济地位上的依附，因而她们在择偶中不太会在乎男性的外貌特征。[②]人的天性就像是一块白板，无所谓先天的心理机制，男性寻找年轻、有魅力的女性，女性寻找年长、有经济保障的男性，这些都只是社会化的结果，不同的文化之间会存在择偶标准上明显的，甚至是"质"的差别。因此，社会学习理论并不否认"郎才（财）女貌"的婚配模式，但强调这种模式是源于男女的地位差异以及社会化的结果。

3. 父母偶像论

弗洛伊德的父母偶像论认为男性因"恋母情绪"会选择具有其母亲个性品质的女性为配偶；女性因"恋父情绪"会选择具有其父亲个性品质的男性为配偶。

4. 需求互补论

Winch 提出了"需求互补论"，认为个体在择偶过程中，倾向于选择那些与自己在个性上互补的异性为配偶，如支配欲高者更倾向于寻找依赖性强的人。[③] 但该理论并没有得到经验

① Buss, D. H., "Human Mate Selection", *American Scientist* 73: pp. 47—51, 1985.

② Hayes A. F., "Age Preferences for Same-sex and Opposite—sex Partners", *Journal of Social Psychology* 135: pp. 125—133, 1995.

③ Winch R. F., "The Theory of Complementary Needs in Mate-Selection: An Analytic and Descriptive Study", *American Sociological Review* 19 (3): pp. 241—249, 1954.

资料的充分支持。①

　　通过上述关于择偶标准的文献梳理，我们可以总结出以下两点：（1）从微观个体选择的角度看，在择偶偏好上存在比较明显的性别差异。一般情况下，男不爱财，女不好色，男性比较注重女性的年龄和容貌，而女性更关注男性的社会经济条件。但不同的理解对此有着不同的解释逻辑，社会交换论认为这是男女双方通过各自的资源交换以获得最大回报的结果；而社会学习理论则把这归因于男女双方社会地位的差异以及社会化的产物；进化心理学则认为这是男女双方长期进化过程中自然选择的结果。（2）从宏观社会结构的角度看，就婚姻的地位匹配而言，一般来说，男不高攀，女不低就，相似相容的同类匹配和男高女低的梯度匹配是婚配模式的主流，女高男低的梯度匹配并不多见。从交换论看，地位相似的人之间更容易实现公平交换；而从社会心理学看，地位相似不仅可以避免冲突，还有利于沟通以及获得心理满足。

二　有关择偶过程的理论②

（一）筛选理论

　　该理论由 Kerckhoff 和 Davis 在 1962 年提出来。人们通过一个筛选过程把大部分候选人排除在外。首先，人们往往先遵循"相近原则"，去除不认识的人，再把不同社会背景的人排除掉；其次，根据"吸引原则"避开自己不感兴趣的人，然

---

　　①　Eshleman, J. R., *The Family: An Introduction* (7th Edition), Botston: Allyn and Bacon, 1994, pp. 33—81.

　　②　李煜和徐安琪在其专著《婚姻市场中的青年择偶》中对此已有很好的总结，本部分内容主要参考其书中第 27—28 页。

后再剔除相处不和谐的人；最后，根据"公平原则"，双方感到满意而终于走到了一起。[1] 这个理论强调择偶是一个自觉不自觉的过程，把一大群可能的婚姻候选人筛选到只剩下一个最终候选者。而在这个筛选过程中，社会结构论者所强调的社会因素对择偶的影响集中体现在前面几个阶段。

（二）婚姻市场理论

与交换论的视角有所不同，婚姻市场理论是把择偶过程类比于交易过程，先后包括寻找信息，匹配和互动三个过程，所以又称为 SMI 理论。这个视角多用来研究婚介服务市场和择偶途径。他们强调择偶的过程并非像筛选理论那样是一个单线的发展过程，SMI 是不同功能的三个过程，而非时间上的三个阶段，是可以在同一时间同时发生、并存的。比如在互动过程中更多地了解、相处以调整是否匹配的决定。显然，婚姻市场的 SMI 理论主要着眼点在于择偶过程中信息获得的过程。

（三）选择交换理论

从社会心理学的视角研究择偶过程影响比较大的是 Murstein 在 1980 年提出的 SVR 理论[2]。该理论的一个特征是恋爱双方关系的延续和发展建立在公平的资源交换基础上。另一个特征是，关系的发展是一个渐进的过程，可以分为刺激、价值和

---

[1] Kerckhoff, Alan C. and Keith E. Davis, "Value consensus and need complementarity in mate selection", *American Sociological Review* 27 (June): pp. 295—303, 1962.

[2] Murstein I. Bernard, "Mate Selection in the 1970s", *Journal of Marriage and Family*, pp. 777—792, November, 1980.

角色三个阶段。因此，学者 Nye 称 SVR 理论实际上是选择理论和交换理论的合一。在第一阶段，双方以外表的吸引力等明显的刺激来决定是否与之建立关系，如果双方都觉得般配，于是就进入第二阶段，即价值阶段，双方衡量基本价值观是否相容，是否有共同语言。到第三阶段，双方评估对方能否符合自己的角色期望，即回答对方能否成为自己心目中的好妻子、好丈夫①。对这个理论的批评是，第二、第三阶段的价值观相容和角色期望的实现，可能是双方互动的结果，而不是在第二、三阶段期望发现的事实。

三　关于择偶的实证研究

（一）国外学者的研究

从国外学者的实证研究来看，他们在两个问题上存在争论：一是族际婚姻的基础是资源交换还是地位匹配；二是在现代化的过程中，教育同质婚是趋向强化还是走向弱化。下面围绕着这两个问题对西方学者的实证研究进行简要回顾。

1. 族际通婚的基础是资源交换还是地位匹配

从资源交换的角度研究择偶与婚姻的一大主题是族际婚姻。自从社会学大师默顿和戴维斯提出地位—种群交换论以来，激发了不少学者对这一主题进行实证研究。但学者的研究结论并不一致。

一些学者的研究支持了地位—种族交换论。Schoen 和 Wooldredge 的研究表明，如果以教育作为衡量社会经济地位的

---

① Nye, F. Ivan., "Family mini theories as special instances of choice and exchange theory", *Journal of Marriage and Family* 42: pp. 479—489, 1980.

指标，对白人女性而言，嫁黑人比嫁白人更可能实现"上嫁"；对男性而言，娶白人比娶黑人更可能"下娶"①。Qian 通过对 1980 年和 1990 年美国人口普查资料的分析，得出结论，在承认教育匹配的前提下，教育程度越高，族际通婚的发生比越高；在族际婚姻中，教育程度越高的少数族裔越倾向于与教育程度较低的白人结婚②。Fu 的研究也得到了类似的发现③。

而另外一些学者的研究则表明：在 20 世纪，在绝大多数黑人和白人之间的族际婚姻中，夫妇双方具有相同的教育程度。此外，学者对亚裔美国人与白人的婚姻实证研究表明：并没有证据表明亚裔美国人会为了换得对方的种族优势而与教育程度较低的白人结婚④，在族际婚姻中，夫妇双方拥有相同的教育程度。另外，亚裔女性比男性有更高的外婚率⑤，特别是教育程度较低的亚裔妇女的外婚率更高⑥。Ja-cobs 和 Labov 对西班牙裔美国人与白人之间族际婚姻的研究

① Schoen, R. and Wooldredge, J., "Marriage Choices in North Carolina and Virginia, 1969—1971 and 1979—1981", *Journal of Marriage and Family* 51: pp. 465—481, 1989.

② Qian, Zhenchao, "Breaking Racial Barriers: Variations in Interracial Marriage between 1980 and 1990", *Demography* 34: pp. 263—276, 1997.

③ Fu, Vincent Kang, "Racial Intermarriage Pairings", *Demography* 38: pp. 147—159, 2001.

④ Qian, Zhenchao, "Who Intermarries? Education, Nativity, Region, and Interracial Marriage, 1980 and 1990", *Journal of Comparative Family Studies* 30: pp. 579—599, 1999.

⑤ Liang, Zai, and Naomi Ito, "Intermarriage of Asian Americans in the New York City Region: Contemporary Patterns and Future Prospects", *International Migration Review* 33: pp. 876—900, 1999.

⑥ Gadberry, James H., and Richard Dodder, "Educational Homogamy in Interracial Marriages—An Update", *Journal of Social Behavior and Personality* 8 (6): pp. 155—163, 1993.

同样未发现支持地位交换论的证据[1]。因此，上述研究发现，族际婚姻的基础是教育匹配，而不是资源交换，这就对源于默顿—戴维斯的地位—种姓交换假设提出质疑，因为根据该理论，在社会经济地位相同而种族地位不同的社会成员之间不可能存在婚姻交换。

　　Rosenfeld[2]在全面回顾上述研究的基础上，指出族际婚姻中的地位匹配被误解为是地位交换，主要原因是不同种族的地位不平等以及信息不完全。具体来说，在存在种族不平等的条件下，同样的社会经济地位在不同的种族中的相对地位不同，在黑人中相对地位较高而在白人中的相对地位较低；同时，在存在种族歧视的前提下，研究发现对黑人而言，社会经济地位较高者外婚，而白人中则是社会经济地位较低者外婚。此外，他还进一步指出，年轻夫妇之间的性别差异被误解为种族差异。Rosenfeld 的实证研究表明，支持资源交换论的经验证据并不稳健，从而对交换理论的效度提出质疑。

　　2. 现代化过程中教育匹配是趋向强化还是走向弱化

　　近年来，婚配模式成为衡量社会结构开放程度的一个指标[3]，学者试图通过对主流婚配模式及其变化的研究，来探讨社会结构的开放程度及变迁趋势。对于现代化过程中婚姻的教育匹配的变化趋势，西方学者存在争论，主要形成了两种不同

---

① Jerry A. Jacobs and Teresa G. Labov, "Gender Differentials in Intermarriage among Sixteen Race and Ethnic Groups", *Sociological Forum* 17 (4)：pp. 621—646, 2002.

② Rosenfeld, Michael J., "A Critique of Exchange Theory in Mate Selection", *American Journal of Sociology* 110 (5)：pp. 1284—1325, 2005.

③ Ultee, Wout C., and Ruud Luijkx, "Educational Heterogamy and Father-to-son Occupational Mobility in 23 Industrial Nations", *European Sociological Review* (6)：125—149, 1990.

的看法：

一种观点认为婚姻的教育匹配在现代化的过程中会趋于强化。在现代化过程中，教育取代家庭背景成为社会经济地位获得的一个关键性因素。教育重要性提高也会对择偶行为产生影响，社会成员为了提升其社会经济地位，在择偶过程中会更加关注对方的教育。在其他条件相同的情况下，人们越是关注对方的教育，婚姻的教育匹配程度就会越高，因为双方一般不愿选择教育程度低于自己的人作为配偶。

另一种观点认为婚姻的教育匹配在现代化的过程中会趋向弱化。主要有以下几个方面的原因，首先，随着从传统农业社会向现代工业社会的过渡，以爱情为基础的自由选择取代以家庭利益为核心的包办婚姻成为主要的婚姻制度。其次，工作与家庭的分离降低了家庭的经济功能，强化了家庭的情感功能，社会保障制度具有类似的影响。再次，生产的理性化提高了人们的生活水准，使得以爱情为基础的婚姻成为可能；同时，受冰冷的效率原则支持的理性趋势也使浪漫爱情更加必要。最后，与工业化相伴的城市化进程的加快以及人口的跨地区流动增加，使不同地位群体的成员之间相互接触的机会增加，并且还进一步削弱了家庭对子女择偶的控制能力。

有学者把上述两种假设分别称为"地位获得假设"和"浪漫爱情假设"[①]，并在其基础上提出了倒"U"形假设，认为随着工业化的推进，教育同质婚会经历一个先升后降的过程。他们认为"地位获得假设"主要适用于现代化的早期阶段，在收

---

① Smits, Jeroen, Wout Ultee, and Jan Lammers, "Educational Homogamy in 65 Countries: An Explanation of Difference in Openness Using Country-Level Explanatory Variables", *American Sociological Review* 63: pp. 264—285, 1998.

入水平不高、社会保障制度不健全的情况下，社会成员通常会选择教育程度相当的配偶以维持一定的社会经济地位，此时，教育匹配响度会上升；"浪漫爱情假设"则适用于现代化的后期，在这一阶段，随着收入水平的提高以及社会保障制度的健全，人们通过婚姻提升社会经济地位的动机会削弱，爱情会取代教育成为择偶的主要标准，跨地位群体边界的婚姻随之增加，教育同类婚相应下降。他们用对数线性模型考察了全世界 65 个国家教育同质婚的程度，并用经济发展水平、政治民主化程度、主流宗教和技术背景四个指标解释不同国家之间教育同质婚程度的差异。结果验证了他们提出的倒"U"形假设，同时，研究发现政治民主化程度、主流宗教和技术背景对教育同质婚程度有影响。具体说来，民主化程度较高的国家教育同质婚较低，天主教、伊斯兰教、儒家文化占主导的国家，教育同质婚的程度低于新教国家，农耕（agrarian）背景的发展中国家教育同质婚程度高于园艺（horticultural）背景的发展中国家。

3. 其他的实证研究

此外，国外学者的研究还表明：（1）女性在择偶时更为挑剔，择偶条件更周全；（2）男性更看重女性的容貌而不是持家能力；（3）对物质标准的重视程度与社会经济地位负相关，黑人比白人更重视物质性标准；（4）对精神标准的关注不存在明显的种族差异；（5）在社会变迁过程中，随着女性受教育程度和职业地位的上升，男性择偶时对对方的教育程度和经济能力日趋重视，在择偶标准上存在的性别差异日趋消失。[①]

———————

① 徐安琪：《择偶标准五十年变迁及其原因分析》，《社会学研究》2000 年第 6 期。

（二）国内学者的研究

国内学者的实证研究表明：（1）相似相容的同类匹配和男高女低的梯度匹配依然是占主导地位的婚配模式，实证研究验证了西方学者的"同类匹配"和"择偶梯度"理论；（2）"郎才女貌"的传统择偶标准在现代社会依然起主导作用，在择偶过程中，男性偏爱容貌姣好、温柔贤惠、善操家务的异性，而女性关注对方的学历、职业和才能；（3）青年人更看重对方的自致条件而不是先赋因素；（4）高教育程度者更重视对方的教育背景；（5）青年人、文化和职业地位较高者更注意感情因素；（6）但是，学者对社会变迁过程中经济因素在择偶过程中的重要程度存在分歧：一些学者认为在现代化进程中，经济因素的重要性在下降，人们更看重浪漫爱情；另有一些学者发现在社会变迁过程中，对经济因素的重视程度在递增；还有些学者指出，表面上看人们在择偶过程中对经济因素的考虑在减少，但他们关注的学历、职业和事业心等因素实际上可以转化为经济能力。

学者根据对上海和成都 800 位未婚青年的随机抽样调查发现：（1）扩展的交换理论可以解释基本的两性择偶模式，两性并非以对方现在有什么作出选择，而是预期将来会有什么，即男性更期待对方的生活照顾和顺从，女性往往更关注对方的发展潜能；（2）相似相容原则得到两性的一致认同并具有较强的解释力；（3）代际关系的相容性替代社会经济地位的"门当户对"成为重要的择偶标准，无论男女都对"孝敬老人"最为关注，而把"对方父母的社会经济地位"视为最不重要之列；（4）女性择偶更谨慎，选婿条件更周全①。

总之，学者李煜和徐安琪对大陆婚姻市场上的青年择偶研究存在的问题已经作了较好的总结，指出现有研究存在理论准备不足和样本偏差两个问题。本书在其结论的基础上从理论、方法、发现和有待研究的问题四个方面对国内的相关研究作出以下概括：

第一，在理论上，多数研究侧重于对中国择偶标准的经验描述和对西方结论的简单检验。

第二，在方法上，国内有关择偶的经验研究大多以方便采样方法获取大学生、研究生或征婚对象的资料，即使是对普通青年的调查也多采取非随机抽样法（偶遇抽样法或方便抽样法）对某系统、单位、部门发放问卷，这样做的结果会导致样本偏差，其研究结论缺乏代表性和可靠性。

第三，从研究发现上看，国内的经验研究支持了西方学者"郎才女貌"的择偶标准、同类匹配和梯度匹配的婚配模式等理论；但也发现中国择偶问题存在一定的特殊性，比如户籍分割问题，以及对婚史的关注等。房子，金钱，年龄，形象，职业，性格和属相等因素对择偶的影响缺乏经验的实证资料，相关探讨则更为鲜见。

第四，就研究的主题而言，目前国内学者主要关注择偶标准和婚配模式等问题，对于大都市待婚男女的择偶机制、父母帮助子女寻求匹配的结婚对象的新型择偶模式、在婚姻市场中遭遇择偶困难的大龄青年出现婚配障碍的根源，以及在市场化情境下个人及其家庭的应对策略等问题缺乏关注。而这些正是

---

① 李煜、徐安琪：《择偶模式和性别偏好研究：西方理论和本土经验资料的解释》，《青年研究》2004 年第 10 期。

本书着力探索的方向。

对于上述问题，本书试图通过对相亲角这个出现在中国许多大中城市的、主要由待婚青年的父母们组成的独特的择偶平台的研究，来进行初步的探索。事实上，相亲角这个研究对象本身也是首次进入学者的视野。

四　有关"白发相亲"现象的研究

"白发相亲"是笔者提出的一个试探性概念。学界对这一现象鲜有涉足，主要是一些媒体报导和大众刊物的介绍性和试探性分析文章。现有研究主要集中在三个问题："白发相亲"的动机，相亲角的成因及其效率问题。曹慧中根据媒体有关"父母相亲会"的报道，从父代和子代两个角度分析了社会变迁对婚恋观念及现实所带来的影响，认为在现代性的挤压下，父母代替子女去相亲实属无奈之举①。事实上，从我们对上海相亲角的观察发现：父母有无奈苦恼的一面，也有自得其乐的一面。除相亲之外，他们赋予了相亲角另外一些新的功能，这是本书在后面章节中将着重论述的潜功能。

有学者主要分析了上海巾帼园父母相亲会②和北京相亲角③两地父母代理相亲的原因及成效④，认为子女就业和职场压力增大，无暇自己择偶，父母出于焦虑，为孩子"打前站"，两代人择偶

---

① 曹慧中：《为谁辛苦为谁忙——讲述父母相亲会背后的故事》，《青年探索》2007 年第 2 期。

② Rock, "Dating for children", *Women of China*, No. 8, 2005.

③ Lin xie, Jiamin zhang, "Parents Busy Matchmaking for Their Children", *Women of China*, No. 10, 2007.

④ 谭进、胡一敏：《"父母包办相亲"是提高婚恋效率还是"开历史倒车"》，《观察与思考》2007 年第 10 期。

标准的差异决定了相亲角效率低下:父辈择偶重物质条件,坚持传统的"门当户对"观念;而白领青年择偶重感觉,强调精神交流①。事实上,这种代际择偶标准的区分缺乏实证的支持,我们发现:并非所有的父母都强调门户观念,子代对物质条件和经济基础同样非常注重。相亲角配对成功的前提是"条件对"而且"有感觉"。另外,这种观点只揭示了问题的一面,问题是:在当下,"白发相亲"的效率不可能高,单纯地强调父代和子代的择偶标准的差异不能完全解释这一问题。

有文章分析了京杭两地相亲角的成因,发现"用家长的视野来确定孩子未来婚姻的走向"是中国式婚姻的一大特色。能够帮助父母以面对面的形式去接触将要联姻的另一个家族,摆脱了以往中介操作带来的不确定性。计划生育政策带来的家庭四二一结构,也是促成了传统观念下相亲角的自发形成②。

还有一些研究也分析了相亲会兴盛的原因。对"青年相亲文化节"活动的研究表明高学历、高收入以及价值取向上的个性化、多元化成为未婚青年群体的显著特征③。也有人从传播学的角度总结了浙江卫视举办的"中国相亲大会"活动的公益效果④。此外,还有文章以南京市每月都举办的两场大型相亲会为例,分析了相亲会中媒体、商家和"白发相亲"者三方的利益交换,认为这是相亲会兴盛的原因⑤。

---

①　唐铧:《从"相亲角"看都市未婚白领大龄化问题——以上海人民公园为例》,《职业时空》2008 年第 2 期。

②　罗琪、徐晓军:《白领相亲现象中的"弱关系"假设及其实质》,《华中师范大学研究生学报》2009 年第 3 期。

③　罗媛媛:《当代青年的婚恋现状及其对策探讨——基于第二届湖北青年相亲文化节活动的研究》,《中国青年研究》2008 年第 7 期。

④　窦蓓蓓:《"中国相亲大会"成功举办的传播学思考》,《视听纵横》第 3 期。

⑤　周栋栋:《相亲会兴盛的研究》,《法制与经济》2009 年第 2 期。

　　"白发相亲"现象在华人圈中普遍存在，新加坡，中国台湾、北美等华人聚集的国家和地区近年也出现了类似的相亲会①。韩国和日本的"相亲文化"比较兴盛②。其他国家的相亲在三个方面存在不同：地点不同，土耳其是公共浴室③，法国巴黎则是老佛爷（Galeries Lafayette）超市④；方式各异，美国流行"智慧相亲"⑤，而在韩国电脑正在取代媒婆⑥；中间人及其影响力不同，柏柏尔族母亲对儿子的婚姻有至高

---

　　① "白发相亲"不是中国内地的特例，《新加坡联合早报》报道，2008年9月7日Clique Wise红娘公司在芳林公园Speaker's Corner举办了新加坡历史上的第一个"家长相亲会"。有些新加坡父母不但考虑"候选人"的外貌、学历工作收入，对其父母的阶层地位和社会背景也很重视。参见Goh Chin Lian "Parents helps children in matchmaking", SG Forums（http：//sgforums. com/forums/1225/topics/329931）。
　　② 其中日本人结婚靠相亲（萨苏，2009），很多日韩年轻人都有在父母陪伴下去相亲的经历，随着相亲文化的变迁，相亲模式也在朝着多元化的方向不断变化，其中去专门的"相亲店"见面的约会方式正在流行。参见摩摩《便利时代："相亲"交给"专门店"》，《风采》2007年第10期。
　　③ 土耳其的公共浴室是待婚男子的母亲或媒婆寻找标致的年轻女性的地方。参见马北《土耳其人在公共浴室里相亲》，《乡镇论坛》2000年第8期。
　　④ 每逢周末，巴黎的老佛爷（Galeries Lafayette）超市人满为患。因为超市为寻觅伴侣的人提供了一种绝妙的创意：单身男女进入卖场时在服务台领取一只特殊的"穿着红色外衣"的篮子，用购物篮表明自己是否是单身，是否愿意接受追求。参见刘媛《相亲超市》，《现代青年》2011年第4期。
　　⑤ 美国东北部的一些中心城市（包括纽约、华盛顿和波士顿）兴起"智慧相亲"。成千上万的年轻人舍弃了聚餐和无聊电影，转向夜游博物馆，参加由鸡尾酒开场的辩论会和有饮料供应、有业余乐队伴奏的读书会。在纽约，有语言天分的单身者甚至热衷于参加单词拼写比赛，以便引起异性的注意。参见米娜《"相亲"新方式》，《食品与生活》2008年第12期。纽约的单身男女还可选择"凝视派对"、"红绿灯派对"、"美国单身高尔夫球聚会协会""铁轨上的浪漫"等。参见骆为《美国人咋相亲》，《海外文摘》2008年第1期。
　　⑥ 韩国的善友公司专门开发出了一套名为"协调对象系统"的软件，根据电脑给出的匹配度决定与谁相亲。参见渡渡《国外最"另类"的相亲方式》，《今日南国》2009年第8期。

无上的权力①，以色列的红娘作用不可小觑②，而巴西的婚友社开展国际婚介业务③。

五　研究问题与理论视角

本书的研究问题聚焦在："相亲角"是一种什么样的择偶平台？"白发相亲"是一种什么样的新型择偶模式？"白发相亲"采取了哪些择偶策略？

相亲角是一枚棱镜，透过它，我们试图勾勒出这一群被焦虑裹挟着的上海"知青一代"中的城市中产阶级的众生相；通过它，我们希望廓清他们如何理解以及怎样应对自身所面对的焦虑。对"白发相亲"现象的研究，笔者希望从四个方面去展开：其一，讨论"相亲角"作为一个新型婚姻市场的多个面向；其二，父母如何认识和解读"相亲角"这种新型婚

---

① 居住在摩洛哥和阿尔及利亚交界处的阿特拉斯山区的柏柏尔族，世代相传着一种相亲习俗。当地青年男女的终身大事就在一年一度持续三天的相亲活动中决定，所以相亲仪式十分隆重，每次均由省长剪彩宣布开始。相亲活动结束后，决定建立家庭关系的青年男女必须在宗教法官面前确认自己的婚姻是正确的，是双方自愿的。母亲对儿子的婚姻有至高无上的权力。有权决定儿子所选上的媳妇的去留，而儿子必须完全照办。参见玉笛《柏柏尔族的相亲节》，《世界文化》2005年第8期。

② 在以色列耶路撒冷，犹太人不管是自由恋爱，还是相亲，都要遵守许多严格的相亲规矩。比如需要红娘做中间人；相亲见面都由红娘安排；"相亲期间"男女双方都不能再与其他异性谈多头恋爱；男女若有一方不想继续交往，由红娘出面回绝另一方。参见瑞弗卡舒《在耶路撒冷相亲》，《八小时以外》2003年第11期。

③ 20世纪90年代中后期，相亲在巴西发展成了生意不错的出口行业，当地婚友社为年轻貌美的巴西女性与经济实力骄人的外国男性牵线搭桥。参见彩亮《古老行当玩新招——相亲成为巴西兴旺的"出口业"》，《国际市场》1996年第8期。

姻市场，以及其子女择偶所面临的这种独特的社会情境；其三，探讨"白发相亲"的应对策略；最后，分析"相亲角"的潜功能及"白发相亲"背后的社会内涵。

本研究采用新制度主义分析范式的核心概念——"制度约束中的选择"[1] 作为理论视角，即在制度约束中的选择，在情境限定下的理性。社会学的新制度主义范式牢牢扎根于理性选择的传统，承认行动者的行动是一个有目的的理性选择的过程。但它强调行动者的理性是在情境限定下的理性（Context-Bound Rationality），行动者的选择是在制度约束中的选择（Choice With Constraints），理性和选择必须在特定社会和历史阶段的制度框架下才能得到较好的解释。在社会学的新制度主义看来，制度情境包括习俗、传统、规范、宗教、信仰、家庭、亲友、种族、组织、社区、阶级、群体、市场、法律和国家等[2]。

我们可以把"制度对行动的约束"概括为以下两个方面：其一，各种正式和非正式的制度约束设定了被社会认可的行动选择集。行动者只能在这个边界之内根据自己的战略目标自由选择行动方案，否则会受制度的惩罚和制裁。其二，不同的制度情境有不同的权力和机会结构，各种可供选择的行动方案的成本和收益也嵌入于特定的制度情境之中。因而制度情境通过影响行动的预期回报进而影响行动者的行动选择。从这里可以看出，"制度约束中的选择"这一概念一方面强调了制度对行动的约束；另一方面又认为这种约束不是决定性的，行动者依然有自由选择的余地和空间，从而为能动留下了作用的空间。

---

[1] Nee, Victor, "Sources of the New Institutionalism", in Mary C. Brinton and Victor Nee, (eds.), *The New Institutionalism In Sociology*, New York: Russell Sage Foundation, 1998, pp. 1—16.

[2] Ibid. , p. 6.

"制度约束中的选择"是社会学新制度主义分析范式的核心概念，这一概念对本研究有两点启示：首先，对中国内地父母帮助子女择偶的行为的分析必须与当下特定的制度情境相联系，特别是注意市场化进程对人们的择偶实践产生了什么影响；其次，注意在同样的制度情境下，不同群体的择偶行为是否存在差异？如果存在，原因是什么？

首先，帮助子女寻找合适的结婚对象的家长们也可以看做是一个个独立的行动者，这些行动者总是具有一定的理性。他们带着各自的目的来到相亲角，以求在此追求并最终实现自己的目标，这些独立的目标并不一定与相亲角的目标一致。在相亲角这个特殊的行动领域，存在其外在的、特定的情境，这种情境对行动者具有约束性，但是，它并不能将后者的行动余地完全压缩掉，因此，我们将分析的焦点放在这些行动者在特定的情境下如何使用他们的理性上。

其次，行动者的理性是情境限定下的理性。在相亲角的研究中，我们关注那些限制并决定行动者自由度和理性的结构性的、物质的和人的条件。一方面，本研究将在实证资料的支持下，阐述相亲角作为一个新型的择偶平台的基本属性，从而说明待婚男女的父母们选择相亲角，作为帮助子女择偶的平台是制度约束下的一种理性选择；另一方面，我们将从房子与金钱、地域与户口、行业与工作单位、年龄与性别、外貌与打扮、属相等多个方面来具体探讨存在于相亲角中不同群体的多元而复杂的择偶标准。

再次，行动者作出的择偶选择不是随意的，而是受到制度的约束。在相亲角，行动者之间的互动发展出一系列权力关系和交换，后者规范着行动者之间的合作与协调，并构成行动的空间，最终使行动成为可能。我们对父母们的行动策略的分析就是要探索这种游戏规则（这里指的是择偶标准）得以运转的机制。

最后，行动者的行动是一种特定情境下维护自身利益的策略性行动。冲突和斗争的产生必然与这些策略性的行动相关，我们正是试图通过相亲角存在的冲突和斗争，去探索行动者之间权力的争夺，从而理解相亲角这种择偶机制的效率问题。

六 研究方法与资料来源

本研究主要采用参与式观察法和深度访谈。研究时段主要集中在 2007 年 9 月—2008 年 6 月①。参与式观察的内容包括三种（以第一种为主）：第一种主要以相亲角这个特定场域中的父母为观察对象：观察这些父母如何作出与"目标父母"接触的决定？他们如何与后者开始攀谈？父母们之间如何介绍自己的子女？父母们如何拒绝"非目标父母"索要子女信息的要求？父母们如何叙述其他人的子女的求偶故事？父母们如何与相亲角的中介交涉，等等。

第二种是"配对测试"②，通过在相亲角认识的父母的帮

①　2008 年 5 月，笔者的学生申玫君、蒋宁、陈伟、郭禹芊寻、周思伽、许琰、张越、魏欢、王静静、顾璇、袁晓慧、邱之卯、支海蕾、谢依、王培、孙羽、陈晓春、虞晨炯、徐志君、苏逸敏、戴琼娇、苗思思、丁一伶、陆佳、金晔和徐静萍等参与了部分访谈和访谈录音的整理工作，特此感谢。

②　2008 年 6 月 5 日研究者电话采访 Y6 – WY，拿到他的相片，初步了解他的性格和谈吐。随后打电话给 Y2 – PHH 的母亲（被访者 S6 – XAY）介绍男方的基本情况，撮合两位 80 后待婚者。当晚，Y6 – WY 电话沟通之后去健身俱乐部健身，Y2 – PHH 去新东方英语培训中心上课。6 月 6 日 Y6 – WY 发短信给女方，后者以搬家收拾东西为由，未回复。6 月 7 日我再次致电女方，详细介绍对方情况，女方态度一般。6 月 8 日我与男女双方分别通过 QQ 和电话沟通，女方态度有些冷淡，劝说下才答应回复对方短信。男方认为对方不懂礼貌，不愿意再谈。

助，笔者介绍了自己比较了解[①]的 80 后"合适男女"交友，通过子女与父母双方对同一事件的反应，进一步了解父代与子代在社会变迁的背景下对择偶和婚姻的理解，同时，观察子代在以缔结婚姻关系为目的的异性交往中的行动及其特质，如被访者 Y2 – PHH（女）与 Y6 – WY（男）二者的配对测试。

第三种是"交际测试"。笔者邀请被访者 Y8 – WYY 和 Y9 – JMN 参加 2008 年 4 月 12 日巴黎政治学院上海校友会在外滩某酒吧举行的聚会，观察"70 后"大龄未婚（或离异）女性在社交场合如何与心仪的男性进行第一次接触，并请她们讲述行动前以及过程中的内心活动，借此对于在相亲角处于劣势的他们的父母对相亲角的看法、对子女的择偶困境以及自己由此可能采取的择偶策略，有一个比较深入的理解。

深度访谈的对象主要根据相亲角中存在的主要行动者来确定，访谈对象以父母组为主，子女组为辅。父母组包括 43 位被访者，男性 17 人，女性 26 人。深度访谈主要围绕以下问题进行：父母对相亲角的认知和印象；子女的择偶经历和故事；父母对子女择偶问题的看法；子女对自发相亲的态度和反应；两代人（子代和父代）的择偶问题的比较，等等。

此外，笔者还收集了在改革开放以来关注"大龄青年"婚姻问题，以及择偶与家族的媒体报道和学术讨论。本研究旨在通过对上海相亲角的实证研究，试图为这种貌似荒诞的行为寻求一个近似合理的解释。

个案研究与传统的问卷抽样调查遵循不同的逻辑。其

---

① 我主要通过电话和 MSN 聊天，初步了解对方；之后分别约男女双方在咖啡馆面谈；通常还会与女方一起购物，与男方一起去健身房健身或打球增进了解；最后再介绍双方正式认识。

"目的是归纳出理论（分析归纳），而不是计算频率（统计归纳）"[①]。因此，案例研究法如同实验法一样，同样可以通过归纳得出具有理论色彩的结论。Strauss 等人将质性研究的抽样定义为理论性抽样，区别于问卷调查中的统计抽样。而且，样本的选取是一个动态的过程，直到理论饱和为止[②]。对于本文而言，理论饱和的标准如下：（1）关于某一个范畴，再也没有新的或有关的资料出现；（2）资料里的范畴已经发展得十分丰厚，在内范上的各部位（条件、脉络、行动/互动、结果）都联结紧密，也有过程和变异性；（3）范畴间的关系都建立妥当而且验证属实[③]。为确保理论抽样的合理性，笔者首先以行动为取向，将相亲角内的主要行动者类型化为四类：父母（亲戚）组；子女组；中老年自找组和婚介组。然后，笔者再以户籍和年龄为标准，分别归纳出他们的范畴，并且将该范畴与知青一代父母对子女择偶问题的理解和行动紧密地联系起来。这种做法类似于比较法中的求同、求异法。

子女组包括 15 宗案例，男性 8 人，女性 7 人。此外，作为必要和有益的补充，笔者还访问了其他两类行动者：中介组（2 人，女）和老年自找组（2 人，男女各 1 人），对这些人的访谈可以帮助我们从"他者"的视角来理解"白发相亲"现象。

---

① ［美］罗伯特·K. 殷：《案例研究：设计与方法》，周海涛等译，重庆大学出版社 2004 年版，第 13 页。

② Strauss A. , *Qualitative analysis for social scientists.* Cambridge：Cambridge University Press, 1987；Strauss, A. , & Corbin, J. , *Basics of qualitative research：Techniques and procedures for developing grounded theory.* Thousand Oaks, CA：Sage, 1998.

③ ［美］Strauss, A. & Corbin, J. :《质性研究概论》，徐宗国译，巨流图书1997 年版，第 209 页。

需要说明的是：由于笔者在相亲角开展田野工作将近一年多时间，通过初期向被访者出示工作证并递名片，尤其是聊天、访谈等方式，大部分父母都比较熟悉和信任笔者，所以笔者先后得到了 27 宗个案所涉及的父母组的手机号码（或者家庭电话号码）等联系方式；子女组 14 宗个案有手机号码（或者家庭电话号码、QQ 号或者 MSN 号）等联系方式。

第二章

制度与情境：相亲角是一个
新型的择偶平台

　　根据现有的媒体报道，在中国内地，北京市的龙潭公园最早出现相亲角和"白发相亲"现象。与其他相亲角一样，发起者都是公园附近的居民，每天去公园晨练。一些中老年人在晨练的过程中渐渐熟识起来，有些甚至成了每天固定见面的老朋友。老人们一起晨练，子女的问题成了闲聊的谈资。通过聊天，他们发现很多人的子女都到了适婚年龄，却还是单身。他们就开始讨论能否在公园里组织一个"鹊桥会"，每周约个固定的时间举行，父母们相互介绍各自子女的情况，如果双方父母都觉得合适的话，互留联系方式，然后让子女去见面。2004年9月份北京龙潭公园出现了首次"白发相亲"活动①。

　　就上海而言，大概从 2003 年起，一些晨练的老人最先出现在相亲角目前所在的区域。50 多岁的孔欣阿姨和其他 5 位父母结识于一次相亲会，因为当时媒体报道，北京的父母们已经自发成立相亲角，2005 年 6 月起，她们开始酝酿组建某广

────────────

　　① 李云虹：《京城公园内的"相亲大军"》，《法律与生活》2005 年 6 月下半期。

场相亲角。之后大家分头行动：有的写"标语"，有的打印便
条，有的与广场管理处联系。随后，6 位母亲分成了 3 组，一
组在徐家汇，一组在人民广场地铁站，一组在虹口公园，向路
人散发字条，号召父母们抛弃世俗成见，主动大胆为未婚子女
寻找对象。传单发出的第一个周六，某公园的相亲角就来了
100 多人，之后逐渐增加到 500 多人，2007—2008 年的参加人
数在 1000 人以上。2005 年 8 月 13 日相亲角正式成立，8 月 15
日上海东方卫视"城市广角"栏目对相亲角进行了报道，相
亲角一夜之间家喻户晓。值得注意的是：目前上海收视率很高
的大型电视相亲节目《丈母娘看女婿》的创意基础就是本案
中的相亲角。[1]

从全国的情况来看，自 2004 年起，"白发相亲"先后在
北京、上海、杭州、深圳、天津、沈阳、苏州、洛阳、济南和
徐州等大中城市兴起。每逢农历的七月初七（中国的"乞巧
节"，也是传统的青年男女相会的日子）、元宵节（农历正月
十五，中国传统的"情人节"）、五一劳动节（长三角地区更
喜欢选取 5 月 26 日，上海话的谐音是"我爱侬"）和十一国
庆节等节假日，这些城市的某些公园（比如北京龙潭公园
"飞龙阁"、紫竹院"澄碧山房"、中山公园后河沿、玉渊潭公
园、颐和园和上海人民广场）就会出现以父母为主的相亲会
（自发或者有主办方）。2006—2008 年的五一节，名为"长三
角交友嘉年华"的活动在沪、杭、苏三地同时举行，上万名
单身白领参加了这场盛大派对。不仅如此，地方政府及相关组
织也介入城市适龄青年的婚姻问题，如上海妇女联合会在巾帼

---

① 李君娜：《人民广场相亲角搬上荧屏》，《解放日报》2011 年 7 月 27 日
（http：//www.jfdaily.com/a/2251916.htm）。

园定期举办"家长聊天会",深圳市婚姻介绍所都市情缘俱乐部也每月免费举办一次"未来亲家联谊会"。在长三角,"相亲经济"① 和"相亲产业"已经初具规模,并且带动了媒体、旅游和婚庆等相关产业。

综上所述,笔者已经简要介绍了上海某公园相亲角的起源和发展概况,鉴于由待婚男女的父母主要组成的相亲角,已经成为中国大陆大中城市的一种新型公共择偶平台,在这里,我需要比较详细地分析人们选择相亲角进行择偶所受到的制度约束与情境限定。只有对行动者展开择偶行动的外在约束和限定有一个比较清晰的认识,我们才能比较深入地理解行动者的行动策略、与此相关的"游戏规则"以及背后的文化变迁。

事实上,笔者必须承认制度在这里似乎就是一个宏大的情境,既包括法律的、政策的,也包括文化的、道德的、价值的;既有现实的,亦有历史的积淀,它们相互纠结,构成一个大的社会情境,构成对社会成员的约束和强制。相亲角可以说是这种制度约束下社会成员应对大的社会情境而自觉、不自觉的集体行动的一个产物,是制度情境同社会成员的互动的产物。由此看来,情境具有建构性,情境建构离不开制度,情境绝对不是独立的。从这个角度看,我对约束选择的"制度"和限定理性的"情境"的分析大致分为三个层面:首先是宏大的制度情境;其次是社会成员具体而细微的策略性行动,最后是这两种力量互动所生产出的相亲角,一个微观场域。在本章中,我们着重分析第一、三层面,而将对第二层面的分析融

---

① 裴文彬等:《涌动在长三角的"相亲经济"》,《记者观察》(上半月)2006 年第 8 期。

合在第四、五章中进行。

在进入实质性的分析之前,笔者想先引入三个重要的"大背景",这大概可以算作是对于"牌局"的介绍。

首先,"资本主义式"的劳动力市场和消费市场二者本身就是国家主导的巨大制度变迁的组成部分。笔者的研究试图将人们的择偶实践置身于宏观的制度变迁和微观的社会情境中,其中,制度层面的约束主要包括劳动力市场,商品市场,文化市场,家庭的权力和国家的制度。而社会情境层面的限定主要是指相亲角这个微观的场域,这个择偶平台是一个融合着各种"欲望",讲求"实力"的婚姻"市场"。

其次,在讨论人们的择偶实践时,我们有必要厘清它与传统等"历史遗产"之间的关系。从制度层面看,历史对于人们的日常生活实践的影响表现在传统的、革命的和现代的三个层面[1]。Farrer 在研究上海青年的性文化与市场改革时认为:上海当代青年的性文化代表了三重"历史现代性"中的一层,其中三重是指"前社会主义—殖民主义现代性"、"乌托邦式的社会主义现代性"以及当下的"转型的消费现代性"[2]。在笔者看来,当下的择偶文化实质上是传统家庭文化和婚恋文化在社会转型过程中仍旧保持了相当大的生命力的一个例证,从中,我们可以看到后社会主义改革和资本主义消费文化与传统的家庭、婚恋文化三股力量的角力和共同作用。

最后,相亲角的研究所涉及的群体主要是上海的城市人口。与农民和大量生活在城市的农民工群体相比,中国内地新

---

[1] Liu, Xin. *In One's Own Shadow: An Ethographic Account of Condition of Post-Reform Rural China*. Berkeley: University of Califonia Press, 2000, p. 80.

[2] Farrer. James, *Opening Up: Youth Sex Culture and Market Reform in Shanghai*, The University of Chicago Press, 2002, p. 10.

兴的自由市场经济给予了城市居民更多的公民权利,他们享有更大的劳动力市场自由,并占据着更多的社会资源。

一　相亲角:一种宏观的制度分析

现在,我们来进行具体的制度层面的分析。制度层面的分析包括正式的制度和非正式的制度。

中国内地向市场经济转型始于 20 世纪 80 年代早期农村的家庭联产承包责任制,从 90 年代起,城市无疑是最具经济活力的地方,获得了长足的发展。在此期间,资本、劳动力、住房、商品和文化市场逐渐走向自由选择的模式、理性化的市场和低交易成本①。

位于东部沿海开放带的上海是近年来中国大陆最具发展潜力的大都市之一,是长江三角洲区域经济的龙头,对周边城市起着重要的辐射作用。自 1992 年至 2007 年,上海经济以国内生产总值(GDP)为参考坐标已经连续 16 年两位数增长,高于全国平均值 2.2 个百分点,享有"经济引擎"之称②。上海地方经济的迅猛发展固然令人欣喜,然而,与此同时,贫富差距也在令人不安地迅速拉大。市场经济产生了新富与新贫阶层。

自由劳动力市场意味着人们可以自由地更换工作,同时,也意味着他们有可能比较容易地被雇用他们的公司和老板辞

---

① Farrer. James, *Opening Up: Youth Sex Culture and Market Reform in Shanghai*, The University of Chicago Press, 2002, p. 12.

② 《上海经济年鉴 2007》,转引自《国民经济主要指标发展速度·上海年鉴 2007》,《上海市地方志》(http://www.shtong.gov.cn/node2/node19828/node78865/ node78925/node79041/userobject1ai100262.html)。

退，这种状况摧毁了原先在社会主义计划经济体制下的工人阶级文化中的平等感和安全感。[1] 同时，白领这个新阶层的出现，象征了社会体制的重大转变："从'身份型'干部到'契约型'合同工的根本性转变，使企业中的脑力劳动者，变成了白领工人……"[2] 在相亲角，待婚人士以"白领"[3] 为主，尽管他们的薪酬比较丰厚，但是却必须承受来自劳动力市场和职场的双重压力和竞争。在金融危机的侵袭之下，金融、保险等行业面临行业性裁员，饭碗朝不保夕是白领（甚至金领）阶层遭遇的一个现实重负。

　　商业化的住房市场允许富人随意更换住宅，自由购买"高尚住宅"，但是，经济条件不好的城市居民在改善居住条件上面则没有更多的选择。而上海地方政府在构建以政府廉租屋或者经济适用房为主体的"住房保障安全网"方面举措缓慢，第一批经济适用房 2009 年下半年才上市。中国及其一线城市的房价均位居全球前列，已经远远超出普通百姓的承受能力。仅以上海为例，2008 年度上海市职工平均工资 39502 元，而 2009 年末的房价是 14459.53 元/平方米，一年的收入只能够买 2.7 平方米；因而要购买 80 平方米的房子要花费整整 30

　　① 李逊：《工人阶级领导一切？——"文革"中上海"工人造反派"及工人阶级的地位》，载宋永毅主编《文化大革命：历史真相与集体记忆》，香港田园书屋 2007 年版，第 180 页。

　　② 朱光磊等：《当代中国社会各阶层分析》，天津人民出版社 1998 年版，第81 页。

　　③ 关于上海的白领研究，可参见吕大乐《上海白领》，载刘兆佳等编《社会转型与文化变貌》，香港中文大学亚太研究所 2001 年版，第 513—529 页；吕大乐《白领：新兴的中产阶级》，载周晓虹主编《中国社会与中国研究》，社会科学文献出版社 2004 年版，第 351—374 页；李友梅：《社会结构中的"白领"及其社会功能——以 20 世纪 90 年代以来的上海为例》，《社会学研究》2005 年第 6 期；杨雄《上海白领青年职业生活调查》，《青年研究》1999 年第 6 期。

年的全部工资①。对于不少城市青年来说,购买一套住房不仅
要掏空父辈的积蓄,更预支了今后二三十年的消费潜力。面对
居高不下的房价,一套相对不错的两室一厅的婚房的价格足以
让一个家庭望而却步,更难以想象一个参加工作不久,工资不
错,准备结婚的白领独自承担购买这套婚房的压力。对于中低
收入阶层而言,在上海的购房压力是显而易见的。房地产市场
中的楼价早已超越一般单个家庭可以承受的能力范围②,联姻
已经成为在如上海这样的大城市中拥有一个"蜗居"的制度
性选择之一。

　　社会福利和保障体系的不完备造成待婚男女的父母们,对
自己以及子女未来的生活充满担忧,对未来有可能出现的风险
和不确定性充满恐惧,这就促使他们力图在婚姻市场上寻求
"上迁婚"的可能,通过婚姻关系的缔结,为自己和子女的未
来"购买"一份或许更加可靠而又保障的人生保险:最为现
实的和突出的是父辈的养老和医疗问题。中国大陆现行的社会
福利和保障体系尚且不可能妥善解决这两个问题,目前主要还
是依靠子女来照顾老人,为其养老送终,"三代单传"夫妇可
能要赡养 12 位老人,独生子女家庭的负担过重。在相亲角,
我们发现父母们仍旧帮助原本已经非常优秀的子女在不断寻求
比他们自己更为优秀的结婚候选人的案例比比皆是;另外,父
母之间相互关注对方的工作单位,福利待遇,养老保险等个人
经济状况和社保状况这一现象的背后,也隐含着人们对未来生
活的担心。这也可以解释父母们帮助子女寻觅匹配的人生佳偶

---

　　① 鲁品越:《当投机劫持房市:看不见的手的危机》,《社会科学报》2010
年 1 月 7 日第 1 版。

　　② Davis, Deborah, "Who Gets the House? Renegotiating Property Rights in Post-
Socialist Urban China". *Modern China*, 36 (5): pp. 463—555, 2010.

的一个原因。

独生子女政策也是父母迫切地帮助子女来到相亲角寻找合适的结婚对象的一个重要的制度因素。在相亲角,绝大多数待婚男女都是独生子女。人口学者认为"独生子女家庭本质上是风险家庭"[①]:独生子女家庭的风险性在母亲过了35岁之后骤然放大,且随母亲生育能力的逐步丧失和依赖性需求的逐步出现而升高。独生子女家庭面临五种风险:第一是孩子的生存风险,第二是孩子的成才风险,第三是家庭的养老风险,第四是社会的发展风险,第五是国家的国防风险。正是因为存在诸多风险,独生子女与其父母才毫无选择地被"绑缚"在了共同择偶(或者说协同择偶)这架战车之上。

与自由经济模式伴随的是国家对民众私人生活放松了掌控,包括择偶与婚恋领域。在国家和市民之间,个人的自由和选择的可能性有所增加。在相亲角这个独特的社会空间,国家权力在私域撤退的一个最明显的表现是:相亲角占用了该公园的一块"黄金地段",而且这个日益庞大的婚姻市场正给广场带来形形色色的麻烦,比如几百人,甚至上千人长时间聚集在此,很容易产生安全隐患;又比如不少以赢利为目的的"职业红娘"对待婚者个人信息的滥用和倒卖,等等。尽管如此,多个相关管理部门,如上海市民政局、南京东路街道城管科、人民广场地区管理办公室和人民公园管理办公室,对此静观其变。

根据媒体的报道,上海市民政局投诉举报中心的宁先生认

---

① 穆光宗:《独生子女家庭五大风险——中国计生政策迈向人本》,《瞭望东方周刊》2006年第37期。

为，这不属于他们的管理范围，"民政局负责管辖登记在案的婚介机构，流动、自发，并存在无证经营的婚介集市，可咨询当地城管部门"。而南京东路街道城管科的答复是：人民公园流动婚介集市关乎市容整洁，根据区政府的职能分配，由人民广场地区管理办公室管辖。人民广场地区管理办公室的顾小姐则认为婚介集市开在人民公园内，不属广场办管辖，广场办主要负责人民广场各企事业单位外墙以外公共区域的市容环境。"婚介集市的问题，应由人民公园自行管理。如果牵涉触犯治安、无证设摊等问题，园方可联系公安或工商部门协调处理。"人民公园管理办公室主任证实了这一观点："对相亲角，我们不鼓励不支持不反对。"公园每个周末要增派人手安全巡逻，只要发现公园内有经营性的婚介行为，立刻取缔。但是，园方没有执法权，目前已与上海市公安局黄浦分局人民广场二支队挂钩，一旦发现违法事件，园方将迅速联合公安部门协调解决[1]。

国家职能部门的不介入、不反对和不支持的态度使得相亲角得以维持现状，待婚男女的父母们可以自由组建并且帮助子女在这个开放的婚姻市场上寻求匹配的择偶目标。

非正式制度情境方面的约束，这里是指传统家庭文化和当下的婚恋困境对人们择偶行为的影响。从历史发展的道路来看，中国主要是一个血缘社会，这个基本属性使中国的家庭模式、概念和功能，都与西方社会存在巨大差异。梁漱溟认为在东西方社会结构中家庭的社会地位和作用有很大不同。"团体

---

[1] 参见郑霞、曹刚、薛亚林《人民公园家长相亲角诞生 3 年，一些"职业红娘"紧盯家长们的钱袋》，《新民晚报》2008 年 8 月 5 日（http：//bbs. xinmin. cn/ frame. php? frameon ＝ yes&referer ＝ http％3A//bbs. xinmin. cn/forumdisplay. php％3Ffid％3D285）。

与个人,在西洋俨然两个实体,而家庭几若为虚位"①,而中国是伦理本位的社会,"缺乏集团生活,是中国人倚重家庭家族之来由"②,正因为如此,中国人就从"家庭关系推广发挥,以伦理组织社会,消融了个人与团体这两端"③。简言之,西方社会往往以个体为中心,家庭地位和功能相对次要,而中国传统社会往往以家庭为中心,家庭是社会生活的基本单位或细胞。

费孝通认为"在西洋,家庭是团体性的社群",有严格的团体界限,因此"这个社群能经营的事务也很少,主要的是生育儿女"。但在中国的乡土社会中,"家并没有严格的团体界限,这社群里的分子可以依需要,沿亲属差序向外扩大"④。人们"利用亲属的伦常去组合社群,经营各种事业,使这基本的家,变成氏族性了"⑤。"在西洋的家庭团体中,夫妇是主轴,夫妇共同经营生育事务,子女在这团体中是配角,他们长成了就离开这团体。""在我们的乡土社会中,家的性质在这方面有着显著的差别。我们的家是个绵续性的事业社群,它的主轴是在父子之间,在婆媳之间,是纵的,不是横的。夫妇成了配轴。"⑥ 费孝通在《乡土中国》中分析中西方社会结构时曾说,前者是"差序格局",西方是"团体格局",中国社会由不同个体按亲疏关系组成网状关系,是放大了的"家",因此,家族血缘关系在国家社会关系中扮演着重要角色。

---

① 梁漱溟:《中国文化要义》,上海人民出版社 2005 年版,第 70 页。
② 同上。
③ 同上。
④ 费孝通:《乡土中国》,三联书店 1985 年版,第 38 页。
⑤ 同上书,第 39 页。
⑥ 同上书,第 40 页。

　　麻国庆讨论了家族对于中国在全球化和市场化条件下建设公民社会的价值,他提出的"家族化公民社会"① 这一概念不仅仅是中国社会文化延续性的象征性表述,事实上,"家"是中国这个社会结构的最核心的概念,"家"也是东亚社会的关键词。以家族为中心的中国社会文化,并没有随着革命的话语而中断或断裂,相反,即使在市场化的中国社会也能随处看到社会和文化延续性的内在特点②。

　　因此,我们认为无论是在中国"家国同构"的传统社会中,还是在强调个体的独立性的现代中国社会,家对于中国社会和中国人还是一个基本的核心单位,除了生存单位、教育单位、秩序单位、独特的社会保障单位外,它还是一个重要的解决问题的单位,因此,当子女的婚姻大事迟迟未决或者遭遇挫折时,家庭很自然地就会站出来"出手相助"。

　　事实上,家庭在目前的婚姻市场上的重要性上升。所有社会都面临不确定性和信息的有限性问题。在传统社会中,亲属家族和单个的家庭的地位十分重要,因为它能够帮助并保护家庭成员抵御各种风险与不确定性。就代际关系而言,年长者,尤其是家长一般都会受到其他家庭成员,尤其是子女的尊敬和顺从。在这种类型的社会中,子女婚姻是十分重要的事情。在子女的配偶选择问题上,父母总是要进行严格的遴选与把关。而在现代社会,家庭的重要性下降了。有西方学者认为"个人主义之所以取代了家庭主义,是因为传统社会中许多家庭的功能已被现代社会中市场和其他组织所取代了,而后者则具有

---

　　① 麻国庆:《家族化公民社会的基础:家族伦理与延续的纵式社会——人类学与儒家的对话》,《学术研究》2007 年第 8 期。
　　② 麻国庆:《永恒的家与多变的家园》,《广西民族大学学报》(哲学社会科学版) 2007 年第 3 期。

更高的效率"①。

　　事实上，在改革开放历时 30 多年的今天，中国社会的变迁对西方的理论不断提出挑战。徐安琪的研究表明：依靠家人的帮助是中国家庭遇到困难时最主要的支持途径。调查显示，无论是"急用钱"、"夜里有急事"还是"照看孩子"、"病残老人照料"，求助对象最多的都是家人，包括父母、兄弟姐妹和子女。另外，从代际互助看，父母给予成年子女的帮助略多于成年子女对父母的帮助。这种差别在父母中感觉尤其强烈，28.2% 的父母认为双方给予差不多，66.9% 的父母亲认为自己给予子女"较多或更多"；而从子女的回答看，32.7% 的人认为双方给予的差不多，认为自己给予较多和更多的仅为 35.1%②。

　　此外，对社会变迁调查研究的结果也表明：21 世纪以来，在经历的五大变迁中，家庭回归的趋势为变迁之首，家庭生活满意者达九成③。数据显示④，来自家庭的支持和家庭成员的信

---

　　①　贝克尔：《家庭论》，商务印书馆 1998 年版，第 374 页。

　　②　刘汶蓉：《"城乡比较视野下的家庭价值观变迁研究"上海地区调查初步结果公布》，中国社会科学网 2008 年 5 月 15 日（http：//www.cssn.cn/news/323862.htm）。

　　③　邓圩：《首个社会变迁调查：五大变迁说广东社会发展》，人民网 2008 年 7 月 10 日（http：//www.lookinto.cn/post/179.html）。

　　④　如《广东社会变迁基本调查》项目设立于 2000 年，是追踪性大型社会调查项目。第一期调查于 2000 年 7 月—10 月进行，第二期调查于 2004 年 7 月—10 月进行。项目小组对两次调查的数据进行比较，分析了生活在改革开放前沿地带的广东居民，4 年来在社会观、生活观、家庭观、投资观方面的变化。该项目在广州、深圳、东莞、汕头、湛江、韶关和梅州 7 个城市，进行"区—街—居委—户"的多段分层抽样调查，涉及 2000 余人。调查的内容包括住房、收入、消费与休闲、财产与投资、医疗与保险、社会交往、支持与信任、社会参与、社会阶层与职业声望、公共道德、社会观点与态度。4 年来的两次调研表明，广东居民家庭回归意识越来越强。在"家庭和工作哪一个重要"的问卷中，认为家庭重要的比例明显提高，2000 年比例达近一成九，4 年后提高到近二成二，市民对家庭的依赖可见一斑。此外，广东人对家庭生活感到满意的比例 4 年来仍然在增长，且近九成之多。

任增加,有困难首选就是向家人寻求帮助。回归家庭的趋势还体现在,居民选择在家中休闲生活的占了绝大多数,通常看碟、听音乐是主流,选择外出夜生活和现代化运动的比例下降,尤其是选择和亲人共度节假日的比例增多。这个现象与欧洲国家类似。当欧洲国家减少国家福利后,人们对于家庭的依赖和责任感有所加强,单位制度的变革导致了中国社会出现家庭回归的趋势。

另外,中国传统文化中父母的角色和义务至今影响深远。西方父母在子女成年之后,对其工作和生活甚少干涉,而成年子女的生活是很多中国父母自身生活的重要组成部分。这其中的一个核心区分是对"幸福"的理解。尽管近代以来的"幸福"在中国也包含"快乐"和"意义"两条主线,但是中国仍然进行了基于本土文化的选择性接受,保留了差异。最大的差异之一就是西方的"幸福观"中的"宗教"和"自然"这两个要素在中国没有受到足够的重视①。在笔者看来,在中国,取代这二者的是"家庭"和"子女"。

对于中国人来说,家庭和子女是获取幸福的途径和手段。中国人向往阖家欢聚,享受儿孙满堂的天伦之乐,追求"多子多孙多福"。中国的父母普遍怀有强烈的"望子成龙,望女成凤"情结,在求学阶段,希望子女学习好并能找到好工作。成年后,更希望子女婚姻美满、家庭幸福。对于他们自己而言,子女孝顺,儿孙绕膝是幸福人生的天伦之乐中不可或缺的重要组成部分,因此,很多父母愿意帮助子女去相亲角寻找合适的结婚对象,即便他们的内心要经历挣扎,需要跨过"面子"和"尊严"的关口。

---

① 周永明:《"幸福"在中国的不幸》,《二十一世纪》2010 年 10 月号。

被访者 S33 – SWM①，女，大专，64 岁，退休前是某公司经理秘书，先生是高级工程师。女儿 28 岁，本科，沪籍，外企白领。她说：

> 为了孩子呀，不是为了自己的孩子，谁来啊？父母实在是没有办法了，其实也不想抛头露面讲孩子事情的。因为什么道理呢？你们（指笔者身旁的学生）现在还没到这个年龄，假如你们到时候工作了，到一个好的公司里面去了，慢慢岁数大了，你也会遇到这个问题的，对哦？碰到这种问题以后总不见得你自己去找朋友啰，总归父母之间、朋友之间大家托人，大人之间互相托，再帮你介绍朋友，你们小姑娘总不见得自己去找朋友，脸皮总是要的吧？不可能做这种事情的，很腼腆的，对哦？不可能做这种事情的，这有什么办法呢？工作又那么忙，一年年很快的，一会儿就大起来了（指女孩子的年龄），真的，确实是个问题。我们又没办法，我们喜欢到这块地方来啊？也不喜欢的呀！

上述所有的制度变迁为择偶文化创造了一个新兴的社会环境。在这种新形势下人们的择偶行为如何适应市场化的制度环境？相应的制度化实践和意识形态提醒我们注意到人们在择偶实践中所关注的问题、父母与子女之间出现争执的地方和矛盾的焦点都可能发生了变化。

自 20 世纪 70 年代中后期以来，"变"是理解中国社会的一个关键词。这是一个提速的时代，社会处在剧烈的变化过程

---

① S33 – SWM，S 表示父母组受访者（被访者）；33 是序号，指第 33 位被访者；SWM 是由被访者姓名的拼音的第一个字母组成的缩写。本书中所有此类编号参照此标准。另外，书中所引用的被访者第一次出现时，有比较详细的背景介绍，第二次出现，仅在被访者原话后用括号注明出处。

中。变动分化的利益格局随时会将一些群体淘汰出局,"被甩到社会结构之外"①。每一个个体都生怕被这个社会落下。浮躁功利的心态弥漫于整个社会,其背后实际上是全民共有的安全感缺乏。我认为,在此情况下,在相亲角这个婚姻市场上,待婚男女的父母们找到了一套"文化工具",并进行了一系列的"策略性行动"来回应市场社会的新变化:比如做出个人决策时压力增大,择偶过程中更强调金钱资本,可能面对更为广泛的社会不平等,等等。总之,通过对话、冲突和协商,相亲角的父母们创造了一种新型的、市场导向型的择偶文化,这种择偶文化不是市场本身的绝对性产物,也不是完全从新型的市场经济文化中获取它的话语。

二　相亲角:一个微观场域的情境分析

中国正处在一个由计划经济向市场经济的社会转型过程中,显而易见的变化是生产关系的变化与社会关系的变化,相应的经济利益与社会利益差别的扩大和多样化,以及社会结构的分化和分化的复杂化。由此导致的一个可能是,人们为了实现自身的利益而展开的利益诉求日益频繁,同时,一个鲜明的特征是:利益诉求的手段和方式日益多元化。在这里,我们可以把相亲角视为一个寻找配偶并缔结婚姻关系的新型手段和方式,而形形色色的家长们聚集在相亲角,为子女寻求理想的结婚对象就是一种新型的择

---

①　孙立平:《断裂——20世纪90年代以来的中国社会》,社会科学文献出版社2003年版,第3页。

偶模式了。

透过活跃在相亲角的行动者以及他们利用各自掌握的资源进行的互动，我们试图阐释人们在相亲角展开择偶行动所面临的特殊情境。我们要分析的是这种不同的行动者对这个情境的不同界定是如何使得人们的互动成为可能，使得这个情境成为可能，并进而思考这样一个充满分歧的情境，是否最终导致了相亲角效率的低下？作为一个新兴事物，相亲角究竟是一个什么样的择偶平台？简言之，它是一个融合着各种"欲望"，讲求"实力"的婚姻"市场"。

（一）"欲望"相亲角

"死生契阔，与子成说，执子之手，与子偕老，"[1] 这大概是中国人对婚姻的最高理想。斗转星移，岁月如白驹过隙；沧海桑田，社会变迁日新月异。蓦然回首，我们似乎发现：人类社会物质越来越丰裕而蕹泽，而人类的情感却日渐冷漠与干涩，这是一个真实的噩梦。

在一个工业化日渐繁荣、城市化急剧变迁的时代里，单身者尤其是女性获得了经济、知识以及各项社会权利，人与人之间的关系却日渐疏离。这是第三次"单身潮"出现的社会前提。然而，社会并不彻底的宽容。在以婚姻为本位的社会里，婚姻制度被认为是社会管理中最稳定的一种制度，夫妻之间的双边垄断占有被认为是所有关系中最可靠的关系，因此，婚姻被视为所有人最终应然的归宿。于是，游离于婚姻之外的

---

① 王秀梅译注：《诗经·邶风·击鼓》，中华书局 2006 年版，第 37 页。

"剩男剩女"①,从观念到制度,围观、非议与歧视似乎在所难免。在繁花似锦的都市人潮中,他们难以找寻属于自己的爱情。

在很多父母看来,如果生活是一团火焰,那么,相亲或许就是点燃它的一根火柴。他们不明白为什么子女的火柴总也划不燃。如果说待婚子女没有错,难道是之前与相亲有关的做法有错?"血浓于水",这些父母断然不能置身事外,他们自发组建了相亲角,试图用新方法解决老问题。

从表面上来看,很多大龄或适龄青年的父母每个周末都来到相亲角替子女相亲,他们似乎对这里充满信任和期待,实际上,事实并非完全如此,父母们对相亲角的态度十分复杂。正是因为他们最初对这个平台的预期,与事实上它所具备的功能之间存在一定的落差,所以直接导致了相亲角在配对效率方面的定位误差。一个客观的现实是:相亲角只是寻找配偶的平台之一,家长们都希望能够借助它实现自己的目标,但内心对它的认识却好恶参半,甚至截然相反。根据访谈资料,我们将其主要归结为三类:力挺派、反对派和中间派。

"力挺派"要么认为在相亲角,他们能够为子女找到被称

---

① 艺术永远取材于生活。我们似乎进入了一个"剩男剩女"的时代。第一次宣告"剩男剩女时代来临"是在2006的下半年。2006年5月26日,中国经济网以头条报道了这个标题。2006年8月社科类书籍《剩男剩女》出版。当时的数据表明:2005年北京"剩女"数达30万人,上海43万人。几年之后,这样庞大的数字已经呈几何倍数增加。2008年10月李伯南执导的话剧《剩女郎》公演,反响热烈。2008年末,有关"剩男剩女"的爱情喜剧电影集中地上映。马俪文执导的《桃花运》率先上映,张建亚的《爱情呼叫转移2:爱情左右》、徐克的《女人不坏》紧随其后,2009年冯小刚的贺岁片《非诚勿扰》则将此风推向了高潮。2009年6月,《剩女郎》的原班人马出演新剧《经济适用男》,直面2009年金融危机,续写一本"都市剩女的择偶指南",该剧于2009年6月17日起在京沪两地开演。

为"优质资源"的结婚对象；要么出于对商业婚介的低效率[1]但高收费行为极其不信任，而来到相亲角亲自挑选，从而求得"放心"；要么直接认为相亲角就是一个婚姻"自由市场"，它的出现是市场经济时代的进步，甚至用一套经济术语来概括择偶与婚姻的本质。

毋庸置疑，并非所有待婚男女的父母们对相亲角都持肯定的态度。他们的观点主要集中在相亲角不过是一个鱼龙混杂的地方，在这里帮子女找对象只能算是"野路子"；从效果上来看，不过是"捣浆糊"；有些父母甚至来这里是为了"打翻身仗"，确保或者提高他们自身的福祉，说它是一个"自由市场"，充其量也是一个不入流的市场。

在支持者和反对者之间，中间派则将相亲角看作是一个"碰运气"的场所。

1. "力挺派"

（1）"优质资源"论

被访者 S13 – YGR，女，初中文化，58 岁，某电视机厂退休工人，先生是某建筑房地产公司工人，已退休，家住浦东。女儿今年 24 岁，本科毕业，目前在某企业做文员。YGR 女士一家是地道的上海人，家境一般，来到相亲角帮女儿找对象的主要原因是寻找"优质资源"。

> 我觉得很好的呀，这里是一个平台嘛。通过这里可以穿针引线。毕竟家里的亲戚啊什么的，不一定能认识白领，不一定能有优质的资源。小区里那些不三不四的人多

---

[1]　例如，北京市妇联婚姻家庭咨询服务中心成立一年多，2000 名会员中80% 以上是大学本科以上学历，硕士、博士有四五个人，已经喜结良缘或者谈婚论嫁的只有 30 对，成功率仅 1.5%。参见北光《父母相亲会》，《社区》2005 年第 14 期。

了,可能嫁给他们吗?不可能的呀,女儿也不愿意的呀。那问题就来啦,这根线由谁来牵呢?必定要有人来牵的呀,那我觉得这个平台就蛮好的呀。

(2)"放心"论

被访者 S16 - ZGR,男,初中文化,50 岁,退休石化工人,老伴退休前也是同厂的工人,一家三口住在浦东一套 60 平方米的老式公房里。女儿 27 岁,大专,目前在某网络公司工作。

我们对婚介所不信任,他们要价很厉害的。进来就要你们交钱啊,然后又是婚托,如果打电话帮你约见面的机会什么的,还是要钱。所以整天问他们介绍的话就很贵。反正我们这里都是家长,为了自己的子女,诚心诚意地为他们找。所以问题不大,不需要什么婚介。我问了下我的朋友,他说,单是报名费,然后把我女儿的资料报上网,就是 100 块手续费。然后要看他帮你介绍的是什么等级的,白领的还是金领的,不同的就要不同的价钱。白领的要 800 块,现在已经不止了哦。单是帮你介绍就要 800 块,不成功也不管的。我们家又不是做大生意的,开大公司的啰,是工薪阶层,所以不需要,自己来反而更放心。

(3)"自由市场"论

被访者 S29 - CGD,男,58 岁,本科,某企业财务兼股东。家庭富裕,在长宁区拥有三套住房,来相亲角为 27 岁的女儿寻找如意郎君。他用一套经济术语来解释爱情和择偶。

爱情本来就是一场买卖,无论多么天真无邪的两小无猜,用零售业的术语来说,都是推销自己以求对方对自己产生购物冲动的一场营销策划。市场潜力大期望值高,叫价自然就高一点,市场潜力小期望值低走势低迷,自然就要委曲求全，这无可厚非。正如目前你明知手上那块地有石油，以现在的油市势头来判断，你一定不会把它卖给房地产商。同样的道理，很难想象梁朝伟会挑上芙蓉姐姐。

被访者 S30 – LZG，59 岁，初中文化，退休工人，来相亲角帮女儿找对象。他也认为相亲角就是一个自由市场。

这里好像个市场，这个是正常现象，现在是市场经济时代嘛。我说的难听点，你看现在 2000—3000 元（指月薪）的男的，职校毕业生，这种情况在这里是上不了台面的，男的 3000 元左右，也就不要来了，来干什么呢？哪一个小姑娘会嫁给这样的，除非是外地的，1000 元（指月薪）的，那这样还能找找。

被访者 S8 – SGW，女，50 岁，大专文化，1998 年随夫携子从东北调回上海工作，先生是上海人，68 届高中生，78 届大学生，在东北有 30 年的工作经历，目前是沪上某大型企业副经理。全家在浦东某高档住宅区有一套 150 ㎡ 的房子。儿子 Y6 – WY 读初三时随父母来到上海，又考回东北读大学。2006 年大学毕业回上海工作，目前在某测绘院做测绘员。从大学毕业那年起，被访者 WY 就开始相亲。

原本 SGW 家在浦东有两套房子，一套是作为 WY 的婚房。就在一年前，WY 的父母将这套房子卖掉，因为他们希望晚年能够与独子一家共同居住。儿子表示理解和遵从。家庭内部达成了一致，但是，问题是，很少有上海女孩同意婚后与公公婆婆生活在一起，所以 WY 谈过的几个上海女孩都因为这个原因与他不欢而散。另一方面，WY 的父母及其本人，作为新上海人，又希望未来的媳妇是地道的上海人，拥有上海市的户口。这种矛盾很难解决，因此，被访者 Y6 – WY 的婚事难以敲定。

然而,正是因为这个原因,被访者 S8 – SGW 对相亲角另眼相看,寄予厚望。正是在这个意义上,对于相亲角,新上海人 SGW 阿姨则是"力挺派"。尽管她的儿子目前正在谈朋友,但不是很满意,因为她可以自由市场为名为其儿子另找"门当户对"的结婚对象辩护。

> 因为我吧,特别知道社会的行情,就像买东西一样,当然婚姻这个东西,我觉得还是要到市场,市场它就是多,可以挑。就是你以前介绍的吧,范围太窄。这个上海呢好就好在什么市场都有,婚姻市场都有,在别的地方它都还没有呢,想买还买不到,这也是一种进步哦,没错,是挺好的。

(4)"直观"论

被访者 Y15 – CCB,男,本科,31 岁,河南人,上海某远洋公司海员。父母远在河南,都是农民。因为职业的关系,他之前委托几家婚介公司帮助寻找结婚对象,未果。在一次出海途中,他从报纸上看到有关公园内相亲角的报道,决定上岸后来这里寻找机会。在他看来,相亲角比婚介公司更直观:

> 不管怎么说我就不太喜欢婚介公司这种形式,你想,他们把这些资料都输入电脑或者弄成卡片,对这个卡片对那个卡片,他又对不了那么多人,然后就看这个条件般配不般配,我觉得公园这里……我这样来更直观一点。我面对的可能直接就是她们的父母,有什么问题……应该说他们是会了解自己的女儿吧!因为我的父母都在老家,这边就我一人说了算。我也能够答复他们一些东西。

2."反对派"

尽管都将相亲角视为自由市场,但是有些家长们的态度则是明显的"反对派"。

（1）"不入流"论

被访者 S1 – LYS，女，65 岁，中专毕业，原籍山东，退休前是上海某医院医生。丈夫是市级某建筑单位高级工程师，上海人，已退休，享受国务院特殊津贴，目前有两份工作，内环以内拥有两套住房。其女 1978 年生，1.60 米，上海某名牌大学硕士毕业，目前职业是大学教师。她将女儿的婚事寄希望于"摆不到台面"的公园，纯粹是出于无奈，在她看来，相亲角无异于"不入流"的"自由市场"。

> 我现在什么都不操心，只有一样，就是孩子的婚姻问题。你看我小孩，小学读完，读中学，中学读完上高中，高中读完读同济，同济读完找工作，工作找好，就这个事情了。一不留心，掉到自由市场来了，大家都讲这里是自由市场。怎么能到公园里找对象呢？这有点像是从大街上拉人结婚一样，摆不上台面嘛！我每次来都怕被人认出来：人家会说，你孩子不是很优秀吗，怎么要到自由市场上来找？

（2）"捣浆糊"论

被访者 S12 – WM，男，高中文化，57 岁，退休工人。妻子也是该厂的退休工人，家住黄浦区一套小公房。独女今年 30 岁，本科，曾独自去日本工作，就职于某世界 500 强前十位企业三年，2008 年 3 月返回上海分公司工作，担任采购经纪职务。相亲角在他们看来，就是一个"捣浆糊"的地方：

> 公园这里没意思，捣浆糊的，我看这里不怎么样，要碰到，真的就是运气了。那里的那些人是婚托（指附近正在帮家长登记子女资料的婚介），靠不住的。到时候你钱给他们了就见一次面，没意思，浪费时间。

（3）"野路子"论

被访者 S21 – CYJ，男，大专，57 岁，中国科学院上海某研究所研究员，其妻也是该所工作人员。女儿 30 岁，拥有机械自动化和计算机双学士学位，目前在美国独资公司研发部工作，CYJ 家在杨浦区有一套二室二厅住房，在嘉定有一套一室一厅住房。

> 如果自己有觉得合适的，我回去就和我女儿说：我有个朋友啊，刚好认识一个小孩啊怎么怎么的，那肯定只能这样讲了。不可能说"我在人民公园给你找了个什么"，像她们（指女儿）也有自尊，像这里档次很低的野路子，像她们这种也不愿意在这种场合里，鱼目混珠的。譬如说这里假的也很多，假的中介也很多，越来越多了。像这里的中介说是不要钱什么什么的，其实都是骗钱的，没有一个中介是正规的。

（4）"战场"论

有被访者将相亲角视为父母或子女打"翻身仗"的战场。

被访者 S5 – YXS，男，52 岁，初中文化，七级电焊工，两年前退休后在黄埔区某街道从事义务法律援助方面的工作。"文革"时期他曾经在安徽某地插队，返城后曾经有一位"青梅竹马、两小无猜"的女友，改革开放之后，女友去美国旅游，之后不愿意返回，YXS 先生由此认为上海姑娘太看重金钱，从此不再找本地姑娘。前些年有一位时年 34 岁的四川姑娘，当时这位姑娘因前男友沉迷赌博输掉大部分财产而负气只身前往上海找工作，期间认识了 YXS 并与其相处了三年，2004 年这位姑娘在没有留下任何联系方式和家庭地址的情况下，"说走就走，一下子蒸发了"，之后两人再无任何联系。所以 YXS 先生至今未婚。因为就住在公园附近，并且长期在

这里闲逛，所以 YXS 先生是相亲角里的"信息达人"：他几乎
了解大多数家长的背景，熟悉这个择偶社区的各种掌故。他来
到这里是顺便帮助自己的外甥找对象：

> 现在这里（指相亲角）都在打翻身仗！女的，自己
> 挣 5000 块的，想找一万块的；明明自己挣一万块的想找
> 两万块的；明明自己家里有房子，还要找三房两厅的，必
> 须是市中心的。这里有个市场价格，我已经打听出来了：
> 两室一厅，男人必须要有两室一厅；不能和父母住在一
> 起；名字（指房产属名）必须是男人的；要市中心的，
> 工资要 8000 块以上，你可以到人民公园来找女朋友了。
> 没有这个条件，我不是说绝对，基本上没有人理睬你。人
> 民公园这里的价格是全中国最高的！这个要讲条件的，什
> 么你爱我，我爱你，没有的，真的爱情在书上。

尽管这位被访者的言论似乎看来有些过激，但是他却明确
地向我们揭示了这样一个事实：来到相亲角的很多人，至少有
"钓大鱼"的嫌疑。男性和女性均有依靠心理，希望攀高枝，
博上位，盼望一嫁升天，一娶荣华。当他们怀着这样的心理
时，我们可以猜想相亲角的成功率以及与相亲有关的幸福指数
的高低。

（5）"骗子"论

一位男性家长 S7－SB，53 岁，上海某厂工会干部，儿子
22 岁，目前就读于沪上某著名大学计算机系二年级，学习成
绩优异，每年都拿到学校的最高奖学金。他对相亲角很不看
好，认为这里骗子集聚：

> 听我说一句话，要找去同学、同事里面去找，不要找
> 社会上的，社会上骗子太多了。公园这里不好，完全不
> 好。我明明没工作，我写我每个月赚一万块。我明明没房

子,我是小偷,刚刚坐牢放出来的,我说我大学教授。有人相信啊。一百个里面有九十九个不相信,有一个相信就可以了。我在东视广角也说了。这里骗子太多了,他明明没有房子,借间房子,然后房产证买假的,专门骗小姑娘。他说那两间房子是我的。把你小姑娘肚子搞大了,他才讲清楚:我没工作,房子是借来的,你愿意跟就跟,不愿意跟就拉倒。有的小姑娘就打胎打掉了,有的小姑娘傻的,非要跟。有的小姑娘是痴情女的,我就是喜欢你,我就是从一而终,我就是要你。那你养他吧,你大学毕业的工作,用来养他吧。等你到了三十岁你醒了,来不及了。你年轻的时候傻乎乎的,你相信网上的东西吗?网上虚拟的,但网上最起码是实名制。这里比网上还不如。这里是不负责任的。

3. "中间派"

(1) "碰运气"论

被访者 S38 – ZFZ,女,56 岁,初中文化,退休工人。先生是私企经理,家境优越,来相亲角为女儿找结婚对象。从2004 年起就开始在相亲角"碰碰运气",之前也曾去过位于四平路的某大型婚介所寻求帮助,但是钱财被骗,人却未找到。

　　这里是老百姓自发的场所叫相亲角,相亲的地方呢,最多的时候人会都挤满。我估计大概有五百人,反正从这里到门口都是人。你到人民公园人最多的地方就是这里,没有比这里人更多的了。当然这里也有成功的,听说有成功的,但成功指数非常低。如果这么一个地方没有成功不可能的啊,这个成功不成功要看很多因素的。比如有的优秀的找不到的话他就把要求放宽一点;有的可能是好的和好的正好对上了;还有的可能是差的找更低一点的,这样成功机会也比较多啊，对吧？但大部分还是成功不了，虽然大部分成功不了么，也只能来这里碰碰运气了，说不定是个机会，对吧？说不定能遇到合适的，也不是说一定来了就要有什么收获。

被访者 S25 - YL，60 岁，外贸大专，私企总经理，出身高干家庭，父亲尚健在，天津人。原先在内地某外贸专科学校做校长，2000 年带两个儿子来上海经商，自办一家外贸公司，目前在上海浦东区拥有两个办公室，三层别墅两套，家用汽车 4 辆。

YL 来相亲角帮助弟弟的女儿找对象，为了这个女孩的婚事，被访者的弟媳（女孩的母亲）决定近期来上海租房居住。而作为姑姑的她决定亲自来相亲角探路：

我们家孩子的妈妈马上就要过来了，就是为了这个。我跟她说我先来看看，如果值的话，那就让她过来，而且还要租房子。我说我家有三层楼的房子让她住，她说不方便，非得要自己到外头去租房子住。是这样，要耗费多少时间？一个月两千多块的租金，再加上什么生活费其他乱七八糟的。真的是可怜天下父母心。

YL 的侄女 28 岁，天津人，本科毕业，目前在姑姑的公司做外贸业务。其父母目前仍在天津工作生活，尚未退休。父亲是天津某肿瘤医院的主治医生，母亲准备辞职后，租房暂居上海，并且来人民公园帮助女儿找对象。YL 已经通过自己在上海的生意圈和朋友圈帮助侄女找了几个对象，但是因为户口等原因没有成功。访谈中，YL 自称是第一次来相亲角。

这里真正好的男的不多，我侄女的事情，我权衡了半天，来还是不来，碰碰运气吧。首先一点，上海人我是不要的。这边的孩子不孝顺父母，不像我们北方的孩子。上海的孩子聪明是聪明,但是要人好。外地的好的男青年,大龄的好的留不住了,上海本地的鱼龙混杂,按我自己来说,肯定不来;但是如果始终不来,我侄女到现在还没有着落,所以今天来碰碰运气。

(2)"找机会"论

被访者 S23 – SYS,女,本科,48 岁,医生,先生是公务员。这对事业有成的"60 后",在徐汇区有两套房产,女儿26 岁,本科,公司职员。

> 女儿的对象是必须要解决的问题,不是像我今天不买衣服不要紧,因为随着年龄的增长嘛,这个问题一定要解决,所以每个礼拜应该来,来呢就是不一定有满意的,但是不来是没有机会,来一下呢是想有个机会吧!来一百次有一次机会,因为一般都是找对一个就是了。所以,也是一个机会,所以呢,浪费一点时间,累一点呢找到合适的,有这样一个机会,有这样一个平台,再说你呆在家里就没有这个机会。不管成功还是不成功,有一丝希望总是要争取。呆在家里就是半点希望也没有啊!对哦?

(3)"谈条件"论

被访者 S6 – XAY,女,52 岁,初中文化,退休前在上海某百货商店做售货员。先生在某大型国企担任部门经理。两人膝下有一女,今年 26 岁,本科,目前与其父亲供职于同一家公司,做财务工作。

> 公园这里呢,说不上好坏,就是谈条件呗!你说现在不谈条件也是不现实的,因为现在这个社会就是这个样子。而且现在你看像公园里面,他们拿什么为条件呢?本身就没感情基础的,我跟你之间本身就不认识的,那么首先就是要谈条件的。有的人很明显的,就直接跟你提:有

房吗？有车吗？人漂亮吗？就是这样。但是你不提不行的呀，不提那拿什么为条件呢？你说现在又没什么感情而言的。你说你们大学同学在一起，有感情的。公园这里没办法的，你说不谈也是不可能的，真的是不可能的事情。现在女方家长提出来的就是这个：男方要有房子。有的甚至女方家条件好一点，还要要求男方有车。都是这样的。最起码你要有婚房。

（4）"看证"论

被访者 S9 - FXS，男，高中文化，55 岁，江西人，退休工人，后转行销售。女儿今年 27 岁，2006 年沪上著名高校硕士毕业，目前在政府部门做公务员。

这里嘛，还是看证件的。父母看起来他们合得来，再交换信息比如说户口簿、工作证、学历证、社保卡和身份证，这五证能充分证明你这个人了，能证明这一切了，因为首先来这里人都不相识对嘛，当然也不能说哪个是坏人什么的，但是作为父母亲，作为牵线人这个要对自己的孩子负责的，万一怕有什么的，是这样的。然后再他们去谈，那就可以了，谈得差不多就可以成家了。

（二）"实力"相亲角

在相亲角，有的父母受人追捧，炙手可热，有的父母则无人问津，"门可罗雀"，这是为什么？在这里，"实力"才是硬道理，才是硬通货。有"实力"才能有市场，有"实力"才有话语权；反之，没有"实力"，意味着被"劣质化"，意味着被排斥，意味着"滞销"。那么，"实力"究竟是什么？

在相亲角，行动者的"实力"的构成要素主要包含两个层面：子女的"硬实力"和父母的"软实力"。子女的"硬实力", 主要指外貌、年龄、职业、收入、户口、住房、婚史和属相等, 我们将在下一章重点分析, 这里, 我们着重探讨父母的"软实力"。它主要涉及三个方面: 父母的形象资本; 父母的社会地位和经济资本; 家庭支持网络。

第一, 父母的形象资本是决定他们自身在相亲角是否具有吸引力的先决条件, 这直接决定着他们能否为子女"招揽"来"高资质"的"潜在亲家"。在相亲角, 一对父母在做出与另外一对父母"进行交易"决策之前, 要先过"眼缘关"。父母之间"相亲家"先于子女之间"相亲"。上海人有个习俗: 选媳妇之前要先看未来丈母娘。"龙生龙, 凤生凤", 这首先涉及遗传基因优劣的生物学解释; 其次, 它也暗含着文化代际传递的因素。他们普遍认为什么样的母亲就教化出什么样的孩子, 所以很多家长习惯于先观察别的父母在相亲角的表现, 待婚子女的家长们的长相、打扮、气质和谈吐等的优劣就显得格外重要。关于父母的形象资本这个论题, 我们将在第三章中父母们的择偶步骤中继续讨论。

第二, 父母的社会地位和经济资本是父母的"软实力"的另一个重要组成部分, 也是影响子女择偶的一个重要因素。在相亲角, 父母之间与子女择偶有关的谈话没有闲谈, 话语的背后隐含着一个又一个"探底"的企图与尝试。父母目前是否退休, 工作单位性质如何, 职位如何, 工资福利如何, 退休后工资福利怎样, 有没有四金, 退休后有没有新的收入来源, 父母目前的身体如何, 家庭的住房状况怎样, 有没有其他家庭负累等话题不一而足, 这些都是很多父母在交换完子女的基本信息之后, 必须要重点交流的内容。

正因如此, 在相亲角这个婚姻市场上, 多数父母在进行信息交换时都开门见山, 直来直去, 他们来到这里并不是为了看风景,而是"谈生意"的。因此,他们会直接或者比较直接地提出上述问题,如被访者 S27 - ZZB 女士,64 岁,高中毕业,退休工人。老伴早年去世,女儿已经嫁人生子。现在儿子到了适婚年龄,她来相亲角寻找理想的未来儿媳:

> 主要么是上海人的,父母在上海的,有劳保的;外地人么也不要紧的,只要他们有劳保的,没劳保的不来噻的(就是不行,没本事的意思),那以后小孩负担重了要吃不消的,上面两个老的,下面再有小的,那以后烦也烦死了,你说是哦?如果父母没有劳保的话这是蛮讨厌的(意即麻烦),如果外地小姑娘自己没有劳保,父母也没有劳保的话,不管现在两个小的勤奋不勤奋,以后的问题就大了。小青年不要紧,两个老的以后就麻烦了,要变成负担的,不是说吃饭有问题,吃口饭多几个人也无所谓,生病就讨厌了,事情就多了。两个人要是没劳保,孩子要压垮的,你说对哦?不是指望女方的人帮多少忙,主要就是至少要像我们一样,自己有劳保的,有退休工资的,不要给小孩带去麻烦。不是说什么,如果真的生病了,小孩贴点钱是应该的,也是可以的,但是不能就完全靠着他们,躺在他们身上是吃不消的。

女方的父母也同样看重男方的家庭条件,尤其是父母的经济实力。

> 女孩子买房,那你男孩子父母自己生了男孩子,自己不知道孩子要长大的?这个是人的一份责任,女孩子也不能问人家要的太多。男孩子家长是有这份责任的。如果条件双方都看重了,双方都可以的,都认可的。如果男方一点没有,这个跟家庭也有关系的。有的很好的家长,都会考虑到。因为你生下孩子就是为了要儿子把媳妇娶进来,

要有生存的能力。人家不是要很大的房子,人家要有一家婚房,所以这就代表一个家长生存的水平,因为大家都是在这个社会上的,你作家长的不能就稀里糊涂啊,什么也不管,小孩生下来去骗人家女孩子的东西?就算给你骗进来,男孩子也没有生存的能力,那女孩子不苦啊?家庭好与不好是差得很远的!(被访者 S33 – SWM)

除此之外,也有一些父母比较讲究谈话策略,令人着实钦佩这些父母的精明和优雅。以我从相亲角旁听到的一个"探底"的事情为例。

在 2007 年 10 月的一次田野工作中,我无意间听到两位家长之间的对话。当时已经接近傍晚,大概七点。两位老人家似乎对双方的谈话比较满意,临告别时仍旧在闲聊,其时,男方决定开车送女方回家,双方有如下对话:

"你这时回去,家里人都等你吃晚饭吧?"

"对的,走高速开车回去也就 1 个多小时。"

"那你回去晚了,小区里车好停吗?"

"我们小区车太多,就是车位少,停车费倒是很便宜的,才五块钱一天。"

乍一听来,这些谈话似乎过于稀松平常,可是,我隐隐约约觉得可能未必。于是我牢牢记住女方的相貌,希望有机会跟她请教这样的闲聊背后有何深意。后来,我与那位阿姨有幸再次相遇,她起初不愿意回答,后来禁不住我软磨硬泡,终于告诉我她当时问停车费的目的是打探对方所居住的楼盘小区:按天计算停车费,而且是五块钱一天。很显然,对方居住的一般是 20 世纪 80 年代的老公房或者郊区的中档商品房;从市中心到对方家里需要一个多小时,而且要走高速,对方应该住在郊区,所以结论就是对方住在郊区的一处中档楼盘。两位家长当时的对话看似只是无关紧要的闲聊，但是一方却从中探听到对方的住房情况，这似乎是获悉对方经济状况的一条不错的小策略。

面对子女理想的结婚对象的家长，社会地位和经济资本相对较高的父母一般会主动"炫耀"上述信息，以自身的资源和"实力"，强化子女的择偶优势。反之，那些社会地位和经济资本相对较低的父母则对这类信息比较避讳，就算被对方追问，也大多采取遮遮掩掩，欲说还休的姿态。事实上，他们更习惯借用"结婚是两个小人（指小孩，即待婚子女）的事情，只要他们说好，关父母啥事"之类的话语为自己开脱。

第三，家庭支持网络的质量是彰显父母"软实力"的重要方式。这里又分为两种情况：外地人的家庭支持网络和本地人的家庭支持网络。

需要说明的是：这里的家庭支持网络主要指父母能够帮助子女寻找合适的结婚对象的网络。应该说来到相亲角的父母们或多或少都具有这种网络，区别在于这一网络对于解决子女婚姻问题的有用性高低不同。这里又分两种情况：一种是因为其他网络的效用太低，相亲角是父母目前唯一投注希望的网络；另一种是父母普遍动用多种网络协同解决晚辈的择偶问题，相亲角只是备选途径中的一种。

外地人的家庭支持网络对于帮助子女在上海本地寻找结婚对象这件事情，显然帮助不大，就外地青年来说，初来乍到，他们大多忙于工作，主要在公司—宿舍两点上循环往复运动，个人并没有太多精力投入到扩大"交往半径"，提升"社会资本"，打造新型"支持网络"的工作中去，对于那些原本不善交际，性格内向的外地青年而言，情况更是如此。至于他们的父母，由于国内工作迁移或者退休后并没有随身"携带"原先的支持网络，即使他们成功地将部分支持网络"移植"到上海本地，很多情况下并不能立即产生效用，"派上用场"。

在这里，我们可以清晰地看到:一方面，尽管政府不断地批判传统，但是人们对家庭的忠诚以及义务基本上仍然保持不变①;另一方面，中国个体性与个人主义的兴起，对私人生活的转型影响巨大。根据阎云翔的研究，自 20 世纪 80 年代以来，虽然就农民私生活的某些方面来说，国家的力量依然很强大（比如计划生育和新婚姻法等），但是，总体而言，国家对私人生活的控制逐步减弱，转而将主要精力放在了发展经济上。由此，商业模式，市场经济的价值观以及全球性的消费文化等，成为推动社会变迁，特别是家庭变迁的核心力量，使得中国家庭的发展趋势与西方日益接近。因此，阎云翔得出结论:中国个体性与个人主义的兴起是集体化时代国家对本土道德世界予以社会主义改造以及非集体化之后商品生产与消费主义的冲击所共同作用的结果。在这两个时期，国家出于不同的目的以不同的方式在发起和推动家庭的变迁中起了关键的作用，并最终导致了私人生活的转型②。

被访者 S34 - SYS，女，高中文化，50 岁，江西某印刷厂内退工人，离异，目前在上海与儿子租房居住。来公园帮助自己的独子找对象，儿子 28 岁，本科，户口在江西，目前在上海某公司作室内装潢设计师。

在我们老家江西谈过。这个小女孩也是朋友介绍的，谈也没谈多久，半年吧。因为我们小孩在上海发展，那个

① Davis, D. & Harrell, S. , *Chinese families in the post - Mao era*. Berkeley: University of California Press, 1993.

② 赵爽:《中国农村个体化趋势的特征》,《兰州学刊》2010 年第 2 期。

女孩子看我儿子挺满意的，想把我儿子留住，我儿子没有答应她，他说要到上海发展。那个女孩自己不愿来上海，就这样子。他现在在上海工作时间长，经常加班。再说，我们是外地人么，对哦？他的那个同事，我跟他开玩笑说：你们没有女同事啊？他说有两个女同事，都蛮大的，80 年生人的。没有中意的，就说没有这方面的发展。现在我们老家的原来他的同事也不多，也就这么几个。那么现在，他们有的时候通电话，要到这里来玩哪！我儿子不好意思，我就会和他们说两句：我说帮帮忙啊，你们现在都有女朋友了，就是我儿子还那个啥……呵呵。早两个星期，他有个同学说帮他介绍女朋友，但是那个女孩子星期六、星期天要加班，两次都是临时改变了时间，一次没见面。

被访者 S20 - FHJ，女，63 岁，大专文化，退休前是单位会计，丈夫是工程师，也已退休。就她家的情况而言，当初为了女儿，夫妻俩退休后从扬州迁到上海。在解决女儿婚事这一问题上，F 家实际上丧失了之前在原先的居住地积累的关系资源，父母和女儿的情况一样。

我自己是扬州人，我不愿意来上海，为了孩子才来上海的；爱人是从上海出去的，有这个叶落归根的感觉。另外呢，上海人都很怪，有这种优越感，都觉得上海好，实际上我在扬州工作，扬州很好，世界级最适合人居的城市，现在很后悔。如果在扬州的话，我想我女儿不会蹉跎到现在，因为那儿有我的朋友、同事，有我的关系，我女儿自己也有同学、有朋友，到上海来，什么都没有。

被访者 S34 - SYS 的家庭在上海没有任何亲戚朋友。即使被访者 S20 - FHJ 的先生是上海人，与亲戚朋友之间保持了一

定程度的互动,"新生"家庭支持网络的作用也很有限。因为各种原因,父母往往也不再好意思重新将儿女的婚事拜托给他们:

> 我现在已经到了山穷水尽,以前有些亲戚,他们介绍的,都回绝了,现在再去请人家,也张不出口了,虽然是这样那样的原因,但是是我们拒绝了人家,知道吗?现在只有……现在我跟她讲,我已经把我的资源全部挖尽了,全靠你自己,我也没办法了。(被访者 S20 - FHJ)

就某些上海本地人的家庭支持网络而言,因为亲戚间的相互走动比较有限或者作用有限,这个网络不能发挥它的功能:

> 我们是上海人,我就一个孩子,我们和亲戚朋友不太联络的,烦都烦死了。有事大家联系,没事不联系,关键靠自己。什么七大爷,八大姑,烦都烦死了。(被访者 S7 - SB)

> 比方说也是通过什么亲戚朋友介绍,那通过亲戚朋友介绍的话……在上海的话……我刚才也讲了优秀的男小孩不多。还没有真正合适的,亲戚朋友介绍的话呢有的可能学历上的话还达不到小孩儿要求啊,有的在职业上可能还达不到小孩要求啊,有的可能在……人的……外貌上的话也达不到小孩要求啊,那么也就……是很复杂的东西。(被访者 S21 - CYJ)

如果亲戚一方没有合适的资源提供,在新式住宅小区中,旧时的邻里能否提供支持呢?

被访者 S22 - YWM,50 岁,退休外贸员工,在杨浦区有一套老公房。女儿 27 岁,本科毕业,目前在某外贸公司做职员。为了女儿的婚事,YWM 来相亲角已经有三年的历史,她只能依靠自己的力量帮助女儿找对象:

　　因为现在的人很自私，比如你去给别人说哪里有好的
啊，帮我女儿找一个，人家都会说你们女儿要求高啊什么
的，人家也不太愿意的，而且找得好还好，找得不好就蛮
讨厌的，一般都妈妈自己来找。

　　那我们家隔壁就有一个家伙，一个男的。他跟上个女
的结婚是……我记得好像是十月份结婚的吧。一个月都不
到，莫名其妙的那女的家里就来搬东西了，在搬那个大概
是陪嫁，稀里哗啦全都给她带走了。真的，那男的本事也
蛮大的，他在两个月之内又找了个女的结婚。现在找的这
个女的估计他也没跟她讲，这男的是结过婚的，谁跟她讲
啊？邻里谁会多这个嘴？实际上这个男的是结过婚的，尽
管他时间不是很长。我们过去住的小区大家来来往往的，
现在都不来往，这男的看到了也就"哎，上班啦"这样
打个招呼。人人自己过日子，谁会管你家孩子没朋友、结
不了婚这种事情呢？（被访者 S16 – ZGR）

　　显然，在竞争激烈的婚姻市场上，父母的资源动员能力
和资源汲取能力直接决定着子女获得配偶资源的渠道与质
素。在市场经济中处于劣势的家长往往囿于人脉和支付能力
的束缚，将相亲角视为子女获得优质配偶资源的有效渠道，
尤其是与对方家长的直接接触与谈判，大大降低了金钱成
本，时间成本和信任成本。而对于在社会上占有一定优势地
位的家长而言，相亲角只不过是可有可无的一个补充，他们
来到这里，很大程度上是出于碰运气的考虑，如果能够找到
合适的对象更好，如果没有，他们也不会过于气馁，因为他
们同时通过个人或家庭的人际网络帮助子女或亲戚寻找合适
的结婚对象。

　　总之，在婚姻市场上，形象资本、社会地位、经济资本

和文化资本以及家庭支持网络不同的父母的资源动员能力与谈判能力明显不同，他们所占有的资源不同，他们的"软实力"各异，导致他们的"自由余地"存在差异。这就直接决定了这些行动者的决策不同，他们参与游戏的能力存在差别。在相亲角这个非正式的权力结构和权力关系中，他们处于不同的位置。

(三)"市场"相亲角

学界对于市场化的研究层出不穷，主要集中在劳动力市场化①，消费文化市场化②，土地市场化③，宗教市场化④等，但是对于婚姻，尤其是择偶的市场化鲜有论及⑤。

在相亲角，几乎所有的挂牌都大同小异，白纸黑字，写明自己孩子的条件和对"有缘人"的大致要求，稍微考究一点的会打印出来用塑料文件夹"包装"好。然而，也有些颇费心思的挂牌会让人眼前一亮，比如加上自己孩子的靓照，甚至做成彩色的广告牌。凡是有照片的挂牌"生意"总是特别好，

---

① 刘精明:《市场化与国家规制—转型期城镇劳动力市场中的收入分配》，《中国社会科学》2006 年第 5 期。

② 方心清:《全球化视野下的生活方式变迁》，《浙江学刊》2003 年第 5 期；郁方:《19 世纪末以来中国中产阶层的消费文化变迁与特征》，《学术研究》2005 年第 7 期。

③ 褚中志:《中国土地资源配置的市场化改革问题思考》，《思想战线》2005 年第 4 期；曲福田、石晓平:《城市国有土地市场化配置的制度非均衡解释》，《管理世界》2002 年第 6 期；姚如青:《土地要素流动非市场化下的土地产权制度创新》，《浙江学刊》2009 年第 2 期；张洪:《城市土地利用与市场化》，《思想战线》2000 年第 6 期。

④ Fenggang, Yang, "The red, black, and gray markets of religion in China", *The Sociological Quarterly*, 2006 (46): pp. 93—122.

⑤ 李煜和徐安琪是为数不多的两位社会学者，相关观点可参见其专著《婚姻市场中的青年择偶》，上海社会科学院出版社 2004 年版。

不少家长都会凑上去和挂牌者攀谈。我们认为，这种用摆摊设点的方式展示儿女个人择偶信息的做法首先给人一种集市的印象，与农业社会出售剩余农产品的农贸市场不同，相亲角的父母们"销售"的是自己的亲生儿女；其次，这些父母借助广告牌来为子女在竞争激烈的婚姻市场上谋求"吸引眼球"的机会，显然是一种市场化的营销方式。

同样是在相亲角，如果碰到熟人上前询问情况，有的女方父母会无可奈何地叹息："今天生意不太好，来问情况的男方家长太少了。"（被访者 S20 - FHJ）这位母亲使用的"生意"两个字眼，也就是说，或许在她的心里，她已经承认并接受了这种择偶的方式在很大程度上已经演变成了一种赤裸裸的经济交易。

此外，在前文阐释相亲角作为一种欲望的载体的时候，我们对被访者 S29 - CGD 用一套经济术语来解释爱情和择偶印象深刻，在短短的谈话中，他多次用到诸如"买卖"、"推销自己"、"零售业"、"购物冲动"、"营销策划"、"市场潜力"、"期望值"、"叫价"、"走势低迷"等词汇。

同样，在被访者 S1 - LYS 眼里，相亲角就是"自由市场"；被访者 S5 - YXS 认为这里没有爱情，爱情只出现在书本上，每个"上市"的男女都有自己的"市场价格"。被访者 S8 - SGW 则认为婚姻市场的出现是一种"进步"，婚姻就是"买东西"，有"行情"可以追踪。从这些父母在相亲角的日常话语中，我们可以嗅到浓烈的标明市场主张的语言和逻辑。

在"相亲角"，YXS 先生自称认识"几千个"家长，特别熟悉的也有"几十个"。他认为：

> 这里的父母都不肯吃亏。男的要便宜，女的要便宜，我就告诉他们没有公平的，要么男方吃亏一点，要么女方吃亏一点，你两方都要便宜，没法谈的。男方女方总要有

一方吃亏的呀！现在女方也有问题。女方有房子，她要找男方也有房子，我说为什么？我也不懂，我就问她们，她们说万一闹离婚了，他管他，我管我，我不能跟穷人在一起啊，他走了要揩我油的。男的也是这样，你说你有房子，找个姑娘，没房子有什么啊，要女方有房子干什么？他说万一她跟我闹离婚了，她走了，不会揩我油。她走她的。(被访者 S5 - YXS)

通过对相亲角的研究，我们发现:在择偶问题上，市场化运作方式和市场化价值观已处于垄断地位。择偶标准市场化；相亲活动市场化 (见面喝咖啡或吃饭)；相亲角本身日益市场化。显而易见，人们在择偶过程中，已然能够熟练或者比较熟练地运用市场化的语言，进行婚姻市场上的交易行为，而且，这些市场化的语言和行为已然成为一套权力体系，业已侵入人们的日常生活。在此，我们似乎可以窥探人的情感的商品化产生的条件。作为一个新型的婚姻市场，相亲角的出现本身就是另外一个明证。

中国内地改革开放以来，尤其是 20 世纪 80 年代中后期以来，工业化、商品化和市场化的浪潮席卷中国，并且以前所未有的力度与强度几乎将每个个体和家庭都裹挟其中，民众不再惮于言商言利，而是将对物质的追求放在前所未有的重要位置。随着媒体的开放和过往许多政治和社会生活中禁忌的事物走向大众的日常生活，民众体会到一种前所未有的放松和自由 (尤其在婚姻、家庭和性等领域)，过去在 "阶级斗争为纲" 时期择偶所一再强调的政治身份等完全被经济实力等所取代。与此同时，工业化、商品化和市场化直接渗透到民众的日常生活中，包括最为私人化的情感世界。

择偶市场化的出现已经是事实，而恋爱也正在成为一种经济。比如,"恋爱培训班"作为商家的一种新型吸金产品,直接宣告了恋爱需要培训这一"革命性"的理论。这种理论认为:在恋爱过程中,如何说话、如何行动、采用什么方式、穿什么衣服等都属于技巧性的东西,而且有规律可循,是可以培训学习的。如今,全国各地出现了恋爱培训班,虽然没有太大的规模,但是也是小有人群。恋爱培训班试图引导人们如何爱,如何表达,等等。爱的咨询课成为了一个热门话题,而恋爱产业、恋爱经济的概念也由此衍生。

此外,社会上不断涌现的诸如8分钟约会、单身俱乐部、万人相亲大会等各种各样形式的、与爱有关的活动,情侣装、情侣戒指、情侣手表等涉及衣食住行各个领域的情侣产品也早已耳熟能详,而数以百计的交友网站更是如火如荼地发展,甚至市场上还出现了专门的写情书公司、道歉公司等,这些无非都是在适应庞大的市场需要,是恋爱经济化的具体表现。从个体形态来看,这些现象表面没有任何的连带性,但是仔细想想,它们却有很大的内在联系。假定一个人产生恋爱渴望,他可能就会去交友网站搜索信息或者参加单身俱乐部、8分钟约会等,然后通过情书公司帮助自己向对方表达爱意,成功后就会购买情侣系列的产品以显示两个人的亲密,继而发展到联系婚庆机构举办婚礼,最终买房结婚。一条简单而明晰的恋爱经济链也就此形成,而幸福市场化,幸福产业化,甚至"幸福工程"也随之成为一个明显的趋势。

波拉尼曾说过,世界上没有一条"通往市场的市场之路",为"免遭自我调节市场内在具有的灭顶之灾"[①],西方市

---

① [英]波兰尼:《大转型:我们时代的政治与经济起源》,冯钢、刘阳译,浙江人民出版社2007年版,第76页。

场经济的发展,总是伴随着建立保护性社会制度的种种相反运动。欧美市场经济的发展历史表明,完全自我调节的市场最终导致的只是衰退和混乱,"蛋糕"做大了也只会坏掉。如果没有社会共同体的自我保护,市场的逻辑将把我们所有的人和社会关系都变成商品。我们必须对此保持必要的警惕。

毛泽东时代,根据 1950 年的《婚姻法》,包办婚姻被看作是封建遗毒,父母们也不干涉孩子们的私人生活。事实上,这一空间被单位所填补,夫妇结婚前需要得到单位的帮助和批准。然而,经过 30 年的经济改革,人们的态度和社会环境已发生了变化。"面子"已不再那么重要了。

与此同时,单位制瓦解之后,独具中国特色的"工青妇"婚介模式断裂。"你说,现在妇联、共青团、工会怎么也不管管,以前还能为单位的男女青年组织一些活动,现在怎么没人管这事了呢?"(被访者 S1—LYS)

相亲角的父母们普遍持有这种看法。20 世纪 80—90 年代初,官方组织,诸如"工青妇"齐上阵做红娘,帮助解决大龄青年的婚姻问题,堪称独具"中国特色"的婚介现象。单位领导人以帮助青年解决婚姻问题,来换取后者的政治忠诚与服从。普通民众也支持这种非正式的配对活动。学者①的研究

---

① 参见 Jankowiak, William. Sex, Death, and Hierarchy in a Chinese City. New York, NY: Columbia University Press, 1993.

Riley, Nancy, "Interwoven Lifes: Parents, Marriage, and Guanxi in China", *Journal of Marriage and the Family* 56: 791—803, 1994.

Whyte, Martin. King, "Changes in Mate Choice in Chengdu", In Deborah Davis and Ezra Vogel (eds.), *Chinese Society on the Eve of Tiananmen*. Cambridge, MA: The Council on East Asian Studies, Havard University, 1990.

Whyte and William L. Parish, *Urban Life in Contemporary China*, Chicago, IL: University of Chicago Press, 1984.

表明：大中城市总工会都定期举办交谊舞会，隔段时间，还有男女青年的联谊会。这些都是由基层工会干部组织的，把男青年多的企业和女青年多的企业拉到一起。正式介绍之前，工会干部一般还会多方了解这些青年的经济状况、工作表现和政治面貌，等等。舞会上、联谊会上，看谁和谁可能对上，就从中穿针引线。亲身经历了那个时代的父母们对此一点都不陌生。

同样，即使不是工会干部，从那个年代走过来的人（自己甚至就是当时那种婚介模式的受益者）对计划经济和市场经济两种体制下单位负责人对员工的婚恋问题的态度变化深有体会。被访者 S16 – ZGR，男，50 岁，初中文化，上海某石油化工厂工人。妻子也是同厂工人，在浦东区有一套老公房。女儿 27 岁，大专，目前是某网络公司职员。

> 过去工会、单位都管这个的。与外界联系啊，举行舞会联谊啊，这个过去都有的。现在私人老板谁管你这个事情？同事之间不许敲对象，否则其中的一个人就必须辞职。特别是女的最好不要结婚，结了婚麻烦不麻烦啊？生小孩什么的，要跟我请假的。我外甥女 32 岁，今年 3 月 8 号刚刚结婚。老板跟她讲你帮帮忙，你千万千万今年别生小孩，小孩明年生。你帮我带两个人出来。你走了我的岗位招人还招不到。你把人带出来，你要生生去。

正因如此，原先局限在工青妇、单位领导和亲戚朋友之间的婚姻中介的功能，逐渐由父母以及亲戚朋友主要承担，婚姻私事走向更为公开化的领域。21 世纪中国在各大城市兴起的相亲角仿佛在一夜之间"成行成市"，最终使得求偶及婚姻变成了一桩公共事件。在充满诚信危机的今日之中国，他们放弃了骗取钱财，延误时间的婚姻中介，而是更多地选择亲自来到相亲角与其他家长进行面对面的交流与谈判。尽管成功的机会相当渺茫，他们也不愿更不能放弃这种貌似遍地"金龟婿"（或者"孔雀女"①）的生机勃勃又十分渺茫的机遇。

中国的市场化是由国家主导的，国家主导的市场化过程影响着婚姻分层结构与机制的变迁。中国选择市场这种经济模式，起初是因为它能有效地解决当时经济发展过程中存在的缺乏激励、效率低下等瓶颈问题。那么，在私人生活领域，择偶和婚姻关系的缔结中市场因素的介入，将带来何种影响？市场化的择偶模式是否能够提高择偶的效率？我们将在下一章讨论这些问题。

（四）相亲角的情感结构

在我们看来，现有关于择偶的研究主要遵循基于经济因素的理性逻辑。西方社会学研究择偶主要有"资源交换"②、"同

---

① "孔雀女"（peacock woman）是网络上，把城市女孩统称为"孔雀女"，她们是在父母溺爱之下长大的娇娇女，从没经历过大风大浪，从小到大生活顺风顺水。在大城市里长大，经常会撒娇发嗲的富家女。她们深受父母溺爱，从小没有受过什么苦，内心单纯，衣来伸手，饭来张口，吃的穿的都是好的，不用讨好谁，不需恭维谁，不必使心眼就能享受美好的生活。有的"孔雀女"从来不知道金钱的重要性，择偶时，也不把男人的经济实力当作首要的考察内容。她们崇尚并向往纯真的爱情，更看重男人的能力，并注重男人的家庭责任感。在她们天真而纯洁的心里，钱财如粪土。她们深信，只要人有能力就可以创造金钱，就能够创造生活。这也是"孔雀女"爱上"凤凰男"的原因。不过，有的"孔雀女"喜欢"开屏"，有意无意地"显摆"。她们爱慕虚荣、物欲强烈、目中无人、挑剔、做作、眼高手低。她们穿着打扮刻意"有型"，全身上下都是名牌，金卡一大堆。根据百度百科，孔雀女词条（http://baike.baidu.com/view/1371268.htm）。

② Becker, Gary S. , *A Treatise on the Family*, Cambridge, MA: Harvard University Press, 1981; DiMaggio P. Mohr J. , "Cultural Capital, Educational Attainment, and Marital Selection", *American Journal of Sociology* 90: 1231—1261, 1985; W. J. G. Unnk, *Who Marries Whom? The Role of Social origins, Education and High Culture in Mate Selection of Industrial Societies during the Twentieth Century.* PhD Thesis, Jijmegen University, 1996.

类匹配"[1] 和"梯度匹配"三种观点。认为在现代化过程中，家庭背景、教育等影响人们的择偶行为。国内主要借用现代化理论，许多学者将择偶置于中国向市场经济和现代化转型的过程之中进行阐释[2]，认为择偶标准中的物质和经济利益随着社会变迁大大强化[3]。李煜认为在择偶过程中，上代的社会经济地位对子代择偶的影响力明显削减，地位传承的相似性和同类婚的择偶偏好相应弱化，20 世纪 80 年代后则教育匹配的同质性上升迅速[4]。改革开放后，伴随收入差距拉大与中国阶层的多元化，阶层内婚制将越来越显著[5]。上述观点本质上都遵循基于经济因素的理性逻辑。

　　基于经济因素的理性逻辑能否完全解释相亲角的问题？人类的择偶和婚姻向来都有经济的考量，但这种父母自发组织起来，走进公园，讨价还价式的择偶模式，前所未闻。用一种市场的方式能否解决情感的问题？效率原则不能解释相亲角效率低但人气旺的悖论，而这正是自发相亲现象中的核心问题。供求理论也不能解释性别比失调，男多女少，而相亲角聚集的多

---

　　① M. Kalmijn, Intermarriage and Homogamy: Causes, Patterns, Trends, *Annual Review of Sociology* 24: pp. 395—421, 1998.

　　② 李银河：《中国家庭婚姻及其变迁》，黑龙江人民出版社 1995 年版；王金玲：《非农化与农民家庭观念的变迁》，《社会学研究》1996 年第 4 期；杨善华、沈崇麟：《城乡家庭——市场经济与非农化背景下的变迁》，浙江人民出版社 2000 年版；王跃生：《制度变革、社会转型与中国家庭变动——以农村经验为基础的分析》，《开放时代》2009 年第 3 期；唐灿：《家庭现代化理论及其发展的回顾与评述》，《社会学研究》2010 年第 3 期。

　　③ 徐安琪：《择偶标准五十年变迁及其原因分析》，《社会学研究》2000 年第 6 期；田晓虹：《转型期择偶模式的实态与变化》，《浙江学刊》2001 年第 1 期。

　　④ 李煜：《婚姻的教育匹配：50 年来的变迁》，《中国人口科学》2008 年第 3 期。

　　⑤ 张翼：《中国阶层内婚制的延续》，《中国人口科学》2003 年第 4 期。

是"剩女"的父母这个问题。按照基于经济因素的逻辑看择偶，相亲角遵循赤裸裸的等价交换的理性逻辑，事实上，其独特的情感逻辑才是理解"自发相亲"的关键。与上述观点不同，王思斌坚持婚姻观念的变化与亲属关系有关①，其核心问题是情感。王宁认为由传统社会向现代性的转变，不但是制度和结构的转变，而且也是个人的心理结构的转变。② 郭景萍强调情感是一种"主观社会现实"③，王鹏和侯钧生说明了情感对中西方社会行为的不同影响④，潘泽泉则认为"情感构成了人们行动的原材料"⑤，上述情感社会学的观点对本研究启发很大。

孔德（Comte）将"情感"引入社会学，用它来解释社会的运作；韦伯（Weber）把"感情行动"纳入社会行动模型；涂尔干（Durkheim）在论及宗教的起源时提出了"情感激活理论"；帕累托（Pareto）曾把"情感"作为其命题和推论的一部分，但未曾展开；马克思（Marx）在讨论异化问题以及革命者的革命动机时都暗示了其背后的情感因素；库利（Cooley）是第一个情感社会学理论家，他认为"自豪"和"羞耻"是自我以及自我与他人互动时的核心概念。

按照对情感功能的界定，西方情感社会学研究主要分为

---

① 王思斌:《婚姻观念的变化与农村社会亲属化》,《农村经济与社会》1990 年第 5 期。

② 王宁:《略论情感的社会方式——情感社会学研究笔记》,《社会学研究》2000 年第 4 期。

③ 郭景萍:《试析作为"主观社会现实"的情感——一种社会学的新阐释》,《社会科学研究》2007 年第 3 期。

④ 王鹏、侯钧生:《情感社会学:研究的现状与趋势》,《社会》2005 年第 4 期。

⑤ 潘泽泉:《情感社会学:一个亟待研究的社会学领域》,《湖南师范大学社会科学学报》2005 年第 4 期。

"工具派"和"动力派"。马尔库塞(Marcuse)揭露了文明社会如何为统治的利益对个人的情感和本能采取"过剩压抑"。霍茨查尔德(Hochschild)通过研究空乘人员的情感表达,发现资本主义的剥削与管理方式已深入到人的感情和内心。埃利亚斯和丹宁(Elias,Dunning)把体育和休闲视为社会地建立起来的情感宣泄的安全通道①。裴宜理认为除了意识形态、严密的组织和社会结构等因素外,情感动员是中国革命胜利的重要原因。②

"动力派"则强调情感不单是工具,更是抗争现实的动力。戈夫曼(Goffman)认为人们能动地对印象和情感进行自我管理和控制。吉登斯(Giddens)强调基于感情交流的"纯粹关系"有一种非常特殊的动力③。Yang 提出"情感实现"的分析框架,认为情感的实现同时也是认同的实现④。因此,集体行动有其情感逻辑。正是在这个意义上,"白发相亲"也有其情感的逻辑。找出情感的逻辑,才能深刻理解相亲角的情感结构及其背后的社会转型与变迁。杨国斌发现网络事件的动员依赖能够激发网民的嬉笑怒骂、喜怒哀乐等情感的表现形式和内容⑤。

---

① 转引自王宁《消费社会学——一个分析的视角》,社会科学文献出版社 2001 年版,第 105 页。

② Perry, E. J. , "Moving the masses: Emotion work in the Chinese Revolution", *Mobilization* 7 (2): pp. 111—128, 2002. 转引自杨国斌《悲情与戏谑:网络事件中的情感动员》,《传播与社会学刊》2009 年第 9 期。

③ [美]安东尼·吉登斯:《现代性与自我认同:现代晚期的自我与社会》,赵旭东、方文译,三联书店 1998 年版,第 101—111 页。

④ Yang, Guobin, "Achieving emotions in collective action: Emotional processes and movement mobilization in the 1989 Chinese student movement", *The Sociological Quarterly* 41 (4): pp. 593—614, 2001.

⑤ 杨国斌:《悲情与戏谑:网络事件中的情感动员》,《传播与社会学刊》2009 年第 9 期。

就"白发相亲"现象而言,"工具派"观点无法揭示情感在个体行动中的核心作用。而"动力派"则将情感视为抗争现实的动力。这种寻求事件发生的情感动因的研究思路表明:情感的表达能导致行动;行动反过来放大并强化情感。本研究遵循 Turner 的情感社会学理论中"结构"的研究取向[①],试图探索"白发相亲"现象背后隐含的各种情感要素,从而寻求当代中国社会的情感结构的脉络。

情感结构(structures of feeling)理论源于英国文化研究理论家威廉姆斯(Williams),他在《电影序言》(1954)里提出,并在其对学界影响重大的著作《漫长的革命》(1961)和《马克思主义与文学》(1977)中延伸和发展了这一概念。他反对结构主义理论对社会结构的偏重,认为结构分析无法把握正在形成之中的活生生的社会形态。要把握社会变迁的复杂性,必须研究萌芽中的形态。他强调情感结构处于不断形成的过程中,集中反映了一代人在日常生活中所体验到的意义与价值[②]。他主要通过分析文学作品,研究英国近现代社会的情感结构变迁。

国内文学界通常用该理论考察作品的情感结构与其文本形式的对应关系[③],作品的叙述方式与社会的情感结构[④]等。因此,运用情感结构理论,相亲角所呈现的就不单纯是青年择偶

---

① [美]乔纳森·特纳:《情感社会学》,孙俊才、文军译,上海人民出版社 2007 年版,第 177 页;[美]乔纳森·特纳:《人类情感:社会学的理论》,孙俊才、文军译,东方出版社 2009 年版,第 130 页。

② Williams, R. , *Marxism and literature*, Oxford: Oxford University Press, 1977, pp. 128—136.

③ 许志英、张根柱:《生命活动的艺术结晶——论庐隐作品的情感结构与其文本形式的对应关系》,《中山大学学报》(社会科学版) 2001 年第 4 期。

④ 金琼:《试论勃朗特三姐妹小说的叙事视角及其"情感结构"》,《名作欣赏》2008 年第 20 期。

问题，而是在分析"白发相亲"的制度动因的基础上，探讨其独特的择偶方式与择偶策略，探索在社会结构激烈变动分化的转型中国，在市场不确定性的压力之下，相亲角的情感结构、"白发相亲"的情感逻辑及其背后社会的情感结构。

1. 对情感的渴望：

被访者 S41 – NXS，男，72 岁，初中文化，上海人，退休工人。妻子也是工人，已退休。他来到相亲角为两位待嫁的女儿寻找合适的结婚对象。大女儿 45 岁，本科学历，会计师；小女儿 40 岁，本科毕业，工程师。

> 我 72 岁了。七十多岁的人了还为子女操心，还是够呛的啦，但是没办法啊，老太太 70 多岁，80 多岁的都有啦，对哎？那个儿子 50 多岁都没结婚的也有，那个老太太她自己也七八十岁了，她怎么不急呢？中国人毕竟还有个传统了，不像人家外国，美国养到十八岁就不管了，就去打工，对哎啦？你成功不成功跟父母没有关系，中国不行了，中国管了儿子还要管孙子咧，有一些祖父祖母为孙子来找也有的。

相亲角人流高峰集中在周六，因为父母们认为如果子女周六得到对方的信息，如果有意，那么他们就有可能周日面谈。尽管事实上，他们这种愿景经常落空，而且青年男女的交往与互动远比这个复杂，但是我们从中可以窥见父母们的迫切心情。

> 我来的时间长了，三年零一个月左右都有。一般都是周末来，周六比较多。一般周六人多，周日人少，今天人也比较少。因为周六谈好以后，孩子们周日就可以见面了，如果周日谈的话，马上就新的一周了，他们就要上班了，没时间见面和玩了。（被访者 S22 – YWM）

在与被访者 S33 – SWM 的访谈过程中，一位 60 岁上下的老伯插话道:

> 着急啊，上火啊，为了孩子呀，不是为了自己的孩子，谁来啊? 父母实在是没有办法了，其实也不想抛头露面讲孩子事情的。因为什么道理呢? 你们小姑娘总不见得自己去找朋友，脸皮总是要的吧? 不可能做这种事情的，很腼腆的，对伐? 不可能做这种事情的，那么有什么办法呢? 工作又那么忙，一年年很快的，一会儿就大起来了(指女孩子的年龄)，真的，确实是个问题。我们又没办法，我们喜欢到这块地方来啊? 也不喜欢的呀!

2. 对沟通的希望:

在笔者正在和被访者 S32 – LAY 谈话时，一位老人家走上前来，跟笔者搭话。她大概 60 岁上下，退休工人模样，情绪很激动。她以为笔者是市政府的工作人员，来这里寻访民情。她递给笔者一张纸，上面写着"婚介所是营业行为，为人民服务少，有的甚至不正当(听说)。政府提供平台，为儿女们婚姻大事分忧。父母平时也在公园相亲角为子女们再拉线。这样就加快婚姻大事的速度。——一位普通家长"。她说:"你就把这张纸头直接反映到政府好了。我们呢也没有空去跟政府讲，你们呢就作为一个桥梁作用很好。你就直接把这张纸给他们好了，我们敢说就敢做，说明人家家长写的，不是你造的，反映给你们领导，如果你们领导能反映上去就最好了。"①

---

① 笔者想访问这位老人家，但被她坚决地拒绝了。老太太走后，被访者 S32 – LAY 告诉笔者她与老人家也不熟悉，只知道她来这里帮助儿子找对象，好像她儿子的条件不太好。随后，她一再叮嘱我千万不要跟别人讲，担心老太太找她算账。

同样，在做 S21 – CYJ 这个访谈中，一位穿旗袍，围着黄丝巾的老人家走过来插话。2008 年五一节期间我们在相亲角与她见过面，她 70 多岁，来公园帮助孙子寻找结婚对象。

> 你们呢要把这些资料收集起来汇报上去，把情况反映到有关部门，这个地方是很好的，想办法把这些意见统一起来，想一个什么好的办法，一个正规的，不要乱七八糟的不良中介，那时候就麻烦了对吧？你们想个好办法，一个高科技的办法。

被访者 S37 – WGR，男，63 岁，退休工人。儿子 28 岁，本科，沪籍，硬件设计师。被访者希望我们能够帮他把相亲角的困境反映给"上面领导"：

> 如果你们调查的话，要帮我们跟上面反映一下，像这种市场是自发的不行的！总归要市政府或者某个单位，可以在某个公园帮助组织起来，比如青年男女的联谊会吧，要多组织一些。不要家长这么谈来谈去，让他们自己会面，这样以后自己可以谈，是吧？帮助他们解决婚姻大事。我就是这个希望，你要帮我反映给领导！（被访者 S37 – WGR）

> 这次的市人大，静安寺街道也开一个婚介所，我就看不惯，电视台也拼命宣传，到那里去，收钱跟婚介所一样，150 块。你政府办的，政府和企业应该脱钩，你政府办的却要收钱，这算服务机构还是什么机构？你注册执照让我看看，你开出来政府的发票吗？这我也不会去的。政府应该是进行宏观的协调，怎么可以收钱？你民政局局长在做什么？你走到公园见见我们这些可怜的父母，你访问一下我们的困难也好啊！我做人大代表第一个就要提出这个，这个要求可以吗？绝对可以。老百姓绝对支持。（被

访者 S29 – CGD)

　　3. 对弱者和小人物的同情与蔑视:

　　现在公园这里都在打翻身仗!女的,自己挣 5000 块的,想找一万块的;明明自己挣一万块的想找两万块的;明明自己家里有房子,还要找三房两厅的,必须是市中心的。这里有个市场价格,我已经打听出来了:两室一厅,男人必须要有两室一厅;不能和父母住在一起;名字(指房产证上的姓名)必须是男人的;要市中心的,工资要 8000 块以上,你可以到人民公园来找女朋友了。没有这个尺寸,我不是说绝对,基本上没有人理睬你,那你没房没车没钱没权的小青年,你要怎么讨老婆啊?人民公园这里的价格是全中国最高的!这个要讲条件的,什么你爱我,我爱你,没有的,真的爱情在书上。(被访者 S5 – YXS)

　　这里好像个市场,这个是正常现象,现在是市场经济时代嘛。我说的难听点,你看现在(月薪)2000—3000元的男的,职校毕业生,这种情况在这里是上不了台面的,男的(月薪)3000 元左右,也就不要来了,来干什么呢?哪一个小姑娘会嫁给这样的?除非是外地的,(月薪)1000 元的,那这样还能找找。(被访者 S30 – LZG)

被访者 S11 – ZLS,女,中专,退休小学教师。先生是工程师,也已退休。女儿 28 岁,大专毕业,现在某事业单位做会计。她将自己女儿的婚事迟迟悬而未决归咎于:

　　她人老实啊,就是自己不会谈啊。阿拉还没找到,伊拉就来轧闹猛,现在寻朋友越来越难了!你看那个妈妈(用手指点不远处的一对母女),有个女儿结婚了,就是嫁了一个高干子弟,女婿一家都看不起她家,已经离婚

了。我上次碰到她……你跟她聊聊看，这是真事。女儿长
得好漂亮啊，也就三十岁吧，还是护士。又来找啊！你看
一家丈母娘还有一个妹妹都住在人家家里，把人家的家当
成自己家，而且女儿的腿还有风湿病，她们一家都住在女
婿家，那怎么可以呢？肯定不行的。这种人根本就不应该
来这里找啊！这不是搅浑水嘛。我还听人家讲，有一次那
家的小女儿哭了说："哥哥（即姐夫），我们在这里，你
是不是不开心啊？如果你不开心，我们马上走"。

被访者 S14 – YLS，女，中专文化，64 岁，退休教师，先
生是高级工程师。两人有一子一女，儿子已娶妻生子，女儿今
年 36 岁，大专文化，目前在某医院做护士。她曾经帮女儿从
相亲角介绍了一位"复旦男"，未成功：

就这个复旦的，我上次过来看他资料还在这里。他是
自己过来的，他在好几个婚介所都登记过的，你去看这里
的几个婚介点，都有他手机号码的，上面写的优秀男士什
么的，我不知道他写过多少，别人说这人都可以评"相
亲冠军"了。

现在小姑娘自己找到的也蛮多的（努嘴示意），好的
自己吃进，不好的也自己吃进，对哦？这个说不清楚的。
有些小姑娘活动能力比较强，自己好解决的，但是，我们
小姑娘不属于这个类型，不是怎么开放的。（被访者
S12 – WM）

4. 对现状的无奈、迷茫、焦虑与绝望

像这样一种父母出面，这样一种方式在国外也很少
的。这是一个怎样的社会问题？是什么样的社会层面造成
了这样的社会问题？还有就是怎样使它更加成功？这是后
面的措施。这是一个社会的现象，为什么都是家长出面？

外国人拍照,不能理解,认为你们这是人口市场啊。讲起来,中国人很封建的,父母做主,把女儿的牌子挂着拿出来卖。他们只要把文字稍稍改变一下,配上图片,味道就不一样了。但实际上我们父母是没有决定权的,你也知道的,是他们谈恋爱。这反映的是父母一种迫切的心情。(被访者 S29 - CGD)

我什么地方都来过了,我有经验。所以我爱护你们,叫你们不要调查,这种东西没什么好调查的。门槛精一点,看见那个好小伙子把他抓牢,大学里面好的上海小伙子把他牢牢抓住,很稳重、很老实的,早点把他们抓牢,早点谈朋友。真的,你们不要不听哦,我的女儿就是例子呀,年纪轻的时候,有多少好的小伙子介绍给她,她说不要,现在后悔了。所以我说你们有这个时间来社会调查,不如去找男朋友去。你们不要来调查,你有这点时间,找个系里面的同学。也不是说要少学,就是学分都拿到了,快要毕业了,快找!快找对象!!毕业了以后快找工作,工作么找好了快点嫁掉。这样才是聪明的孩子,你这样做调查没意思的。(被访者 S33 - SWM)

我现在已经到了山穷水尽,真的被女儿搞得好绝望啊!以前有些亲戚,他们介绍的,都回绝了,现在再去请人家,也张不出口了,虽然是这样那样的原因,但是是我们拒绝了人家,知道吗?现在只有……现在我跟她讲,我已经把我的资源全部挖尽了,全靠你自己,我也没办法了。(被访者 S20 - FHJ)

被访者 S4 - SLS,65 岁,退休前在哈尔滨某企业做教育主管,先生早年毕业于北京某工程类大学,在部队从事通讯工作,已退休。被访者的儿子 35 岁,东北某重点大学经济学专业毕业，2005 年应聘到上海工作，目前在某大型上市公司担任高级经理，年薪 15 万。尽管只有本科文凭，但是他在工作之余考取了三个"含金量"颇高的证：注册会计师，注册资产评估师，注册房地产估计师，此外，他还拥有全国统考职业资格证书。

为了儿子的婚事，SLS 不惜与丈夫两地分居，于 2008 年春节前夕来到上海。

> 我可着急了，为这事我头痛，头痛得要命。你别看我嘻嘻哈哈，我就这性格，其实我愁得要命，怎么办才能让他满意？用你们文化人的说法，就是我很迷茫的，怎么办才能帮儿子找到媳妇？（被访者 S4 – SLS）

5. 对权贵的失望、嘲讽和怨恨：

> 你说，现在妇联、共青团、工会怎么也不管管，以前还能为单位的男女青年组织一些活动，现在怎么没人管这事了呢？过去工会、单位都管这个的。与外界联系啊，举行舞会联谊啊，这个过去都有的。现在私人老板谁管你这个事情？当官的吃我们的，喝我们的，开着公车，自己包二奶，三奶，贪污，坏事干尽了，就是不管我们孩子们的婚事！（被访者 S1 – LYS）

"知青一代"的父母们认为如今政府经济实力日益强大，税收充盈，只要愿意，它完全可以以极小的人力和物力投入，就能成立一种"官办的"、免费的婚介服务机构，帮助解决民众的实际问题。被访者 S29 – CGD 早年毕业于沪上名校哲学系，目前是某企业财务经理兼股东。被访者家境富裕，在长宁区拥有三套住房。27 岁的女儿非常卓越，工科出身，大学毕业后在北京某出版社出版过长篇小说一部，也曾在北京召开新书发布会，目前是某金融企业（世界五百强企业）的专职培

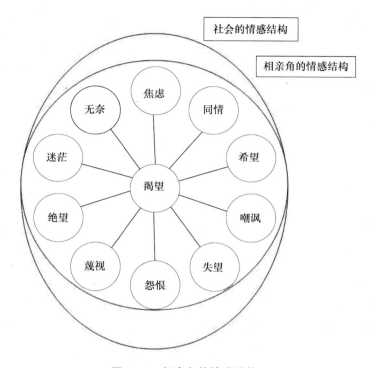

图2—1　相亲角的情感结构

在相亲过程中，这种情感被市场化和商业化的文化所渗透，导致异化。其结果是：以关爱为情感基础的相亲活动，反而成为一种变相的商品交易活动，爱、情、美被标了价，人的价值被分割成若干内容和等级，失去了人作为一个整体的意义。真正具有情感内容的过程——谈情说爱的过程——被舍弃了。

第三章

冲突与斗争:相亲角
为何效率低?

人,总是在矛盾中生活。社会,总是在冲突中变迁。矛盾的存在首先意味着冲突与斗争。在相亲角这个新型的婚姻市场,各种冲突与斗争关系不可避免地存在于行动者之间。

根据上一章对相亲角这个择偶平台的性质的分析,我们知道相亲角是一个典型的婚姻市场,市场交易的理念和原则贯穿着该场域活动的各相关行动者的行动,择偶的条件都被具体化为可以用一定数量的货币来表达,择偶的过程实质上就演变成男女双方各种物质条件的一一配搭。理性的算计特征是赤裸裸的,十分扎眼。

在相亲角的研究中,无论是接受访问的"知青一代"父母还是子女,尤其是占多数的上海本地人,谈到找对象都有一个基本的原则:"谈得拢",而谈得拢的要素包括两个:条件对,并且感觉对。"白发相亲"的本质是待婚男女的父母在世俗的市场机制中"代理"子女寻求理想的爱情。打个比方:父母自发组织起来,帮助子女在相亲角寻找结婚对象,类似于医学上的"介入疗法"(interventional therapy),从本质上讲,这种做法的核心是一种物理取样;而其子女之间能否产生

"感觉"，则完全要看当事人双方能否产生一种化学反应，因此，这种本质上的区别，是造成这种婚配机制效率低下的一个根本性原因。

在本章中，我们将从个体的视角出发，关注不同类型的行动者，探讨基于资源不同而在行动者之间形成的各种类型的博弈，以及由此在不同群体层面形成的各自适用的游戏规则：——如果将相亲角的择偶行为视为一种"游戏"的话，这里约定俗成的择偶标准就近似于该行动领域内的游戏规则——并且对理性行动者的行动策略进行分析。针对这些问题，我们将援用来自相亲角的实证资料，在本章中进行比较详细的分析。

谈到择偶标准，我们需要先提纲挈领式地回顾一下上海青年婚恋观和择偶标准的变迁。建国前，上海青年择偶比较注重对方的家庭门第、籍贯和经济条件等，讲究的是门当户对，"八字相合"，对人品、性格、文化水平等个体品质没有明确的要求，那时青年大都注重外表，女方一般要求男方五官端正，相貌英武，男青年则要求女方漂亮。此外，当时的择偶标准中还存在许多传统的忌讳和偏见，比如，居住在"上只角"（买办、洋人和社会名流聚焦的地方）者与居住在"下只角"（贫民居住区）者不通婚；年龄上的"六冲"（即男女双方年龄相差6岁不能结婚）；职业上对搬运、殡葬、司机、理发等行业比较轻视；歧视苏北人；生肖上羊虎、鸡狗相克以及同姓不婚等。

新中国成立后很长时期内，政治因素极大地影响着上海青年的婚恋观念，家庭出身，本人成分，政治面貌甚至社会关系被认为是青年择偶时必须考虑的前提条件。50年代初，军人和共产党的南下干部深受上海女青年青睐，除此之外，政治地位大大提高的工人小弟由于其"根红苗正"的出身也很容易找对象，而自卑感强烈的资本家和小业主的子女在婚姻市场则比较受排挤。

60 年代，尤其是"文革"期间，家庭出身好（如三代贫农，工人）的人成为最理想的结婚对象，如果干部，知识分子和资本家家庭出身的青年能够与"红五类"的后代结婚，则被视为"高攀"。阶级成分的好坏是一个至关重要的择偶标准。

70 年代，上海女人的理想择偶标准是"五大员"①："身份是党员，身体像运动员，卖相像演员，工资像海员，头子像驾驶员。"当年的上海滩，入党光荣，运动员强壮，演员帅，海员工资高，驾驶员吃香。"卖相"是上海话，是相貌的意思，"头子"也是上海话，上海话里说某人头脑灵活，八面玲珑，就说"头子活络"。"身份是党员"，其实或许并不是当年上海女人政治觉悟高，而是当时社会有一个基本印象，"党员"应该是个好人，有上进心。"运动员"和"演员"，看似有点荒唐，但是如果从上海女人精神追求的层面去分析，都会觉得值得推崇——即使在"性别美"被彻底扼杀的时候，上海女孩子仍旧以委婉的方式表达自己心目中的理想男人。"工资像海员"，还最好是国际海员，因为海员有津贴，虽然也知道嫁给一个海员，就将常年分居，被称为"守活寡"，但是上海女人这一份要钞票的坚韧精神是不可动摇的。"头子像驾驶员"，是觉得丈夫应该路路通，丈夫头子活络，是一个家庭的活力，也是一个家庭的核心竞争力。细看这"五大员"标准，就知道上海女性在三十多年前的择偶观就是务实的、直接的，

---

① 马尚龙：《上海女人》，文汇出版社 2007 年版，第 66 页。

没有什么拐弯抹角和虚头八脑。

改革开放以后，择偶标准中的政治主导因素逐渐被经济状况、社会地位和个人品质所代替。70 年代末曾经出现过"海陆空热"①。恢复高考后，80 年代初，社会上的择偶观念又出现了"文凭热"。与此同时，上海的对外交往日益频繁，"涉外婚姻"逐渐成为城市时尚。进入 80 年代中后期，上海青年择偶中出现了拜金主义倾向，90 年代，"傍大款"现象日益普遍，同时，早恋，婚外恋，未婚同居，试婚，不婚，同性恋等现象日益增多。进入 21 世纪，市场资本和消费文化成为影响上海青年的择偶标准和婚恋观念的新变量，个人的形象资本、家庭的经济资本和社会地位在婚姻市场上的地位更加显著。

一　择偶标准：行动者及其博弈

在详细分析相亲角这个婚姻市场的择偶标准之前，我们首先需要说明的是：有些择偶标准适用于整个相亲角，有些择偶标准则适用于相亲角内的不同群体。而群体由类似的行动者构成。在这里，群体的边界不是一个自然的存在，而是一个经过行动者之间进行博弈之后的结果。

行动者之间博弈的基础是什么？是他们各自拥有的资本。这里的资本包括两类，父母的资本和待婚子女的个人资本。父母的资本主要是指在婚姻市场上的谈判能力，以及自身的形象、言谈和社会经济地位等。子女的资本则包括先赋性资本和

---

① "海"即有海外关系者；"陆"（落）指落实政策，补发巨款者；"空"即家有富余空关房屋者。

自致性资本两类①。所谓先赋性资本主要是指出身家庭的社会经济地位和个人的形象资本等。而他们的自致性资本则主要指人力资本、教育资本和文化资本等。区分一个群体与另外一个群体的标准是根据其占有的资源（经济资源、文化资源、风俗等）的不同。

因此，我们有必要将相亲角的行动者进行分类，通过透析他们之间的博弈，来厘清各自博弈的资源，在此基础上，我们来总结由不同行动者形成的不同群体的游戏规则。

在这一部分中，我们先探讨适合于不同群体的择偶标准，再探讨相亲角，甚至整个婚姻市场上普遍的择偶标准。需要说明的是，后面这个游戏规则我们将通过婚姻市场的"黑六类"们的情况来阐释。这些待婚男女因为年龄、形象、职业、婚史、性格和属相的原因，统统被"污名化"（stigma）②，并由此获得了社会不赞许的"受损身份"（spoiled identity）。

事实上，通过公园这个婚姻市场来试图解决择偶问题的男女，都是在某种程度上存在这样或那样的"入婚障碍"的人群，因此，我们需要找出这些障碍。反过来说，这些障碍从侧面反映出适用于相亲角，甚至整个婚姻市场上普遍的择偶标准。

按照待婚子女的父母的生活地，我们将相亲角的行动者大致分为两类，上海人和外地人。其中，上海人又分为古生代上海人、中生代上海人和新生代上海人三种。

古生代上海人（老上海人）主要指三代以上都定居于上

---

① 李煜：《择偶配对的同质性与变迁：自致性与先赋性的匹配》，《青年研究》2008 年第 6 期。

② ［美］欧文·戈夫曼：《污名：受损身份管理札记》，宋立宏译，商务印书馆 2009 年版，第 2—3 页。

海城区的居民,"行为得体"、"格调到位"的"骨灰级上海人"①。

中生代上海人主要是指三种人:第一种是由 20 世纪 40 年代开始至五六十年代融合形成的定居于上海城区的居民。祖辈很可能是为了谋生(也许是逃荒,也许是躲避战争)的外省市人,以江浙两省居多。第二类是南下干部。这一代人还讲着原来的家乡话,而从他们的第二代开始已通用"上海闲话"。第三类是返沪知青子女。他们的父母是支疆老知青和更多的上山下乡"文革"知青,以及支内(如大三线小三线)工人。他们的根在上海,但长年生活在外地,毕竟脱离了上海的文化土壤,依稀尚存的只是上海这个家乡符号。政策允许回城,他们回到故乡,但是对上海已经陌生,他们曾经不能适应上海,以为上海不能容纳他们。很显明他们的上海口音是不纯的,上海城市地域文化的基础比较浅薄。

新生代上海人是指新从外地或海外来沪工作、生活,已取得上海户籍、居住证,或已在上海居住、工作多年,有正当的职业和稳定收入,并把上海作为长期居住和生活地的特定人群。

实际上,上海人既不是一个人口概念,也不是一个地域概念,更多的是一个文化概念。外界对上海人的刻板印象,恰恰是上海人的根本特征,这些特征是从上海市开埠之后,由各地汇集到上海的精英发展而来的,有它独特的建构过程。上海人因此形成的一些固有的生活规则,不易为外地人所适应和接受。

---

① 顾骏:《也说"上海人排外"现象》,《东方早报》2009 年 6 月 3 日(ht-tp://finance.baidu.com/2009—06—03/118273076.html)。

（一）相亲角部分群体的择偶标准

我们来看三组案例。

1. 古生代上海人与外地人

（1）住房是择偶不可或缺的条件吗？

根据媒体的报道，在上海举办的数届白领相亲会上排名前三位的问题是：a. 你买房了吗？b. 你买房贷款了吗？c. 你的房贷还剩多少？在相亲角，目标男性的住房是很多女方首先考虑的因素。

> 我们很介意的，房子一定要的，没有房子怎么可以结婚？如果男人条件很好，有前途，房贷可以一起还，就是不要太多，50万倒可以，100万的绝对不行，太多了。就是因为房子问题，不然还会到现在还来这里找？之前有个男的，父母是工薪阶层，能拿得出多少钱？顶多也就10万20万的了不起了！现在的房价，怎么买得起？贷款太厉害了，不能让我女儿嫁给他。（被访者 S12 – WM）

显然，在这个案例中，要想成为其女儿的结婚候选人，有婚房是必不可少的前提。以前，他们的女儿自己找到过一个男朋友，小伙子长相不错，工作也好，各方面条件都很好，她女儿也很喜欢，两个年轻人之间的感情很好。但就是因为男方没有房子，做父母的理所应当拒绝了这门婚事。

如果父母与子女在对方有无婚房问题上出现争执，有些人会想方设法帮助孩子"洗脑"：

> 汽车无所谓，房子要有。房子没有不行的，房子一定要有。现在买房子贵呀，买轿车又不贵的咯。以后夫妻两个人的工资加起来有万把块的话，就可以买车子啦，轿车不贵的，房子不行啦。房子是大价钱啊，小夫妻两个人买

到什么时候啊？贷款要贷到什么时候啊？我有一个朋友的女儿找了个朋友工资是很好的，买房子，贷款要还 20 年。所以我帮我女儿洗脑子，我说：一个男的一个月工资是 1 万元，一个如果说是 8000 元，一万元的那个没房子，8000 的那个有房子，我宁愿要 8000 的那个。你说呢？这个肯定要算这笔账的，以前我还不知道，现在没房子的我不要。有房子、工资偏低一点点，当然这个还是要有原则的，工资要比我女儿高，一定要有房子的。1 万块也好，8000 块也好，要是没有房子，等于工资就跌下来啦，对哦？要还贷款还个 20 年，我吓也吓死了，我是不要的。（被访者 S13 – YGR）

只要大致看看上面这段话，我们似乎就可以感受到说话者"门槛很精"。尽管房子和车子都是现在一般家境不错的子女结婚必备的物质基础，但是，这位母亲非常明确房子的价值比车子高出很多。而且，对于月薪 8000 元但有房者和月薪 10000 元却无房者，她宁愿选择工资稍低但是有房的一方，"肯定要算这笔账的"，"算账"再次表明结婚对象的选取首先是其物质条件是否令人满意。

在相亲角的访谈中，我们经常听到父母抱怨子女的眼光过高，其实他们自己有时候更加理想化，作为"婚姻代理"，他们不能客观衡量自己孩子的真实情况，感情投射使他们就像拿着一面放大镜，过分抬高自己的子女。而且这样的相亲方式，一方面似乎的确扩大了可选择的范围，另一方面也使父母们容易产生"吃着碗里看着锅里"的心理，他们在行动上展开了积极的进攻态势，心态上却是只求最好，不是最好的就绝不认同，这些因素反而降低了相亲会的成功率。

在一些外地父母的眼里，上海本地人太"精"，婚房一定

要男方父母负责购买,正是在婚房由谁购买这一点,他们无法
与上海本地的父母达成一致。

　　　这里要求婚房的挺多的。尤其是上海人,北方人不要
　　求,一般北方人从来没要求要婚房,没一个!北方人都
　　说,以后共同买房子。我们自己也能贷款呗。这里不一
　　样。上海人吧,不仅是要婚房,还要求房子的朝向。完了
　　要求这房子,是老人给你买的,还不是贷款的。要是贷款
　　的,他们也不干,好多上海人都这样。他们觉得这贷款
　　的,女儿嫁出去后,还得受累。上海人考虑可精细了,可
　　精得算着。我喜欢找北方人。上海人不光吃的不一样,思
　　维方式和北方人不一样,考虑个人比较多,对方比较少。
　　并且处理问题也是那样。想问题比较细,缜密。北方人比
　　较粗犷、大度,所以一遇到房子问题,肯定矛盾就出来。
　　(被访者 S4 – SLS)

　　实际上,被访者谈到房子问题,认为上海人太"精"的
一个实际原因是因为她的儿子目前在上海没有房产。2005 年
到上海后,他一直没有购房,尽管目前的公司福利可以替其
偿还银行的房贷利息,但是 SLS 的儿子准备跳槽(另一家公
司以年薪 20 万元"挖"他),不愿意"欠"这家公司的人
情,也就不愿意接受这家公司提供的优惠。但是,被访者承
认,只要找到对象,就准备马上贷款买房子和车子。因此,
在房子问题上,SLS 母子认为只有北方人之间才能就共同还
房贷这一重大问题上达成一致,这应该是他们将未来媳妇
"锁定"在北方人,最好是"本乡本土"的哈尔滨人上的最
主要原因。

　　实际上,房子与地域问题往往勾连在一起发生作用。一方
面,从上海人的角度来看,本地郎与外地媳妇结婚后,男方家

长担心后者因为种种理由一走了之,给儿子造成重大的财产和情感损失;另一方面,从外地人的角度来看,"从夫居"的传统婚后居住模式和婚房一般由男方负责的现实逻辑促使外地独生女不愿嫁本地郎,因为小夫妻与女方父母共同居住可能出现矛盾。

被访者 S18 – ZLT,女,本科,51 岁,大学教师,Z 家在徐汇区有一套住房。儿子 24 岁,本科,目前是某研究所助理研究员,希望找上海本地女孩。

> 外地的、本分一点的问题也不大,外地的小姑娘到上海毕竟生活习惯有点不同,当然这还是小问题,最大的问题就是嫁到上海后一旦夫妻俩产生矛盾,她一走了之,这下完了,害了小孩子,到时候到什么地方去找老婆呢?电视上经常在放这样的事,但我身边的一般是不会找外地的,我接触的人层次比较高一点的。如果两个结婚的都是上海人的话,她走来走去还是在上海,外地人的话,她走了就找不到了,所以上海人一般不接纳外地人的。当然,外地的小姑娘有的也很想找个上海的,上海的条件好呀!我过去的几个学生是外地的,但她们不愿在上海找,因为现在都是独生子女,嫁到上海了肯定要把父母亲接到上海来,但这婚房一般都是男方买的,如果双方父母关系不好的话,矛盾就大了。

从客观上讲,目前上海的婚姻市场上盛行一条"潜规则",与房子有关:子女的婚房,绝大多数都由男方父母购买,至少是男方父母和儿子负责首付,按揭则由男方或双方共同承担。女方的父母,包括很多女性待婚者普遍认为婚房理应由男方负责。在普通上海市民的眼里,这条"潜规则"是一个认同度很高的、客观的"社会事实"。另外,就新生儿来说, 生男生女在上海大不一样。生男被认为是开了一家"建设银行", 生女则是"招商银行"。

在一些被访者看来, 婚房理应由男方父母负责, 首先, 这是他们为人父母的责任; 其次, 能否帮助儿子购买婚房, 也代表了男方父母的生存能力和水平。

> 房子自然是要男方来买的, 女孩子买房, 那你男孩子父母生了男孩子, 自己不知道孩子要长大的? 这个是人的一份责任, 男孩子家长是有这份责任的。女孩子也不能问人家要的太多。如果男方一点条件都没有, 这个跟家庭也有关系的。有的很好的家长, 都会考虑到。因为你生下孩子就是为了要儿子把媳妇娶进来, 要有生存的能力。人家不是要很大的房子, 人家要有一家婚房, 所以这就代表一个家长生存的水平, 因为大家都是在这个社会上的, 你作家长的不能就稀里糊涂的, 什么也不管, 小孩生下来去骗人家女孩子的东西; 就算给你骗进来, 男孩子也没有生存的能力, 那女孩子不苦啊? 家庭好与不好是差得很远的。
> (被访者 S33 – SWM)

事实上, 婚房由男方负责这条"硬道理"是行动者在两个层面博弈的结果: 第一, 待婚女性及其父母与待婚男性及其父母之间相互博弈的结果; 第二, 待婚子女与其父母之间博弈的结果。

首先, 是否拥有符合期待的婚房无疑是决定男性在婚姻市场上是否拥有或者拥有多大的吸引力的一个重要因素; 其次, 这无疑造成适婚人群, 尤其是男性在经济上对父母的依附关系, 也使得父母在子女的婚姻问题中享有一定的"话事权", 至少是一定程度的影响力。最后, 因为各种原因无力为儿子提供婚房的家长, 在与相亲角的其他家长的谈判中, 处于明显的劣势。

　　被访者 S43 - GLS 因为替生重症的妻子医病欠债,投资股市失利以及房价上涨前没有及时购买等原因目前没能为儿子购买婚房;被访者 S39 - LYQ 也是因为家庭变故无法为儿子购买婚房。一方面,他们被迫延迟退休时间,或者退休后另外谋求新的、力所能及的工作,来攒钱为孩子的成家立业做准备。婚房这个过于物质化的衡量标准让一些男方家长颇为恼火,被访者 S43 - GLS 说:"谁说婚房一定要男方承担?如今上海房价这么贵,买一套房子不容易,对于我们经济能力有限的家长来说,买婚房对方也应该出力,重要的是看孩子们的前途和两人的感情。"

　　另一方面,如果实在没有经济能力为儿子购买婚房,他们普遍就会对儿子怀有深刻的道德歉疚感。被访者 S19 - CNM,女,58 岁,崇明农民,来相亲角为儿子找对象,被这里女方父母提出的条件吓到:"我真的不敢再帮孩子来相亲了,看到那些列出来的条件,我都觉得自己对不住孩子,是我没能力买房才让孩子降低了择偶的条件,孩子挺无辜的。"

　　爱情与现实无关,但婚姻却是建立在柴米油盐之上。现今的社会,当物质显示出的作用越来越大时,人们的务实,有时候也是出于一种无奈。在目前的中国大中城市,婚房的确是一个非常现实的问题。有无婚房几乎成为来相亲角为子女寻找结婚对象的家长们首要关注的条件。有些女方家长甚至在"择偶牌"上白纸黑字地亮出了"无房免谈"的"宣言"。在我们看来,不仅男方家长、孩子无辜,女方家长也是很无奈,甚至很悲哀。

　　结婚总要有个窝,爱情总是要有所附丽,这是一个再现实不过的问题。但是,上海近几年来"飞扬跋扈"的房价,直接使婚房这个问题日益严重化了。实际上，这不仅仅是上海一个城市的严重问题。根据社会科学文献出版社 2006 年出版的《城市竞争力蓝皮书》披露，当前房地产价格过高、偏离应有水平最严重的 5 个城市依次为：深圳、杭州、上海、北京、厦门。中国青年报社会调查中心和新浪网新闻中心 2006 年 3 月 20 日披露的一项调查显示：当前人们花钱最多的三方面依次是住房、教育和医疗。与此同时，公众感觉这些年上涨最快的恰恰也正是这三方面。住房、教育和医疗，已经成为加重人们生活负担、影响人们生活质量的新"三座大山"。

另外，根据 2008 年 2 月 13 日公布的《2008 中国网民婚恋调查》①，关于稳定婚恋影响最大的因素，在 154386 名被调查者当中，72562 人选择物质条件，占 47%；40140 人选择志同道合，占 26%；22695 人选择性生活和谐度，占 14.7%；12505 人选择家庭背景，占 8.1%；选择其他的有 6484 人，占 4.2%。六成网民认为物质条件是稳定婚恋的最大因素，随着社会的物质生活水平逐渐提高，人们对占有财富具有越来越明晰的概念，社会经济的快速发展使得物质丰富，进而唤起了人对拥有金钱的渴望。物质条件是男女交往的一个重要参考条件，并起到了决定性作用。物质能给双方带来一定的安全感。

西方媒体认为中国的高房价，不仅毁灭了部分年轻人的爱

---

① 中国红娘和中国社会工作协会婚介行业委员会自 2008 年 1 月起开始为期一月的《2008 中国网民婚恋调查》。通过线下问卷调查和互联网调查相结合的方式，共计浏览人群超过 100 万人，网上的点击率 150 多万人次，实际参加答卷人数为 225343 人，有效答卷 154386 人。该报告分析了目前中国白领人群的生活形态的主要特征，涉及当前中国单身网民的婚恋状况、婚恋压力、婚恋行为、婚恋渠道等具体指标。参见《2008 中国网民婚恋调查》，中国红娘网 2008 年 2 月 15 日（www.hongniang.com）。

情,也毁灭了他们的想象力:他们原本可以吟诵诗歌、结伴旅行、开读书会。但现在,年轻人大学一毕业就成为中年人,像中年人那样为了柴米油盐精打细算。他们的生活,从一开始就是物质的、世故的,而不能体验一段浪漫的人生,一种面向心灵的生活方式①。内地 2011 年新剧《裸婚时代》似乎告诉人们,年轻恋人为爱情很容易走到一起。但生活是现实的,如果没有充分的思想准备,爱情会被生活细节所折磨到体无完肤。没房子也能结婚,但婚后生孩子、油盐酱醋、与家人的关系处理,是 80 后必须面对的事实,如若处理不当,跟随的是离婚。因此,房子透支了这代人的青春和生命,为它牺牲了一代人的诗意与爱情。这个时代经济基础裹挟着生活中的点点滴滴。

(2) 户口是择偶不可或缺的条件吗?

对于在相亲角帮助子女寻找结婚候选人的很多父母而言,户口问题十分重要。而户口很多时候是以地域选择的形式表现。

在被访者 S4 - SLS 为儿子制作的"求偶牌"上,对女方的要求有两条特别吸引人的目光,甚至是激起上海人的反感。第一是要求女方具有硕士及以上学历;第二,要求女方的籍贯是东北,最好是哈尔滨人。对于外地人明确提出不娶上海小姑娘这一条,着实"刺痛"了很多上海人的神经。

我当时正在和 SLS 谈话,一位帮儿子"打探"婚姻市场的老上海人指着她为儿子制作的"求偶牌"径直走上前来插话了,整个对话过程双方情绪都非常激动。他当时这样说:

---

①　《遏制全球经济的爱情》,《世界报》(西班牙) 2011 年 6 月 4 日,转引自新华网 (http: //news. xinhuanet. com/world/2011—06/06/c_ 121498983. htm)。

哎，哈尔滨的好（冷嘲热讽的腔调），哈尔滨的男的有个坏缺点，吃饱了饭要打老婆。哎哟，我知道我知道，还哥们姐们的，北方人，我就这点不喜欢。什么哥们姐们，哥们姐们啊?! 还喝酒少算交情不到，出去出去！能喝多少酒喝多少，什么乱七八糟的！太落后了，我不喜欢！我不喜欢，看到我就烦（非常不屑地挥挥手）。活得那么累干嘛？还了不起了，对吧？这点上海人很反感，上海是移民城市，美国是移民城市，都很反感这些。人来了，谈得拢就谈，不行就算；人来了，能喝多少喝多少，是吧？什么事都随意。对吧？我朋友找了个哈尔滨姑娘，我也很喜欢她，人很漂亮，但是，有一点我不喜欢，她喝酒抽烟。我看着害怕。你非要找上海人干啥啦？你找自己东北的嘛就好啦。你臭脾气臭到自己一块去，多好！别找了，你这个阿姨要找东北女的，你儿子只要找到老婆就算了，臭脾气臭到一起吧。东北的遗传受不了，我们是上海人，我们知道。我就一个孩子，我们和亲戚朋友不太联络的，烦都烦死了，有事大家联系，没事不联系，关键靠自己。什么七大爷，八大姑，烦都烦死了！（被访者 S7 - SB）

被访者 S12 - WM 的观点也恰好证实了这一点。WM 夫妇二人来到公园帮助自己的女儿找对象，尽管他们女儿已经到了而立之年，但是他们声称坚决不考虑找外地人做女婿，认为上海小姑娘嫁给外地人，就是一种"降低身份"的行为：

不要的，外地人我们肯定不要的。我们自己是上海人，而且条件那么好，为什么要外地人，干吗要降低自己身份？不降低，年龄再大也不要外地人的，大不了不结婚。反正她也自己养得起自己。

不仅父母如此,多数待婚者也将户口视为一个十分重要的交往前提。15 位被访者中,有 9 位有明确的户籍要求。剩余 6 位无户籍要求的待婚者当中,有 4 位本身是外地人。

被访者 Y14 - FXJ,女,本科,27 岁,上海人,公务员,父母分别是工程师和工人,已退休。被访者明确要求结婚候选人必须是上海本地人,非但如此,连平时网上聊天中处理陌生人要求添加为好友时,都要看对方的注册地,非上海不加:

> 总归感觉外地的,外地的他们怎么说,其实之前有加过几个嘛,但是感觉聊下来他们这个说话的思路好像跟我们这个上海本地的讲话人的逻辑方式感觉都,怎么说,很难去,很难去对他们这种说话方式回应,就觉得跟他们讲话不太舒服,有点摸不着头的那种感觉。

这样看来,地域和户口问题似乎的确已经成为一些本地父母和外地父母之间在择偶问题上的一大障碍,那么,本地人和本地人之间是否就一拍即合呢?事实证明,未必如此。

被访者 S15 - YHJ,女,60 岁,大专文化,退休会计。先生是上海某大学的退休外语老师,两人育有一子一女。令我们十分惊讶的是,这对老人来到相亲角,是来帮助三位年轻人外甥女、女儿和儿子寻找合适的结婚对象。

首先来看这位外甥女,她 40 岁,本科毕业,沪上某外企营销总监,独自居住在浦东某高档住宅区,属于“空中飞人”:

> 我们还有一个外甥女,她是很忙的,财务总监,前两天去了印度,每天就睡两个小时,所以没有时间找对象。人家帮她找对象,她都没有时间去看。但是有一个人很愿

意找她的，她嫌人家比她小一岁。人家也是很厉害的，从英国回来，也是经理，在公司里面的职位也是很高的，这样的男的很少的，一般收入要几十万呢。他姑姑帮他介绍的。人家房子也有，车也有，和父母分开住的。我外甥女就想找一个身体好的，人家身体条件也是很好的，也正好是运动型的，喜欢旅游登山啊。人家邀请她去香港旅游。是她自己不好嘛，人家联系她，她一直说没有空嘛。都是人家一直都在找她，她都说没空。也好长时间了，也没说谈朋友，就说是普通朋友。男的小姑姑和她妈妈是同事，相互是很熟悉的，很好的，相互很了解，也很本分。开始也说不谈朋友嘛，是人家男的一直找她，她都说是没空。现在人家也找到了，失去机会了。我们都说这个人很好的。以后很长一段时间她也没有找。她妈妈说："你这样下去怎么办啊?"她就说你帮我去找，我没有时间，你帮我找吧。她妈妈就说："你们（指被访者）出去帮我看看有没有合适的。"

在这个案例中，男女双方及其家人都是上海本地人，而且两位待婚者的工作和收入条件都旗鼓相当，但是仍旧配对不成功，女方给出的理由是男方的年纪问题。或许这并不是男方被拒绝的真正原因，总之，我们从中可以看到本地人和本地人之间即便条件匹配，也并不是一拍即合。

再来看他们父母的儿子，他本科毕业，32岁，上海某航空公司职员。从其父母出示的照片来看，这位男青年身材伟岸，外形俊朗，气质儒雅，一表人才，是多数女孩喜欢的类型。他不但个人条件很不错，而且也有一室一厅60平方米的婚房一套。

自2004年起，被访者的儿子先后与两位大专学历的本地女孩谈过朋友,第一位是在医院工作的女护士,因为女护士身材不太好,有点胖,减肥没有成功,所以"黄了"。公司女职员长相倒不错,人也很文雅,但是他的儿子觉得对方的文凭太低,所以也没有成功。

2005年上半年,她儿子的同事又介绍了一个本地女孩给他,这个女孩很漂亮,也很"物质"。

　　她还要狠花你的钱,我儿子到澳门工作了很长时间。每次就要带化妆品了,带什么带什么,一会儿结婚要钻戒了,一会儿要什么要什么,也还没结婚呢,就要很多很多,还要帮同事也带化妆品,带来也没有办法问他们要钱。还要带什么澳门特产了,什么老婆饼、蛋挞了,买这个买那个。每次我儿子到澳门去的时候,走的时候她是不送的,接,她是去接的(笑)。我们都说她是接东西。每次来的时候就要带很多东西,比如牙膏了什么的,他工作是在那边住的嘛。

2005年下半年,被访者的亲戚又给她儿子介绍了家庭条件很好,但是长相一般的本地女孩,结果仍旧不理想。

　　人家也给他介绍了好几个了,有的家庭条件很好的,三套房子,两部汽车,我们一个亲戚介绍的。但是他也看不上人家那个小姑娘。年龄还都是跟他差不多的,也因为长得不好啊,我儿子看不上。他说不行,这样的人看着不舒服,在一起生活不好。他见面就说不喜欢,见面就是不喜欢。我们也不喜欢,感觉不好,长得也不好。我们说还是要生活在一起的,还是要舒服点的。

2006年3月份,她的儿子又开始与另外一个各方面条件尚好的本地女孩谈婚论嫁,仍旧未果。被访者认为女方提出的条件过多,女方的父亲过多插手女儿的婚事,女孩子显得缺乏主见。

　　现在有很多上海小姑娘很难弄的，提了很多很多要求的也有的，还没有怎么样呢，就提了好多好多要求。我们也碰到过，说："要你妈给我烧饭吃的。我不会烧饭的！而且房子也要跟我家住得近的，好照顾"，所以就谈不成。她母亲不管的，好难弄的！我说以后真的谈成了，有了孩子我来帮你们带孩子，帮你们烧饭，住在你们家里帮你们做家务什么都行的。主要是她听她父亲的话，她父亲一会儿出个主意，一会儿出个主意。我们就说她，你也是一个大人，也是有脑筋的，你就一直听你家长的话，一会儿说个什么什么，我们就很烦的。她来跟我沟通，沟通到后面，我就一脚把她给……好了，我儿子第二天去上班，就打电话说分手分手，马上就分了。

　　2007 年，另外一个各方面条件都比较匹配的本地女孩走入他们的视野，一切进展得很顺利，很快双方就进入了谈婚论嫁的阶段，但是，最后却因为女方不愿意拿出事先谈好的购买家电的五万元费用而"谈崩"了。

　　我儿子去年也谈了个对象，就是谈到要结婚了，以后准备结婚了。她们不出钱的，都要我们出钱。我们说房子我们出钱、装修我们出钱、家具我们也愿意出钱，女的就说最多买一套家电，我们就说好的啊，买家电好啊，钱呢，五万块拿出来啊。也不算大的数目了。说的倒是很那个的，到后来呢一分也没有。他们说的是：全部由他们弄，弄好了以后他们家钱不够我们拿。我说怎么弄？装修两万块可以弄，五万块也可以弄，二十万也可以弄，没有这么一个标准，我怎么弄？钱不够，你们家到底拿多少钱呢？我们钱不够去你们家拿 1000 块钱我会去吗？要十万块吧,你五万都不愿意拿,更别说十万块了。所以这个事情现在说不清,后来也没有谈拢,也没有说要结婚。我们就是想谈成早点结婚。这个也就是说明这个是很不牢靠的,很不稳定的嘛,就算结婚了也是不行。说不行了他们也就没有联系了,也说明了他们没有感情嘛。说不行就不行了,说不谈就不谈了。

2008 年年初,因为被访者反对女方提出的做家务要求,男方迅速结束了与女方的婚恋关系。

有的女的也挑剔嗯,见面之后谈也谈不拢,要提出好多要求。我们一听就算了,我说这样的人结婚了,弄不好还要离婚呢,算了。后来儿子讲给他同事听,他同事也说算了,哪有这样的人?你早点跟她分手。怎么一开始就要求我们为她做什么做什么,我老年人还要帮你做饭什么的,我说你请钟点工。我现在进入老年了嘛,还要我给你烧饭,做什么做什么,哪有这样的事情?她说她不会烧饭,我说你自己去请钟点工,我不能这样给你们做。我自己有自己的养老金,又不用你们养活。我想给你们烧饭啊,干什么啊,那要我自己愿意。如果你强行要求我,我是不会做的。呵呵,我是这样跟她说。后来我儿子给她打电话就分手了。

在这个案例中,笔者没有机会听到所有与被访者的儿子有关的女方的父母对此事的评价,单单就从男方家长这一方获得的信息而言,尽管地域和户籍不再是一个问题,本地人和本地人之间的联姻仍然有可能因为外貌、学历、金钱、家务和一方家长的过度干预等而备受掣肘。需要补充的是:就家务而言,根据相亲角访谈资料和笔者本人在上海四年多的生活经验,笔者发现,除了聘请住家保姆或小时工以外,上海青年婚后小家庭的家务劳动（包括带小孩）主要由女方父母负责，男方父母似乎更愿意"置身事外"[1]。这大概就是被访者非常明确地向"未来儿媳"宣称自己没有义务帮助他们做家务，除非自愿的原因。

在相亲角，也有些老上海人对子女未来的另一半的地域和户口问题并不在意。被访者 S14 – YLS 的女儿今年 36 岁，大专文化，目前在某医院做护士。被访者对未来女婿的要求只有两条："第一人品要好，第二家庭教育环境要好"，其他都好商量。

关于地域和户口问题，因为她的先生也是外地人，婚后40 年来，两人感情和睦，生活幸福，因此她认为：

> 外地优秀的话我倒是也喜欢的，我爱人也是外地大学毕业分配到上海的，他不是上海人，我们四十几年的夫妻了，相处得也很好的。我是土生土长的上海人，就是南京东路街道长大的。

除此之外，她的儿媳妇也是外地人：

> 我儿子和媳妇都是名牌大学硕士毕业，都很优秀，都

---

① 2008 年 8 月至 2011 年 3 月笔者居住在沪上某高校的青年教师公寓，有少数上海本地的公公婆婆帮助儿子一家照料小孩。在闲谈中，一位 2005 年退休后从新疆返沪的老阿姨告诉我：上海本地的长辈退休后都有一定的养老金，生活"不要太潇洒"：平常愿意烧饭就在家里吃吃，不愿意老两口就去外面换换口味，周末打扮打扮去淮海路"压压马路"。很少有长辈主动帮儿子儿媳带小孩的。事实上，她和先生只是在周一至周五帮助照料孙女，周五晚上回自己家过周末，周一早上才回来"上班"。每逢周一的早上我在小区内散步的时候，都能够看到小女孩的妈妈上班前在楼下焦急地等待度完周末回来的公公婆婆。在这个小区，我还认识另外一位退休的上海阿姨，她有两个女儿。在高校工作的这个女儿一家三口今年去了澳大利亚访学一年，她的先生随同前往，而她独自住在女儿家的公寓。她的解释是外国虽好，但是去了就要帮助女儿照料孩子，包揽所有的家务。相比之下，她宁愿一个人留在上海，没有家务劳动缠身，生活得自在又惬意。

是国外回来的。媳妇是律师事务所的,月薪两万多,长相也是一般性的,在金贸大厦工作的,档次也很高的,经常和老外打交道,开记者招待会什么的。女同志一化妆,换身衣服,就很得体的,也并不是要找美貌的,你看我儿子他们结婚好几年的关系很好的。

为什么"南京东路街道长大的"被访者 S14 – YLS 对于未来女婿的地域并不苛求呢?首先是因为她的女儿在相亲角这个婚姻市场上丝毫没有优势,其次,她对伴侣的地域问题的反应与其自身的生活经历有关。对于这个案例,我们将在后文着重分析。

在当前的婚姻市场上,地域分割倾向仍然存在。从父代来看,在我们所做的 43 位父母涉及 46 位青年男女的访谈案例中,有 23 位父母明确提出非上海人不嫁(不娶),有 2 位父母将上海本地人列为未来的女婿或媳妇首选,他们明确提出:条件优于本地人的外地青年才可以入选。因此,以沪籍作为首选和唯一选择的案例有 25 宗,超过了总数的一半还多。只有 3 位父母明确提出不找上海本地的女婿或儿媳,而这些父母本身都是外地人,分别来自黑龙江、天津和江西三地。而剩下的 18 位对结婚候选人的户籍不作要求的父母,他们的孩子显然在婚姻市场上丧失了优势:在这些待婚者中,有 4 位来自外地;有的虽是上海人,老家却在崇明农村;有的尽管事业有成,但是年龄已近不惑等等不一而足。就子代而言,15 位被访者中,有 9 位有明确的户籍要求。剩余 6 位无户籍要求的待婚者当中,有 4 位本身是外地人。

被访者给出的解释主要是生活习惯和福利政策方面,特别是很多被访者都提到上海的好男人被外地女孩"抢去了"的现象,有些家长明确希望找上海人作为子女的伴侣,只是在条件特别优秀的前提下，才愿意退而求其次——也可以接受外来女婿或媳妇。在沪籍家长看来，突破地域分割而结成的婚姻主要包括两类：一是高攀婚，社会地位较低的外省青年与社会地位较高的沪籍青年结婚，主要指外省女性高攀沪籍男性；二是下迁婚，即社会地位较高的沪籍青年与社会地位更高的外省青年结婚，主要沪籍女性下嫁外省男性。由此可见，在婚姻市场上，沪籍家长的"上海中心主义"思想依然比较显著。

2. 中生代上海人与外地人

被访者 S6 - XAY① 为女儿的理想对象所开列的条件很简单。她不要求户口，房子，学历，车子，只要双方有感情基础。

> 现在家里面一般性都是一个小孩子，基本上就像我们
> 一样的，我们不在乎别人家庭情况到底怎么好了，我只要
> 觉得他，只要他对我们家女儿好，我女儿跟他两个人就是
> 有感情了，就可以了。什么对方一定要有婚房呀，要有车
> 呀，户口呀，我觉得不是这样，就是他们两个人，就是一
> 个感情基础，如果有感情的话，不存在要对方什么什么

① 2008 年 5 月 11 日，笔者在相亲角首先访问了免费中介 T 阿姨（被访者 S42 - TZJ），后者很健谈，滔滔不绝地向我及学生介绍了她多次为大龄青年牵线搭桥的故事，接近中午十二点的时候，T 阿姨告诉我们由她牵线的一对男女要在国际饭店门口见面，我征得她的同意，允许我们在远处观察这对男女碰面的状况。由于"男主角"迟到，女方家长和 T 阿姨在国际饭店门口等候男方，为了方便起见，我与学生们在国际饭店大堂内等待着……更为凑巧的是：大堂内沙发上坐在我旁边的漂亮女生竟然是前来相亲的"女主角"。我诚恳地向她说明了意图之后，女主角迟疑少许，最后接受了我的访谈。访谈开始时，她略显紧张，随着采访的深入，她也很快侃侃而谈。她简要谈及了之前的几次相亲经历和感情之路。随着男主角的出现，我们对相亲女的采访随之结束。之后我们征得了女方母亲（S6 - XAY）的同意，她也接受了我们的访问，其母亲十分爽快、健谈，她向我们详细讲述了其女儿的整个情感历程。

的,就不会去谈这个条件的,有感情的话绝对是不会去谈这个条件的,你说对吧?

理解归理解,她自己对未来女婿的要求只有三条①:个人品质、工作和年龄。

> 我跟 T 阿姨说,最起码(指男方)人要好,对不对呀?而且要有稳定的工作。我是提了两个条件,我说别的我都不在乎。因为我们自己家境还可以。如果这个小孩他本身有潜力的话,他家境不会不好的。我觉得是不用现在去谈条件。还有就是年龄嘛,我么肯定是有要求的。至少来讲,她现在 26 吧,男方总归是 30 岁以下,我说二十八九岁的都可以。男同志么大一点是可以的。但是你说超过 30 岁以后么,太那个……她现在 26 嘛,大个三四岁,四五岁的都可以,再大的话,你说肯定……对吧?有的男同志他打扮得年轻一点还可以,如果卖相老成的话,你看真是……

实话实说,被访者 S6 – XAY 所提的条件实在说不上过高,都是一些最为基本的条件。即使在相亲角,满足这些条件的男性也很多,但是,她为什么不能帮女儿找到如意郎君呢?我们需要先简要介绍一些她的女儿——被访者 Y2 – PHH② 比较独特的成长经历。

因为遗传的原因,她从小个头比同龄小孩高出很多,读小

---

① 她虽然跟相亲角的中介 T 阿姨只提了两条,但是,在整个访谈过程中,她又谈到另外一条。

② Y2 – PHH,Y 表示子女组受访者(被访者);2 是序号,指第二位被访者;PHH 是由被访者姓名的拼音的第一个字母组成的缩写。本书中所有此类编号参照此标准。另外,书中所引用的被访者第一次出现时,有比较详细的背景介绍,第二次出现,仅在被访者原话后用括号注明出处。

学时，被上海市少年体校的教练看中，开始田径训练，与中国某短跑运动员一同就读于市内某体校，是同班同学。后者的祖父母与她家同住一个新村，他的父亲去接儿子的时候，有时会顺便带她一起回家。体校的教育一直持续到初三，之后，她去了某私立高中继续接受教育，中间曾经做过两年业余模特，体育训练则宣告结束。或许因为训练耽搁了学业，高中毕业后，她未能考上较好的大学，而是在沪上某二本大学会计专业学习。毕业后，进入父亲所在的国营大型企业，从事财务工作。

就情感经历而言，在她读初中的时候，就与一个邻居家的小男生比较要好，一直持续到大学毕业前。男方提出确定双方的恋爱关系，她拒绝了，因为觉得对方很"娘娘腔"。大学时与一男同学短暂相恋，后得知对方有女朋友，尽管心里十分喜欢对方，但是依然忍痛分手，这段情感经历对她影响很大。工作后，她先后几次与亲戚和同学介绍的男士相亲，但都无果而终。这次与相亲角婚介介绍的男士见面实属第一次。

事实上，被访者 Y2 - PHH 是一个非常漂亮的年轻女子，身高 170cm，气质甜美，工作稳定，待遇优厚，家庭条件也比较优越。通过与她面对面地交流，我能感到她并不是一个特别内向，不善于表达自己的人。除了有点上海小姑娘喜欢"搭搭架子"的小毛病①之外，似乎很难理解她不能适时走入婚姻的原因。但是，仔细比照她们母女二人的访谈纪录和相关田野

———————————

① 介绍被访者 Y6 - WY 与其"配对"后，多次主动联络她，我也多次打电话从中撮合，我们都能感到听筒那边的"冰凉"与"傲慢"。需要说明的是，事隔一年之后，她在这方面已经有了很大的变化：2009 年 6 月 12 日，我在最后修订这个案例时，曾打电话给她的母亲，询问她女儿的近况。2009 年 6 月 14 日，被访者 Y6 - WY 主动打电话给我，叙述她这一年来在寻找结婚对象方面的努力和困惑，最后拜托我帮她留意合适的人选。整个通话时间长达 20 多分钟。从她对择偶一事的态度上来看，这或许是一个可喜的变化。

调查笔记，我们就不难发现其中的奥秘。

第一，母女在择偶方式上无法达成一致。

女儿喜欢间接的方式，双方在见面前，先有一个相互的了解过程，经历"浪漫爱情"阶段，至少也是先成为朋友，再尝试是否能够共同走入婚姻：

> 我比较喜欢同学跟我介绍的那种，因为我们之前先在MSN上面聊过，聊得比较投机一点，即使不能拍拖，也能做朋友吧，因为觉得多交一些朋友也是蛮好的。我觉得那样子更加能够让我自然地交流，可以在网上相互了解一下，然后再见面，不是像我妈这种说相亲，明天相亲，也没跟人说过话就拉过来，就觉得很……对着这个陌生的人……除非他长得很帅（大笑），如果又不是长得很帅，也没有那么大吸引力让我很热情地对他的，我觉得是这样子。

对于当天被母亲"劫持"来相亲，她说：

> 我今天完全是……突然我妈妈袭击我的，把我拉过来的，完全不是出于自愿的情况。以前如果是这种活动我肯定不会来的，我妈死拉着我都不会来的！两三年前，可能年纪也不是很大的时候。不过现在确实是迫于压力，所以有机会就来看一看。

而她的母亲则以其他途径行不通为由，明知她反对，还是来到相亲角，求助于婚介，希望帮她最终解决对象问题：

> 家里亲戚朋友都托遍了，哎呀，托是托了，她都看不惯，有的嘛矮，矮了又不行；有的嘛高，高的嘛，说人家驼在那里，所以说看是看了几个，她都看不惯，看不上。现在只有找婚介帮忙了。我已经去年就出来了，帮她来这里，我没跟她说，我不敢跟她说，跟她说她肯定是要这个

反对的呀。

第二，即使迫于压力，女儿同意寻求婚介的帮助，母女在未来女婿的地域问题上意见相左。被访者的母亲——这位中生代上海人更倾向于帮女儿找一个"外地郎"。

我不考虑这个本地、外地人的问题。实际上我觉得现在的外地大学生更加有人生的经历，我是这样跟我女儿灌输这个思想的。因为他们觉得有很多东西都来之不易的。你去看噢，有很多外地大学生、博士生啊什么的，他们在上海买房啊什么的，这个都不是靠父母的，都是靠他们自己，贷款什么的呀。然后他有这个毅力的话，他肯定能同你走完人生的。上海小孩靠父母也不行。有的上海的父母对小孩太宠了，你看我的小孩也是，你看我只有一个小孩，什么东西都依她，实际上也不好。我知道，但是没办法。我就一个小孩。女小孩还好一点。像有的男小孩什么都听父母的，什么东西都有一个依赖性，什么都依赖父母。你说外地的学生就不是的，他在上海自己拼。

她对外地人的欣赏，一个现实的例子是邻居家小孩的外地女大学生家教的故事。

像我们有一个外地女孩子，她马上六月份要到澳大利亚去了，她就是自己一个人拼呀，在我们隔壁，帮一个高考的小孩补习功课。哎呀，那个女孩子真行啊，真的很好，她什么都是自己弄。六月份正好高考马上就结束了嘛，她就要走了。我问她怎么现在朋友不找？她说哎呀现在找什么朋友啊？先把天下打拼下来再说。我说你女孩子要打什么天下？她说那不行，现在男女么都一样，现在我们女孩子么也要自己做主。我觉得她的思路很对的呀，那我的女孩就不及她。再回过来想的话，她各方面能力……

我就觉得她各方面能力就不及别人，她有一个依赖性。

而她的女儿，根本没有把外地人列入"取值范围。"当被问到同事中有无合适人选时，她说：

> 同事多是……因为我是本地的嘛，很多同事都是外地人，就是各个地方的，然后就很难找到了。我工作后有两三个，周围同事都有找我，但是我还是比较想找这个本地的。上海男孩还可以找个外地女孩，但是女孩还是不太愿意找外地男孩，因为各方面照顾不到，像让你嫁到外地去，你肯吗？也不肯的，对吧？再说，我们生活习惯什么都不一样，上海人好一点。

第三，"感觉"问题。母亲认为女儿在择偶问题上一味强调"感觉"和"缘分"，这点让她很为难。

> 女儿有见过我们帮她找的对象，也有过几次，但是就算条件碰对了还不算，还要感觉对。以前帮她介绍过一个，第一次见面，她说她刚见到他，就想走了，待不下去了。好嘞，这还谈什么？怎么谈得下去？那个男人条件其实不错的，我们都很喜欢的，但是她不喜欢，她说第一感觉很重要，她最在乎第一感觉了，对了就是对了。难就难在这里，我么急死了，我女儿倒无所谓，她一直说是要看缘分的，我说缘分也是要创造机会的，你没机会哪怕缘分再多也没用的。

而女儿认为相亲没有"感觉"，被母亲逼迫相亲使自己丧失了自由和权力。

> 就算对方条件都挺好，可是为什么听中间人说出来一点感想都没有，见了面也没有感觉，很别扭的，一直不喜欢相亲的，觉得成功率太小，又要见面又要考虑中间人的关系，很费感情的！我还是喜欢自己找。家里的相亲就意

味着我失去了选择的权力，失去了婚姻的自由，家里觉得好的我就该无条件的接受，完全不顾我的感受！

此外，在这个案例中，还牵涉到一个博弈双方的战略和策略性行动不兼容的问题。

母亲从五年前就开始为女儿的婚事奔忙，她的先生十年前就开始关注专门为大龄青年牵线搭桥的本地电视节目《相约星期六》，每集必看。为了找个称心如意的女婿，夫妻俩也托亲戚朋友介绍了很多，但是女儿都不满意。尽管她现在最大的愿望就是看到女儿找到一个合适的结婚对象，顺利地走入婚姻，但是，她也知道她的努力毕竟有限，所有的尝试最终能否奏效，还要看女儿本人的态度。

现在小孩她有她自己的思想，她不需要你这个的。她说的，我今后的婚姻肯定不会像你们一样。像我们是传统思想，就是怎么把小孩带好，家里面怎么样吃好弄好了。她不会这样的，她以后不会这样的。

在先后进行的两次访谈中，她又列举了在小孩的教育和喂养方式两个问题上，她与女儿有可能存在的隔阂，这些差异使她十分清楚自己的强迫和外在的压力都不能对性格"古怪"又很有主见的女儿真正产生作用。在婚姻这个问题上，父母与女儿之间的斗争，获胜的终归是女儿。因此，她的女儿不是"乖乖女"，她本人更不是"强悍"的母亲，这就造成她在女儿的婚事上举棋不定，犹豫不决。这种态度本身也客观上向其女儿暗示了"斗争"的空间和博弈的余地。这样的结果，反倒是造成了博弈双方的观望与相持，说到底，双方的战略与策略性行动不兼容，因此，问题最终无法得到解决。

最后，针对这一个案，有关认同的问题让我迷惑不解。尽管被访者声称在选择未来女婿的地域这个问题上，她对本地人和外地人一视同仁,实际上,这里隐含着一个条件,那就是首先得到她的认同。有趣的是,她似乎不太愿意直接表明自己的观点,而是借用外地媳妇获得本地婆婆的认同这个事情来阐明自己的看法。

> 你既然到男方家里来了,而且是千里迢迢到男方家里来了,作为一个媳妇的话,你首先要把公婆伺候好。因为这个……也不说是伺候,你一定要尊敬公婆,然后得到公婆的认可了,那你家里来再多的人,他们肯定也是欢迎的。你首先要对公婆好,你如果对公婆好,像这种事情都是无所谓的事情。

为了使自己的观点更加具有说服力,被访者 S6 – XAY 还把研究者本人拿出来说事。正因为我获得了她的认同,她才愿意接受我的访问,并且花这么多时间跟我讲她女儿的事情。

> 我觉得你很热情的,而且带这么一大帮学生不容易的。你说对不对啊?真的是这样的。我如果不认可你的话,我肯定不会坐在这里,跟你谈这么多时间了[①]。就是双方大家要有一个沟通,我认可你了,我肯坐下来跟你谈;如果不认可你的话,我就肯定走掉了。如果我认可你对方、接受你对方了,像这种来回路费啊什么的(指的是外地媳妇及家人往返上海的路费),肯定都不成问题

---

① 事实上,被访者 S6 – XAY 比我还“热情”。2009 年 6 月份我对论文重新进行修改时,看到这个案例,又想起她女儿的婚事,就打电话询问其近况。X 阿姨感谢我还记得她女儿的事情,并希望能和我当面再聊聊。我告诉她我待产出行不太方便。她向我表示祝贺并嘱咐我养好小孩后一定告诉她,她要来家里看望。之后几个月,她又连续打过好多电话并一再询问我家的地址,要上门来看小孩。我婉转推辞不过,她于 2010 年 2 月来到我家。这次谈话持续了将近三小时,她详详细细地说了女儿这一年多的情况,并希望我能继续帮她女儿留意合适的结婚对象。

的。找个外地人给女儿,我认为不成问题的,只要这个女婿我认可了,我肯定不成问题的。

被访者如此强调"认同",实际上,我们仍旧不甚明了她所说的认同究竟有何指向。我比较清楚的是获得了这种认同之后的结果是"凡事好商量"。上文她提到的外地媳妇必须努力获得本地婆婆的认同的事情,是来自电视节目《今日印象》中的一则外地媳妇本地郎的故事。在这个案例中,我们大致明白她所指的认同,主要是对婆婆及其家庭的尊重、尊敬和必要的生活上的照料。就是说,外地媳妇应该做好分内之事,担当起一个家庭中的儿媳应该履行的义务。这是外地媳妇应有的付出。作为回报,本地婆婆及男方的其他家庭成员也不会"亏待"儿媳及其家人:逢年过节,儿媳可以返乡看望父母;其父母也可以在适当的时候来沪探望女儿;他们来往的旅费男方可以考虑承担,等等。

然而,被访者所说的认同,认同什么?认同的基础是什么?如何获得认同?怎样的外地人怎样才能获得怎样的上海人的怎样程度的认同?莫非认同本身就是被访者为外地人所设的"门槛"?这个门槛的设置本身是否说明她仍然将外地人划到了一个与己有着一定距离的区域?认同与否是不是意味着"我们"和"他们"的区分?

3. 新上海人与外地人

(1)"彩礼"问题

俗话说:"一方水土养一方人。"中国地域辽阔,风俗大不相同。所谓"百里不同风,千里不同俗",反映了风俗因地而异的特点。风俗是特定社会文化区域内历代人们共同遵守的行为模式或规范。习惯上,人们往往将由自然条件的不同而造成的行为规范层面的差异,称之为"风",而将由社会文化的差异所造成的行为规则之不同,称之为"俗"。风俗源于历史形成,它对社会成员有一种非常强烈的行为制约作用。尽管如此,风俗是一种社会传统,某些当时流行的时尚、习俗中的不适宜部分,也会随着历史条件的变化而改变,所谓"移风易俗"正是这一含义。然而,婚前收受彩礼[1]这一风俗至今并未在中国大陆销声匿迹。

在相亲角,除了因为在哪方负责购买婚房这个问题上发生争执,进行博弈,一方家长及子女坚决将本地人或者外地人排除在婚姻对象取值范围之外的案例,我还发现是否收受"彩礼"这一风俗也是促使家长或子女做出同样决定的另一个

---

[1] 据唐代杜佑《通典礼典》记载:"遂皇始有夫妇之道,伏羲氏制嫁娶,以俪皮为礼。"就是说,在我国远古的氏族社会中,男子娶妻,要送两张鹿皮做礼物,这大概是我国最早的彩礼了。为什么用鹿皮做彩礼呢?因为鹿皮是一种美丽的皮毛,既象征吉庆,又是原始社会时的衣着之物。用两张,取成双成对之意,后来称夫妇为"伉俪",就是从"以俪皮为礼"而来。我国至今在一些地方还有送衣物作彩礼的习俗,应该说,这是从我们祖先时沿袭下来的。

彩礼这个词,直接来源于三千年前西周时期的"采择之礼",古代"采"与"彩"二字通用,彩礼是由"采择之礼"简化演变而来,此外与当时彩礼内容有关。那时建立婚姻关系的第一个程序叫"纳采",就是由男方向女方献"采择之礼",表示求婚之意。如果女方不接受"采择之礼",这个婚姻关系就不能成立,如果女方接受了,这个婚姻关系就开始成立,但要正式成婚,还要再送一次彩礼,这个程序叫"纳征"。后世把这个仪式叫作"下定"、"过定",所以称"定",就是正式订立婚姻关系。由于彩礼是古代男方聘妇的礼物,所以也叫聘礼、聘财。"聘,则为妻。"封建社会时,一旦女方接受了聘礼,她就属于男方了,不得悔改,不然就触犯法律。这种已聘而未婚之妻,古称"聘妻",如她在接受聘礼之后死亡,虽未与男方正式结婚,也算作男方家里人,死后要埋在男方家族墓地之中。可见在古代,彩礼是件非同小可的事情。

新中国成立,婚姻法第三条明确规定禁止包办、买卖婚姻,禁止借婚姻索取财物。这是实现婚姻自由、男女平等的婚姻制度所必需的。但是,由于千百年来的旧习俗的影响,在我国有些地区,仍旧部分保留了女方仍向男方索取一定数量的钱财彩礼作为结婚条件的习俗。根据鲍宗豪《婚俗与中国传统文化》,广西师范大学出版社2006年版,第99—112页。

因素。

在相亲角,当我第一次见到被访者 S8 – SGW 时,她正和另外一位阿姨甲坐在过道边的草地上休息,时值正午,她们各自拿着一根煮玉米充饥。看情况,她们俩互不相识,正在闲聊。吸引我加入的原因很简单,被访者开门见山,亮出自己的上海人身份。

被访者 S8 – SGW,女,50 岁,大专文化,吉林省长春人。曾在东北做过公务员,1998 年随夫调到上海工作,与其同公司,工作清闲,2007 年内退。先生是上海知青,78 级大学生,高级经济师,目前在沪上某大型企业担任副经理。被访者 S8 – SGW 的儿子 Y6 – WY 读初三时随父母来到上海,大学又考回东北念书。2006 年大学毕业回上海工作,目前在某测绘院做测绘员。从大学毕业那年起,被访者 WY 就开始相亲。对于彩礼事件,他的母亲这样叙述:

> 我儿子谈一个江西人,可优秀了,理工大学的辅导员,保研,1985 年(生人)的,嗨,最后谈婚论嫁她朝我们家要彩礼。我儿子说,不干了,这什么年头了还要彩礼? 其实像你们外地人嘛,只要能找个真正的上海人,像我家这样条件的,真的是很高兴的,乐上眉梢的,但是呢,一般上海人不愿接纳你们,就是家里事太多。说句难听话,他这是卖闺女,他把孩子嫁到这来他就要彩礼,他彩礼也不说要多少钱,好像是卖姑娘,敲我们竹杠! 我们上海人心里就不痛快了,人家女方都陪送的,上海人能接纳你已经不错了,还朝我们要这个要那个,你以为你是谁啊? 这样我们就不想找外地人,外地人多麻烦啊,什么八竿子打不着的亲戚要是来了你怎么办啊!

上海人与"乡下人"之间的隔膜似乎由来已久,到如今,沪女不嫁"阿乡",外地优秀"剩女"不嫁沪男的例子在相亲角比比皆是。在本案例中,从被访者 S8 - SGW 的言论中,我们似乎可以看到:双方父母相互之间的成见、偏见、排拒和敌意可能是地域成为适龄男女青年通婚的障碍的主要原因,这里可以看到父母作为子女择偶过程中的"首发行动者"和重要"推动者",受其个人偏好的驱使,参与制定并维护和强化"适婚规则"过程中权力的影子。

相比较而言,在是否索要彩礼这一点上,她更倾向于找本地女孩作儿媳,至少她们不需要彩礼,还有陪嫁。

> 上海人要什么彩礼,她们还要陪送呢!要什么彩礼哦,不是,他们是这样的,就是男的准备房子,女的就是填里头的东西,有的条件好还陪送车子房子呢。其实嘛,你傻的,你说你嫁到这里来,这些都是你的,都是一家人了,这个还……你说是不是?这个都是身外之物。不要说习俗不同,那也不行,你到哪你就得随哪,除非你找你家乡的人!

尽管如此,被访者 S8 - SGW 在未来儿媳的地域问题上似乎很矛盾,因为她本人是正宗的北方人,在内心深处,她也不可能过分轻视与自己一样的外地人。

> 其实我的心态也不主要要找上海的,上海女孩子蛮娇情的,你在学校里你还不知道?这样的事情多是要命。当然她们有她们的好处,她们的家里在这,而且,文化差异还是不一样的,她们就是能花点,能作点,其他都是一样。我,我本来也是外地人,我还是愿意接受你们的(因为事先了解到我是外地人),没有十全十美的。有的时候,也是个矛盾,要外地人也可以,但外地条件家里一定要好,不要小地方人,就是她父母是公务员,千万不要

小地方人，小地方人啊事儿最多，但是最好还是找上海人，别找外地的，最好是新上海人。比如浙江人吧，他们到这来，很有钱，买的房子，要这种的要这种的上海人，新上海人，家在这，可以。外地的，不想找了，伤心了。

仅仅看被访者 S8 - SGW 和阿姨甲之间的对话，读者似乎可以感到被访者对于自己拥有上海户口，老公又是地道的上海人两个优势条件而沾沾自喜。再联系到上文她对外地人不加掩饰的蔑视和嘲弄，我们不禁思考，对于被访者 S8 - SGW 和被访者 Y6 - WY 母子，他们在这个问题上的观点一致吗？这里牵涉的究竟是一个中生代上海人与一个江西人在是否收受彩礼这一与风俗有关的实际问题上的争执和博弈？还是从根本上说仅仅是一个中生代上海人"排外"的事实？抑或是一种由于文化资源各异而进行的对弈？

为了明确这个问题的实质，我又多次电话访问了被访者的儿子。我很想知道他本人如何看待彩礼问题。他的回应与其母亲不尽相同：

她们江西那里是有这个习惯，男方需要给彩礼。反正我父母，他们不太喜欢这个样子。然后怎么说呢，这个女孩子讲话也比较过分一点，她当时跟我说，她跟我要彩礼不是她想要，是担心，她比较担心将来以后要离婚，如果我要是不给彩礼的话，总觉得真的将来离婚了，她跟家里不好交代。我觉得这点蛮过分的，然后我跟我父母也这么提，他们也觉得蛮过分的，不要说是过分，就是理解不一样，可能就她们是那个习惯吧。然后我父母就不太满意，然后我觉得也没什么，然后就分手啦。（被访者 Y6 - WY）

显然，在他的叙述中，似乎主要是女方讨要彩礼，导致了他的父母的反感,尤其是女方在结婚之前,就考虑到了今后万一离婚的事情,使他及其父母十分不悦,在女方的辩解中,索要彩礼似乎成为进入婚姻之前给予父母的一种保证金或者押金,这种想法也令男方不能接受。在这里,尽管他也提到自己对于女方这种"蛮过分"的做法的反感,但是,从他的话语之间,我们似乎更多地觉察他强调的自始至终是其父母的态度。而在他母亲的叙述中,谈到彩礼事件,她首先强调的是"我儿子不干了",而将责任推给了儿子。尽管就这件事情,我们访谈了母子俩人,但是,他们各执一词,我们似乎难以辨别真伪。

事实上,彩礼问题只是一个托词。我们发现彩礼不是真正的障碍:

> 但我们上海,就是城市里不讲这个,你来上海就要随上海,你等于敲竹杠,这点钱不是问题,钱嘛,不是问题,我们也能拿得起,但是就是这种事情不开心,伤感情的,往往这种事情最后都是弄得不欢而散。(被访者 S8 – SGW)

甚至女方的地域也不是问题的症结所在,而真正的问题是婚后是否与男方家长共同居住。

被访者 S8 – SGW 夫妇曾在东北有 30 年的工作经历,其先生也或多或少"传染"上了东北人爱热闹,喜欢"扎堆"的习惯,所以他们希望晚年能够与独子一家共同居住。儿子表示理解和遵从。家庭内部达成了一致:

> 因为我们家的情况呢,怎么说呢,有点不太一样。哪里不一样呢?因为我母亲是地地道道的北方人,然后我父亲在北方呆的时间也比较久,我从小在北方的时间也比较长,也算是新上海人嘛,来上海的时间也并不长,所以他们的习惯呢,就是比较喜欢热闹,就是希望儿女都住在一起,将来结婚后肯定是要和父母一起住的。实际上我觉得

我也能够理解他们的想法，也觉得人到老了嘛，没人陪也不太好，我蛮能理解的，所以他们的想法我尽量尊重。（被访者 Y6 – WY）

为了达到这个目的，被访者 Y6 – WY 的父母在最初购买住房时，已经考虑到了这个问题。"我家住的这个房子有一百五十平方米，它本身的格局是三房两厅两卫，因为他们买这套房子的时候本身的初衷，就是希望能住两个人家的。"2007年，他们又作出了卖房的决定。原本 W 家在浦东有两套房子，一套是作为小 W 的婚房。

实际上是有两套独立的，另外一套大概是一百三十几平方米，本来是打算给我的，但我父亲想来想去，他想还是把那套房子卖掉了，因为他觉得没必要，现在的房子也够了。再说，他也不想分开住，就是说他干脆断了我这个想法吧，我觉得也没有什么不好的。（被访者 Y6 – WY）

在这里，我们能够清楚地看到待婚子女与其父母，作为独立的行动者，他们之间仍旧存在某种博弈，父母一方由于掌握了家庭的财权，而子女根本无力单独为自己购买婚房，在子女婚后是否与老人共同居住这一问题上，父母的自由余地远远大于子女。父母因此可以设定或者变更游戏规则，按照自己的意愿来行事。

但是，问题是，很少有上海女孩本人同意婚后与公公婆婆生活在一起①，所以小 W 谈过的几个上海女孩都因为这个原因与他不欢而散。

但是，本地的小姑娘，你也做过调查，你也比较清楚

————————————

① 女方的父母一般更反对这样的安排，他们更希望由自己照料女儿婚后的生活，同时，也可以从女儿女婿那里得到更多的照顾。

一点,她对这方面可能不太好接受,就是说结婚希望又单独买一套房子啊这些。而我父母他们是坚持将来一起住的,所以总归谈不拢啦。(被访者 Y6 – WY)

因此,从这个案例我们可以看出,某些中生代上海人为子女择偶时,文化资源在其中具有关键性的影响力。因为他们中的一方是外地人,尽管已经拥有上海的户籍,但是,他们不可能彻底忽略自己就是外地人的历史;因为夫妻双方曾经在外地生活多年,异地的文化习俗业已深深地渗透到自己的文化记忆中,外地的文化资源已然成为自身文化积淀不可或缺的构成部分,这一点他们或许不自知,但是,在子女的择偶问题上,这些文化资源就被调动出来,而且显示出了强大的生命力。

为了更为清晰地阐释不同的文化资源在择偶中所起到的重要作用,我们有必要再引入被访者 Y5 – XXJ 的案例。

(2)新上海人——无视国籍、地域的女 "海归"

被访者 Y5 – XXJ 周末陪父母来人民公园散步,听说有个相亲角,就顺便进来看看。她今年 28 周岁,浙江人,曾在欧洲留学四年,两个月前被某外资企业派到上海工作,并打算将上海作为今后长期生活居住地,是一个新上海人。当时我发现她一个人坐在荷花池边上,装扮时髦,神态娴雅,静静地看着荷花池,似乎完全隔绝周遭的喧嚣。在访谈过程中,这位新上海人对于我提出的是否优先考虑找上海人做结婚对象的问题感到很 "奇怪",并详细阐述了她的有关国籍和地域的观点,她说:

> 我地球都转了一圈了,我何必要找一个上海人?我哪里的人都一样,我地球都走了一圈了,我干嘛要、非得要找一个上海人?这个问题很奇怪。在欧洲念书四年我也没

有立志一定要找一个当地人，就在当地结婚，没有，这个国籍在哪个国家都一样，就是说没有特别的。如果说一个外国男孩跟一个中国男孩都站在我面前的话，那我还是会比较他们的综合素质，不会把……国籍只能是作为一个……甚至不能作为一个参考，他们两个只是个人各自的特点，就好像这个人他高一点，那个人矮一点，或者说，高矮其实也不能说，就好像一个人穿了件绿衣服另一个人穿了件红衣服一样，国籍只是他们的一个特点，并不能成为他们的优点或缺点。

她之所以持有这样的观点，主要是出于两个方面的原因：一是家庭的教育；二是留学欧洲的生活经历。

我爸爸妈妈确实也很开明，他们在我出国前就跟我说过："没有要求你一定要找个外国人，也没有要求你一定要找个本地人或者怎么样，没有，完全是你自己喜欢，你跟他在一起很开心，那你就是那个地方的人。"

被访者 Y5 - XXJ 承认留学的经历对自己的婚姻观有一定的影响，我们可以将这一点理解成西方的婚恋文化资源打在她身上的"烙印"：

留学肯定是有影响的。你会看到外国人夫妻的相处模式是怎样，和中国还是有一点不同。然后你从这些方面，有更深的了解之后，你会觉得夫妻相处或者是找到那个是不是适合你的那个人，很重要。不是说两个人感觉好就可以，一定要两个人真正的完全契合！当那种激情——谈恋爱的激情都过去以后，两个人就好像夫妻一样相处融洽的时候，才可以结婚。

尤其重要的是，她坚持爱情一定要培养成亲情之后才能结婚，如何做到？必需经历长期同居的生活。

所以要长期一起生活才行，这个阶段是一定要有的。如果是纯粹的那种相爱；如果相爱还没亲情那个产生的话，这个时候结婚觉得还是有一点点草率，还是有一点点草率。在我看来，最起码两个人应该要有那种亲情产生，那种相互依赖，可以说，相互的恩情，有那种相处的融洽产生的话，才可以结婚。

对于当下大陆的婚恋文化而言，婚前同居也已经成为一种常态。这一点，或多或少是改革开放以后，西方的性解放等思潮对国人的影响。但是，她仍然认为在婚恋问题上，欧洲人比中国人更为传统。

但事实上，欧美那些国家，他们老百姓比现在中国的年轻人更传统，他们非常非常传统。像欧洲有两种情况：一批人是非常早就结婚，二十一二岁就结婚了；还有一批人是到三十几岁，三十五岁、三十二三岁以后才会结婚。这个中间带的这种结婚、适龄结婚的很少。第一种就是他们非常幸运地在很年轻的时候就找到了对方，然后后来发现也是适合的，就维持下去了。但是这样的结婚呢，也有很多都是离婚掉的。而相反，到了三十几岁结婚的就是相当稳定的。

在她看来，正因为欧洲年轻人在作出结婚决定之前非常审慎，所以他们的婚姻也比中国年轻一代的婚姻更为稳定。

所以说他们的家庭也是相对于比中国很多家庭是更稳定的，就是说他们在选择结婚的时候，很多人都不结婚，为什么呢？因为他们都没有真正的确定下来对方是不是自己真的想要的。如果他们一旦结合以后，很少会像中国这样有婚外情啊，包二奶啊这种情况，很少会有，他们的婚姻关系是相对稳定的。

另外，她在坚持自己的深受欧洲婚恋观影响的择偶观的同

时，并没有忘记从中国当下的、现实的文化资源中寻求支持，
她举出曾经出任国务院副总理的一辈子独身的吴仪作为例子，
来抵制自己所面对的社会压力：

> 现在社会上有一个规定的传统就是说到了年纪就要结
> 婚，到了年纪之后成家就要立业，但是并不是每个人就必
> 须就要走这条路，人家走什么路你就必须要走什么路，这
> 个没有什么规定的，就是说，你看看自己是不是适合，如
> 果你要适合的话，就走到这条路上了，那你就应该走这个
> 步骤。没有适合……还没到你希望的那个程度的时候，不
> 可以勉强的。不是说大家都 28 岁结婚你就必须要 28 岁结
> 婚，那不是的，有的人他就不结婚，过得也很好，你看吴
> 仪一辈子，就没有结婚。

事实上，地域与户口不是一个简单的行政建制强加的制度
性分类，它们首先是一种文化分类，它们更大程度上是一套权
力语言，本地人运用这些语言，创制身份，建立"入住权"，
对弱势者（这里指外地人）加以标签和排斥。让我们感兴趣
的是，"乡下人"、"上海人"和"新上海人"这些类目是什
么人透过什么方法创造、宣告和在竞争中突显出来的。透过对
地域和户口这个择偶标准的探讨，我们从中窥探人们如何有意
识地建立起某种文化分类观念。

另外，我们也可以从中看到社会网络与婚姻进入之间的关
系。根据现代化理论，随着工业化水平的提高，人们跨地域的
流动性大大提高，从而大大减小了家庭对个人择偶的影响，个
体晚婚和不婚面对的群体压力大大降低。同时，由于离开原来
的熟人网络，流动人口在择偶过程中获得的家庭和亲友的社会
支持大大降低，或者其效用大打折扣。

(二) 相亲角普遍的择偶标准

"优胜劣汰，适者生存"，在相亲角，我们能够明显感受到这条达尔文生物进化规则的影响力。现在，我们来讨论适用于整个相亲角的游戏规则。需要说明的是，这些普遍规则的最终形成一方面与传统的择偶偏好有关，另一方面也是婚姻市场内部行动者长期博弈的结果之一。

很明显，至少有六类人因为年龄、形象、职业、婚史、性格和属相的原因而被"污名化"为婚姻市场的"黑六类"。被"污名化"的后果首先是他们在相亲角明显不受欢迎，其次，就算他们放弃在这里寻觅，即使在整个婚姻市场，他们遭遇到的婚恋障碍也远远大于其他待婚男女。因此，我们试图勾勒出在相亲角不受欢迎的个体的大致特征，这些特征恰好可以折射出适用于相亲角的普遍的择偶标准。

1. 年龄

中国从 20 世纪 70 年代末开始实施计划生育政策，在 90 年代已经可以明显看到出生性别比的攀升。在 2000 年到 2007 年，人口出生性别男女比都在 115 以上，其中 2004 年、2005 年及 2007 年的统计数据都在 120 以上。即便调查数据有调整的必要，人口出生性别比严重偏高是不争的事实[1]。出生性别比失调导致人口整体上男多女少，也就意味着，许多男性而不是女性将面临择偶困难。在上海，2005 年 1% 的人口抽样调查表明，在 24 岁到 34 岁年龄段，上海未婚男性人数为 12299 人，未婚女性为 6728 人。[2] 这

---

[1] 翟振武、杨凡:《中国出生性别比水平与数据质量研究》,《人口学刊》2009 年第 4 期。

[2] 中国数据在线 (http://chinadataonline.org/member/census2005/ybtableview_ c.asp? ID =5476),2010 年 4 月 28 日登录。

表明目前上海适婚男性总数高于女性，但"相亲角"的"剩女"①明显多于"剩男"。因此，年龄这条规则尤其是指向年龄超过 24 岁的女性，见表 3—1。

表 3—1 上海未婚男女在各年龄段的分布 单位（人）

年龄	男	女
15—19 岁	17678	17972
20—24 岁	21032	18695
25—29 岁	9457	5586
30—34 岁	2842	1142
35—39 岁	1404	369
40—44 岁	1336	196
45—49 岁	1203	220
小计	54952	44180

资料来源：中国数据在线（http：//chinadataonline. org/member/census2005/ybtableview_ c. asp？ ID = 5476）。

对于相亲角的这部分年龄偏大的"剩女"，被访者 S5 - YXS 戏称她们为"老姑娘"：

　　小姑娘过了 30 岁那就完了，老姑娘都完了啊！我们"上海老姑娘"需求这么高，都要找大老板、要找中央首

————————

① 2010 年中国农历新年与西方的情人节恰好是同一天，为数众多的"剩男剩女"在网上网下都已躁动不安，于是一份《剩男剩女等级表》在互联网上流传开来，被网民大量转载。其中写道："25—27 岁为'初级剩客'，这些人还有勇气为寻找伴侣而继续奋斗，故称'剩斗士'；28—31 岁为'中级剩客'，此时属于他们的机会已不多，又因事业而无暇寻觅另一半，因此别号'必剩客'；32—36 岁为'高级剩客'，他们在残酷的职场斗争中存活下来依然单身，被尊称为'斗战剩佛'；到了 36 岁往上还没对象，那就是'特级剩客'，当被尊为'齐天大剩'。"参见天涯社区，天涯论坛，"三十不嫁"专版（http：//www. tianya. cn/publicforum/content/oldgirl/1/21598. shtml）。

长,但中央首长不要你,大老板不要你,他们要找 20 岁的。上海人他们要求这么高,要两室一厅的商品房,要进口汽车,工资两万块,那真的有这种人,不来找你了。要找小妹妹去了,谁会来找你老姑娘?老姑娘都怪怪的,30几岁的老姑娘怪怪的,你讲一句她顶一句,老姑娘最爱骂人了。但是小姑娘是谁找得呢?找大老板、年轻的小伙子、帅哥!你没这个实力,不是你找的啊。条件还是很重要的啊!是不是这个道理啊?这里老姑娘要求都这么高,都要找大老板、傍大款。

人们对"老姑娘"的偏见,可以侧面解释这个群体的父母们承受了多么巨大的社会压力:迫于无奈,他们来到相亲角,内心却是万分担忧,害怕在此碰到熟人,所以,我们在这里可以经常看到一部分父母习惯戴着宽边的太阳镜,或者戴着宽沿的遮阳帽,即使在阴天也是如此。父母们的这副打扮能够无声地传递出他们的精神状态,或许甚至能够暴露出内心深处的忧虑。大龄剩女的父母们无可奈何地乔装打扮恰好向我们展示了"老姑娘"在婚姻市场上遭遇的尴尬。

根据《2008 中国网民婚恋调查报告》的数据显示,中国网民心中男性最理想的结婚年龄为 30 岁以后,而女性的结婚机会从 25 岁起逐年递减。超过 90% 的女性认为,30 岁左右的男士是她们最理想的结婚对象,而 30 岁以下的男士则很少被女性"看好"。

相比之下,年龄对女性比较残酷。65% 的男士认为最理想的结婚对象是 25 岁至 28 岁的女性;从 28 岁起,她们的结婚机会就直线下降;女性 30 岁的时候,有 25.5% 的男士认为还能勉强娶她;女性 35 岁的时候,仅有 12.5% 的男士能够接受。而男性的年龄危机就相对较小,即使到 35 岁,仍有 1/3

的女性愿意嫁给他；甚至 40 岁的"不惑男士"，还有 15.2%
的女子选择他。

就性别而言，根据 2008 年上海结婚登记报告显示，尽管
这一年结婚登记的上海新人增加了近两成，男性平均结婚年龄
为 32 岁，女性平均结婚年龄为 29.6 岁，比 2007 年再次推迟
了 0.6 岁。

根据上海市 2006 年女性初婚情况表[1]，女性初婚的晚婚
率日益提高：上海市 19 个区县中有 12 个区县的晚婚率超过了
85%，其中晚婚率达到 90% 的有 7 个区县，分别是黄埔、卢
湾、徐汇、长宁、静安、虹口、杨浦，而晚婚率最高的是长宁
区，高达 95.44%。此外，90 年代以来上海市人口的婚姻状况
表明："未婚人群中，女性特别是低年龄段女性比重较 10 年
前有所提高，表明女性选择晚婚的比例增大；而大龄未婚男性
则明显多于女性，性别比严重失调，高达 659.93（35—44
岁）或 513.5（30—44 岁）。"[2]

因此，受各方面因素影响，女性的最佳适婚年龄通常比男
性要短，女性受到的婚姻压力更大。在回答有关女儿择偶标准
的问题时，一位"三高"女的母亲转述说："男的、活的、会
动的。"从相亲角的访谈以及活跃其中的几位中介的谈话得
知：70 年代未婚女性面临的困境与 80 年代未婚女性面临的困
境不同；在相亲角，70 年代女性被安排在 60 年代和 70 年代
出生的男性中寻找合适的婚配对象：1970—1975 年出生的女
性以 60 年代男性为主；而 70 年代男性的婚配对象年龄的伸缩

---

[1]　谢玲丽主编：《2007 上海人口与计划生育年鉴》，上海科学技术文献出版
社 2007 年版，第 247 页。

[2]　上海市人口普查办公室编：《世纪之交的中国人口》（上海卷），中国统
计出版社 2005 年版，第 143 页。

范围较大：70 年代、80 年代，甚至"90 后"。

70 年代出生的男性在相亲角这个婚姻市场上处于炙手可热的地位。成功的事业，比较雄厚的经济资本和社会声望使得他们完全可以游刃有余地"选择"年轻貌美，与自己年龄相差 10 多岁的女性，也就是说 80 年代出生的女性。因此，他们的"求偶视线"呈现"俯视"，他们更喜欢"强弱联合"的婚姻家庭模式，主要是"男强女弱"，"男财女貌"的传统模式。很多被访者（男性求偶者的家长）对女方的唯一要求是"卖相好"，"拿得出手"，"出得了台面"，也就是说，按照男方家长对儿子的事业和生活圈子的理解，未来的媳妇主要的功能除了"传宗接代"之外，就是扮演"交际夫人"的角色了。

从相亲角的实证资料来看，部分 70 年代出生的女性经过奋斗，积累了较多的财富：在上海大多有房有车，很多人还拥有第二套，甚至第三套住房。这些大龄未嫁女性的婚姻期望匹配模式主要是"强强模式"，因此，她们的"求偶视线"主要呈"平视"或者轻微的"仰视"，也就是说她们更倾向于找与自己同一时代的男性，或者是比自己年长 10 岁以内的男性，前一种理想男性主要属于社会上的"有为青年"，"青年才俊"，因为过于专注于工作而忽略了婚姻和家庭，在婚姻市场上被称为"绩优股"；而后一种男性，有可能或者是成功人士，短暂婚史，但未育，也有可能离异而子女归前妻或父母抚养，自身并没有明显的"离异痕迹"。即使在这两种理想型男性配偶中，未婚女性的择偶偏好仍然十分明显，即使男方在经济资本、社会资本和文化资本方面的优势十分明显，如果这位男性之前有过婚史，女性及其父母的内心深处仍然会感觉到"吃亏"，"不甘心"，"怕被小姐妹看不起"，这些心理状态和反应恰好再次说明：尽管女性的教育程度和社会地位较之以前大大提高，但是"郎才女貌"，"男强女弱"等传统择偶观念，婚姻匹配模式的生命力依然旺盛，甚至仍旧极大影响着 70 年代出生的女性及其父母，因此，"文化堕距"豁然存在。

事实上，我们发现：年龄成为知识女性的入婚障碍的原因与中国现行的学制有关，某些教育改革在相当程度上造就和恶化了我国城市大龄知识女性的择偶危机。改革开放以来，大陆学制改革的总体趋势是入学年龄推迟，学制延长。以一位接受了高等教育的"白骨精"（指具有"白领"、"骨干"和"精英"特征的职业女性）为例，按照现行学制，她必须满 7 岁才能入学，小学、中学各 6 年，这样大学入学时她已经 19 岁；4 年后本科毕业，23 岁；三年制硕士毕业，26 岁；毕业后大致要工作 3 年左右才能站住脚跟，才敢考虑恋爱婚姻大事，这时已经 29 岁，错过了女性最佳婚龄①。当她进入婚姻市场择偶时，就不得不面临很多额外的障碍。反之，如果中、小学还是 5 年学制，6 岁可以入学，那么，一个女性走完上述历程、在工作中站稳脚跟时是 25 岁，恋爱结婚正当时。

因此，大陆的教育改革家们在热衷于谈论这样那样的素质教育的时候，是否也该考虑一下受教育者们首先要成人，然后才能成才呢？热衷于追求 GDP 的政府和他们御用的教育改革家们在推行这样那样的教育改革的时候，往往都有一大堆理论支持，很多也是出于良好的意愿，但是，我们同样知道，人类社会的生产不但包括物质财富的生产，也包括人类自身的生

---

① 网友戏言："同学上学，我在上学。同学毕业，我在上学。同学上班，我在上学。同学结婚，我在上学。同学生娃，我在上学。同学都离婚了，我还在上学。"语出@李麟含 Heny，2011 年 8 月 29 日，新浪微博（http://weibo.com/pei-dongsun）。

产,两者缺一不可。

2. 形象

上海方言中"卖相"一词指一个人的相貌。在相亲角,家长之间的谈话进行到一定阶段,双方都会拿出子女的照片相互交换。一个有趣的事实是:替子女征婚的父母大多随身携带着孩子的照片,而这张在征婚过程作用十分重要的照片的来源十分有趣:大多数父母坦言自己"偷来的"[①] 照片并不是子女的最新照片,通常是 2006 年国家统一换第二代身份证时的照片,或者是从家庭相册中挑出来的。在这些旧照中,男性的照片主要为了显示他们在学业和事业上曾经取得的成功,如很多照片是男孩在国外某大学获得学位或者参加某重大国际会议,或者赴国外公干时的照片,成功的气息扑面而来。而女性的照片大多为了彰显其姣好的面容,曼妙的身材和女性的魅力,目的只有一个:就是塑造出一个秀色可餐、温婉可人的形象,以期在最短的时间内打动男方家长,并且与其交换子女信息,为迅速开启目的性的交往奠定基础,这从一个侧面说明结婚候选人的卖相好坏是其"上市并成功交易"的一个重要的条件。

被访者 Y4 - RBR,43 岁,外语大专毕业,上海人。目前在浦东某外企工作[②],之前曾经在日本某企业工作过 5 年。他的要求是什么呢?被访者 S5 - YDS 自认为是相亲角的"守门人",也是 RBR 的老朋友,他转述了后者的择偶标准:

> 他要 30 岁以下的,25 岁的大姑娘,要漂亮的。大学

---

① 大部分父母不好意思地向我承认这些照片是在子女不知情的前提下"偷来的"。因为最新的照片大多储存在家里或者子女的电脑里,老人家不懂电脑,又不可能把电脑搬到公园,所以拿到相亲角的照片基本上不是子女的近照。

② 或者根本就没有工作,最熟悉他的被访者 S5 - YDS 认识他四年了,至今不清楚他到底有无工作。

生不要，他嫌大学生脑袋太厉害了。老姑娘不要，脸不是圆的不要，身体要圆的，身体好，脾气好。那我也知道，他要求是处女，要张白纸，他要的女人是十全十美：圆圆的，身高要162cm，他161cm的不要，163cm的不要，只要162cm的。眼睛大水汪汪的。双眼皮、人要白的，他碰到一个人就这么说，一直不肯变。

不但待婚男性择偶时十分看重女方的外貌，有些待婚子女的家长丝毫不掩饰对女性的形象歧视。

被访者S7-SB是上海某厂工会干部，他是我接触到的最为"难顶"（tough）① 的访谈对象。首先，他对外地人的蔑视毫不掩饰，而且溢于言表；其次，他行事非常高调，对我和另外一位被访者"教诲"不停。他对自家小孩外貌的评价是：

我们家孩子长得不好看也不难看，零件也没好看的地方，也没难看的地方，就是长得比较秀气，我不愁他找不到漂亮姑娘的。

但是，他觉得相亲角的女孩子们的相貌都太差。

这里的上海姑娘难看的。现在标准低了，难看就难看，难看找难看的，数学上叫"负负得正"。上海美女都出口了，出国了。一个出口了；一个到小区里去了，做"二奶"去了，做"小蜜"去了；去娱乐场所了；住到很多高档小区里去了，留在马路上的都是难看的。叫"难看大合唱"。我告诉你，很多地方，长得好看的都跑酒吧里去了。越是丑，越是不得了的。懂么？我跟她说了，这个零件下辈子去换算了，丑的去找丑的，若是个老母猪，

---

① 比如得知我是陕西人以后，他的第一话是"西安人都是贼"，我当时被噎到无话可说。

就负负得正。

在他看来，来相亲角"挂牌"的女性的相貌普遍不好，由此直接影响了他对她们家长的看法:

> 有几个男小孩蛮好的，有几个小女孩也蛮好的。什么条件都比较好，工资高一点，就是人丑。有几个老妈妈老伯伯还不差，有些，我看都不要看，那小的是丑八怪，那老的也是丑八怪。丑人多作怪。

不仅如此，他还顺便用"丑人爱作怪"的理论"教育"了身为企业教育主管的被访者 S4 - SLS:

> 你儿子要是找了个单位，那领导是丑女，那你儿子可苦喽! 若是美女，你儿子舒服啊，美女心情好啊;丑女小时候就受歧视，然后现在做领导了，想尽办法压迫别人的，发泄自己内心的郁闷。找领导，告诉你儿子，一定要找美女啊，千万别找丑女! 你一看丑女，马上就走，丑女很麻烦的，懂了吧?

从社会学的交换理论看，择偶也是一种理性的交换行为，在婚姻市场中，男女双方通过有形无形资源的交换，以期获得最大的回报。[1] 一般认为，中国女性在择偶时更注重配偶的社会特征和背景，男性择偶更看重对方的自然特征和个人特征[2]。西方的研究表明:在传统的婚姻市场上，男性对女性的外貌向来比较注重。男性用社会经济资源与女性的外表吸引力相交换[3]。学者的研究发现，在控制女性社会经济特征的情况

---

① Edward, J. N. , "Familiar Behavior as Social Exchange", *Journal of Marriage and the Family*, 1969 (31): pp. 518—526.

② 赵孟营:《新家庭社会学》，华中理工大学出版社 2000 年版，第 47 页。

③ Elder, Glen, "Appearance and Education in Marriage Mobility", *American Sociological Review*, 1969 (34): pp. 519—533.

下，妻子的外貌吸引力仍然对丈夫的职业声望有正向的影响[1]。这些学者强调，在交换过程中，女方看重的是男方的社会经济地位，而男方则关注女方的容貌，有学者直截了当地把论文题目叫做《作为成功象征的男性和作为性对象的女性》[2]。这种标准与中国存在的"郎才（财）女貌"的择偶标准相一致。

然而，随着女性经济地位不断上升和社会发展空间的扩大，女性对男性的外貌要求也越来越高。被访者 S36 – XLB，女，高中文化，56 岁，退休前是上海某巴士公司职员，先生自己开办了一个汽修公司，生意兴旺，在宝山区有两套高档住房。女儿 25 岁，本科毕业，目前是上海某银行职员。被访者的女儿对于未来丈夫的要求只有一个：帅。

> 我和我女儿出去，她的回头率很高的。她气质好，买衣服时人家都说身材老好的，随便穿什么衣服都好看，追她的人不要太多啊，但是她不喜欢，就是嫌长得不好看，长得好的都已经有女朋友了。我女儿很喜欢阳光的男生，喜欢好男儿钟凯，既阳光又沉稳的那种。因为她的愿望就是要帅，帅是第一选择，满足她就好了。

由此，我们十分理解相貌不佳者在相亲角的尴尬地位。被访者 S14 – YLS 的女儿今年 36 岁，大专文化，目前在某医院做护士。在相亲角，被访者 S14 – YLS 属于"资深"家长，因为她从 2005 年开始就是这里的"常客"，而她的女儿在这里

---

①　Taylor PA, Glenn ND, "The Utility of Education and Attractiveness for Females' Status Attainment through Marriage." *American Sociological Review* 1976 （41）：pp. 484—498.

②　Davis, S., "Men as Success Objects and Women as Sex Objects: A Study of Personal Advertisement." *Sex Roles*, 1990 （23）：pp. 43—50.

几乎没有任何优势:年龄,职业,相貌,学历都不占优势,而且,她的女儿在穿着打扮上不花一点心思:

> 我们女儿找对象困难哪,性格比较内向点,也不会打扮的,衣服很多,没一件是名牌的,每个月妆容也不变的,有什么办法呢?

在很多家长的眼里,子女对自己外包装的注重程度更是判断他们是否做好参加相亲和走入婚姻的心理准备的一个直接标志。被访者 S4 – SLS 认为儿子目前没有谈对象的理由是:"要是有,我能知道。我能感觉出来:搞对象的孩子,都注意自己仪表,都打扮,什么头型啦,衣服啦。我儿子不打扮。他又不注意形象。从这就知道,他没有谈对象。"

俗话说"三分人才,七分打扮",在时尚、前卫、"雅皮"当道的上海白领界,穿着打扮和化妆术似乎已经成为职业白领的必修课。在外貌这个自然条件既定的情况下,恰到好处的穿着与遮瑕彰瑜的化妆无疑能够提升女性婚姻候选人的第一印象,反之,由于"首因效应",则会在很大程度上不利于她们在约会空间的自我展示和婚姻市场上的顺利发展。在此,我以"交际测试"中被访者 Y9 – JMN 的案例,说明当下婚姻市场对女性择偶者的外貌和打扮方面的期待及其影响力。

2008 年 4 月 12 日,我邀请被访者 Y8 – WYY 和 Y9 – JMN 一同参加在外滩某酒吧举行的聚会①,从而观察 70 年代出生的大龄未婚女性在社交场合如何与心仪的男性进行第一次接触,同时了解男性对他们的第一印象。在电话邀请她们时,我

---

① 巴黎政治学院上海校友会定期举办活动,参加者绝大部分是外国人(以法国人居多),大多是本科或硕士毕业,目前在上海工作,年轻男性居多。因为当天的活动选在酒吧进行,没有特别强调学术和校友交流的成分,所以在征得组织者同意后,我邀请两位被访者参加。

简要介绍了参加聚会的人，聚会的地址和时间。我十分明确地
告知她们聚会的地点是酒吧，实际上是想侧面提醒她们注意穿
着打扮。结果，被访者 Y9 - JMN 最为特别，当晚身穿半新休
闲装，运动鞋，手执大号公文包。我仔细观察她进入酒吧后的
神情，发现她对自己这身打扮并没有流露出一丝不恰当感。

　　需要说明的是：我原先以为她这身打扮说明她对这类活动
根本没有兴趣，实际上，通过聚会当中和她的谈话表明她十分
重视这次聚会，为了参加这个聚会，她下午特意向公司请了
假，另外，因为她之前没有参加过此类聚会，所以特别希望借
助这个场合，顺便结识一些优秀的外籍生意人并寻求发展感情
的机会。为此，她特意选了一对黑色水晶耳环来增加气场。此
耳环是 2007 年她在韩国旅游时购买，据说韩剧《浪漫满屋》
中女主角曾佩戴过。在我看来，这是她为此次聚会在形象装扮
方面所做的唯一努力。

　　聚会期间，我介绍两位被访者给熟悉的校友，他们之间也
有交流。从男性一方得到的反馈很有趣，他们提起被访者Y9 -
JMN，开口便是"the office lady…"（那位办公室女郎…）我猜
想这里也牵涉到另外一种游戏规则（着装规则）。对于现代职场
女性而言，假如存在两种穿衣法则，那么，其一是"穿衣为了
成功"，其二是"穿衣为了吸引"。着装是个体的制度化角色的
扮演工具，而规则与相应的制度情境紧密相连，dress for success
（职业着装）主要适用于办公室等工作场域，dress for kill（魅
力着装）则指向非工作场域，个体彰显个性，表明品位，增强
个人魅力。显然，精明、干练的职业装出现在私人场合，或者
优雅、甜美的淑女装（或风情万种的"熟女"装）出现在职场
都是对游戏规则的反动和颠覆，都会对游戏的参与者造成一定
程度的"损害"，也会招致其他行动者的抵制。

我认为约会或参加聚会时适当地注意仪表是对他人的尊重,对于处在择偶阶段的女性而言,合适的个人着装和妆容实际上能够代表个人的择偶意愿,至少能够通过外表向外界传递出她准备好迎接一段感情的信息。

3. 职业

在相亲角的访谈中,我们发现三类职业在不同程度上尤其不受欢迎。首先,女性公务员,外企女职员比较受排斥,她们是首当其冲被"污名化"的群体。其次,由于工作时间过长,无暇顾及家庭,女性和男性医护人员在婚姻市场上也比较受排斥。最后,上海的"硅谷"——张江高科技园区中工作的青年男性(俗称"张江男")在婚姻市场上的地位也比较尴尬。

被访者 S37 - WGR 坚决不找女公务员和外企(或者私企)女职员作儿媳妇。他说:

> 为什么那么多家长他们告诉我,他们找女方,去问在哪里工作,人家说在政府做公务员,那我们不谈;中外合资、私营企业不谈,他就是不谈,没说什么。那你为什么不找公务员儿媳妇呢?他讲得很清楚,说公务员,局长不玩啦?处长不玩啦?你能保证吗?你能保证你媳妇不跟人家玩啦?这个大家说还好一点、还好一点。这个比独资企业、中外合资、私营企业好一点。我们都是听来的,又没在中外合资去待过。真正的老板,好老板,有几个是好的?没有绝对的,没有全部的。肯定有这个事情。我没有去做过调查,但肯定是有这个事情的。(被访者 S37 - WGR)

被访者 Y4 - RBR 对于这种外企或者私企女员工与老板的非正当关系深恶痛绝,自认为十分清楚外企女职员这个群体:

> 现在的上海小姑娘,一等女人嫁美国佬,二等女人嫁中国佬,三等女人就是白领。白领你知道的哦?白领不是

人，为什么不是人？我在中外合资公司工作，老板边上二
三十岁的姑娘，漂亮的都没结过婚，每天给他玩，生出来
的孩子都是老板的。你不给我玩也可以，回去！在外资企
业看得眼睛都出血了。中外合资的、私营企业基本上老板
都玩。那么有种大学生没有办法，为了要五千块工资，只
有给他玩。

由于工作时间过长，无暇顾及家庭，女性和男性医护人员
在婚姻市场上也比较受排斥。被访者 S15 - YHJ 非常健谈，详
细向我讲述了三个孩子的多个相亲故事。其中提到婚姻市场对
医护人员的排斥：

他们也不要医院的，不喜欢医院里的，医院里面的护
士医生都不要的。很怪的！上次人家给我女儿说，医生倒
是有的，不知道她要不要？我女儿说不要。你不要说，真
的很怪。人家都不喜欢找医生的，找男护士的倒是有
的。有的医生还是从国外回来的，上次我同事的姐姐的孩
子，年纪 38 岁，从国外回来的博士，就是手术医生，很
有钱的，人家一听，不要。

此外，对于"张江男"，有些待婚女子的父母也并不看
好①。被访者 S15 - YHJ 的女儿由于工作的原因，跟"张江
男"有业务往来，所以对他们的印象不佳：

我女儿是上海外国语学院毕业的，在外企工作，经常
去澳大利亚。她和张江高科技园区也经常有联系，都是工
作业务上的。但是我们都觉得那里的男孩子有点傻

---

① 事实上，相亲角的父母们对于"张江男"在这个比较特殊的群落的态度
主要有两种：一种是不了解，以其作为女儿的理想对象；另一种是初步了解，认
为后者比较傻，并不是合适的结婚对象。

（笑），……他们都说张江高科技那里的男的很好的，学历又高，工资又高，跟你们说啊，那里的人很傻的（小声地），他们都和外面是封闭的，那里的人找对象好像都不去看人家长得怎么样，他们就不想这种事情，所以不是在你们面前说那个（笑），真的……

正如被访者所述，未婚人口在职业方面的差异确实存在，我们援引表 3—2 作为数据的支持:

表 3—2　　　　　　　　　　未婚人口的职业差异

职业	未婚比例（%）
专业技术人员	20.04
商业、服务业人员	19.17
生产、运输设备操作人员	18.81
国家机关、党群组织、企业、事业单位办事人员和有关人员	16.68
国家机关、党群组织、企业、事业单位负责人	7.12
农、林、牧、副、渔、水利业生产人员	5.24

资料来源:《上海市 1990 年人口普查资料》和《上海市 2000 年人口普查资料》。

根据 1990 年和 2000 年人口普查资料所示，在未婚人口的职业分布中，农、林、牧、副、渔、水利业生产人员的未婚比重最低，仅为 5.24%；最高的是专业技术人员，为 20.04%；其次是商业、服务业人员 19.17%；再次是生产、运输设备操作人员，为 18.81%；未婚人口比重较低的国家机关、党群组织、企业、事业单位负责人（7.12%）及办事人员和有关人员（16.68%）这两种职业中，未婚人口比重都是女性大于男性。[①]

---

① 上海市人口普查办公室编:《世纪之交的中国人口》（上海卷），中国统计出版社 2005 年版，第 142 页。

总之，对于生于 70 年代的女性来说，在其他条件相同的情况下，工作单位的性质会影响其婚姻状况。对于进入市场化程度较高部门的女性而言，她们面对较大的市场不确定性，较少的社会福利，因此，她们在择偶过程中更关注对方的社会经济状况。另一方面，由于她们本身具有较高的社会经济地位，根据婚姻的梯度匹配理论，她们会倾向于寻找社会经济地位比自己的更高的男性，这大大降低了她们择偶自由选择的余地。同时，由此单位制度的要求，如外资企业排除在单位内部寻找配偶，这进一步据此提高了择偶的难度。再加上在市场化程度较高部门工作时间较长、压力较大，这进一步增加了她们择偶的难度。

4. 婚史

在相亲角，父母们帮助子女择偶时，非常关注对方有无婚史，婚龄长短以及是否带着小孩。初婚者的父母们千方百计打探结婚候选人这方面的情况，以防落入"陷阱"，就是那些子女离异、寻求再婚对象的父母们，也对这些问题十分在意。

婚史污名的主要受害者是失婚并有小孩的女性，被访者 Y8 - WYY 是一个离异并独自抚养儿子的年轻女人，她被认为离婚后"掉价"：

> 有一次，身边的一个人开玩笑地说就算你再怎么优秀，不过也是一个二手货，我差点就想给他一耳光，我是一个离婚的女人，那又怎么样？我光明正大的结婚，离婚，说句难听点的，难道不比那些不知道跟了多少个男人做了多少次堕胎的女人要强吗？难道就因为她们没有过结婚证那张纸，就因为她们可以隐瞒那些事实吗？所以在别人面前仍然可以伪装成清纯的样子吗？就因为我们有着婚姻的那张纸，就因为我们有孩子这些事实无法隐瞒，因为

戴着一顶离婚的帽子所以掉价吗?我离婚难道就应该掉价,就不配再拥有幸福吗?这是哪位大爷定的哪门子的规矩啊?

即使是有短暂婚史,并且没有小孩的男性,纵然其他条件也非常不错,在婚姻市场上,也会因为这段婚史而被打入"另册",被访者 S42 - TZJ,女,初中文化,58 岁,浦东区某街道干部,已退休,是相亲角知名度较高而且是唯一的免费红娘。被访者的丈夫也是普通工人,也已退休。两人育有一子,26 岁,中专毕业,在沪上某企业工作。她向我叙述了她亲自经手的案例:

> 我有一个很要好的同事,她的儿子二十岁就出国了。当时大概 90 年代初吧,回来探亲呢大概二十七八岁了,别人帮他介绍了一个空姐,其实了解也不了解,一见面,一个礼拜,就出去开结婚证书了,草率得不得了。后来出去以后,性格脾气都合不来,时间不长也就分手了。他儿子就一直呆在国外,现在三十七八岁,一直也找不到对象,后来想想还是要找国内的。所以我那个同事就托我了,我帮他找哦,蛮吃力的。因为他各方面条件都蛮好的,这个小孩蛮优秀的。但算是算离过婚的,开过结婚证书了,虽然没有办过喜酒,但要找对象呢就算离过婚的了。别人说起来呢,终归是第二次结婚了,介绍起来,其他条件都蛮好,但是第二次结婚的,也就不要了。然后我一个一个帮他介绍,一个一个陪去看啊,只要他一回来探亲,就陪他去看。一个月的探亲就看了三四个,都没成功,这是前年的事了。

那么,对于部分初婚女子的父母来说,即使男方条件再好,如果有婚史,也断然不会答应,被访者 S12 - WM 证实了这一普遍的游戏规则：

> 离过婚的绝对不行。找对象要有点的要求的呀，离过
> 婚的绝对不行，你没有要求的话，外面男人就一大把，就
> 是要有点要求才难找。这样最不好了，离过婚就打折
> 扣了。

显而易见，"掉价"、"折扣"等字眼，让我们无法不一下
子联系到婚姻市场这个词。时至今日，似乎大多数人仍旧认为
婚姻还是男性的买方市场。人们，包括很多女人自己，按照男
性的价值观去为女性"标价"，其背后实质上是度量女性能在
多大程度上满足男性的需求。然而，婚姻关系的缔结原本应该
是两个人双向的选择，如果女人能够从自身的角度去定义自己
的价值和自己在婚姻家庭中的价值，或许就不那么受到这些世
俗标准的困扰。而男性不愿意娶再婚的女性，究其原因，大概
有三条：有的男人不愿意接受离婚的女人，或许是他们觉得离
过婚的女人在待人处世或者性格方面存在问题，而将女人失败
的婚姻归结为女人本身的错误；或许他们无法面对再婚女性与
前夫的孩子，因为他们不愿意承担不属于他们的那份责任；再
或许是因为一些传统的偏见，怕周围的人指指点点说自己找了
一个"别人不要"的女人等。

5. 性格

在很多外地父母的眼里，上海的男小孩怯懦，胆小怕事，
缺乏主见，没有男子气概，是"妻管严"的代名词。这些似
乎已经成为本地男性择偶时遭遇的性格障碍。

被访者 S4 – SLS 认为上海男人没有"男人气"，与东北男
人完全不同。

> 上海都是女的说了算，男的都是妻管严，男的都要听
> 老婆的。他们说，上海的男人都软弱。就在这里，你有时

候都能听到上海女的讲她们的老公在家里说了不算的。上海的男家长来给他女儿找,说完了,跑到树荫下跟他老婆汇报一下,又来跟我讲,之后又跑去跟他老婆说,来来回回地讲,也不嫌烦。现在姑娘找对象,都要找外地的,不要找上海的婆婆,男孩要找也找外地的,女孩要找,也找外地的,外地的有男子气。我还听人说,上海男人要是在家不干活,那是不行的。

为了印证被访者 S4 - SLS 的观点,在她的帮助下,我电话访问了他的儿子。谈到"妻管严"问题,他也同意母亲的意见,也认为上海男人,至少是他了解的上海男人都患有"妻管严":

> 上海女孩子怎么说呢,可能就是……北方男人你也知道,我是东北人嘛,北方男人不怎么喜欢做家务,比较懒,然后可能整体忙工作多一点。但是上海的男孩子呢,就我了解的上海男孩子,我周围的同事,他们都是全部回家买菜烧饭,做这些事情。我就问他们对这个事情怎么看法,他们就觉得这个很平常啊,很正常,他们觉得很习惯,很坦然,然后我觉得我跟他们不一样。这方面有差距,这个是文化上的差距,这个也不能说什么。反正,我们东北人还是找个北方人好相处,至少我可不愿意被老婆管得死死的,我得留点老爷们的男人气吧?"妻管严",呵呵……所以说本地女孩子不能说是没有合适的,只能说没有碰到吧。

在他的母亲看来,"妻管严"无疑是一个北方男性不能接受的"污名":

> 我们东北人,假设男的在外头被人说怕老婆,大家都瞧不起他。谁要说谁是妻管严,那就跟当面扇他耳光子一

样啊。那就谁都瞧不起，人家要干点啥事就说，去找妻管严去，就怎么怎么的。

正是看清了上海这个城市独特的家庭文化中的性别分工和角色定位，被访者 S4－SLS 母子在相亲角挂牌择偶时，才明确要求女方的籍贯是东北，最好是哈尔滨人。因为他们担心娶了上海姑娘，儿子一定沦为"妻管严"，母亲一定变成"老保姆"：

> 我儿子不想找上海人，他一来上海，就有人给他介绍了上海姑娘，研究生毕业的，英国留学生。她妈妈是上海姑娘，下乡到东北，她爸爸是东北人。她一小就来上海，在上海上的大学。长得挺漂亮，个儿也挺高。这个姑娘和她妈妈看了我儿子，是他们同事认识的朋友，先领了看了我儿子，再问起我儿子，再介绍说他们家有房子有车，我儿子当时倒没讲上海人不行或啥。他另外一男同事说：你千万不能去看，你要去看了，你就得沾上。她看好你了，她得磨着你，非跟你一起不可。上海姑娘特别有这个能耐，她结了婚后吧，就是有能力让老公干活干家务，完了让你把赚的钱全交给她，一切听她指挥，还不会让老公生气，人就有这能力。从小就跟她父母学会的。把我儿子吓得，都不敢去看。我们北方男孩子，喜欢独立，不喜欢约束，受别人管。

所谓"妻管严"，我想主要涉及两个方面，一是在男女关系中，女性占主导地位；二是上海男人承担主要家务劳动。只要涉及家务劳动，问题就不那么简单了。因为在国内大中城市，目前出现在择偶市场上的大多数待婚男女都是独生子女，大部分从小都没有多少家务劳动的经历，更缺乏料理家务的经验，所以，这代人很多在婚后都是一方的父母（一般是女方的父母）或者钟点工承担了家务劳动。家务分工背后隐含着劳动关系，双方的家庭必然被牵涉进来。因此，男女双方父母对于子女婚后家务劳动的看法就相当重要。我们可以十分清楚地感受到这其中观点的冲突和力量的博弈。

在一次相亲过程中，女方父母及亲友团连连逼问男方的经济条件，介绍人看到场面有些尴尬，就顺口问女方是否会做饭，希望借此缓和谈话的气氛，结果这个问题令当事人——一位上海母亲越发气愤：

> 侬说的这叫什么话呵，会做饭吗？侬可以去打听打听，现在几个独生女儿会去学烧饭，我们宝贝还来不及呢，舍得让女儿去烧饭？再者说了，我这女儿一路名校读下来，那是门门功课都是最优秀的，我们小学读的是××小学，上海最好的学校，中学读的××中学，上海最好的中学，大学也是上海最好的大学，而且，正因为这么优秀才被留校做助教，这么优秀的女儿，会去给你们烧饭吗？侬不要太搞不清呵！……现在是什么时代了，那种要老婆过日子伺候男人的观念早过时了，老婆是娶来疼的，不是娶来用的，这么优秀的女孩嫁给你，我们都不舍得让她烧饭，会让她给你这么做吗？不会烧饭怎么了？可以吃馆子呀；我可以去给他们做呀；再者说，可以请保姆呀，请不起保姆的男人我女儿也不会嫁呀。[①]

在汉语中，"妻管严"和一种呼吸道疾病"气管炎"谐音。基本原因是中国传统中有男权色彩，认为家庭应该是以男人为核心，女人不应该啰嗦。如果女人管的事情太多，就会有

---

① Royallin：《你看后害怕的上海姑娘相亲记》，天涯网 2007 年 11 月 12 日（http://www.tianya.cn/publicforum/content/free/1/1046362.shtml）。

问题。总的来说，按照传统理念，中国是以三从四德为标准的社会，男人处于核心位置，而女人只是帮助料理家务。过去，男性都按照自己的意愿行事，对家庭的重视程度也不够高，没有给家庭以足够的重视。新一代中国女性广泛参与劳动工作，在家庭中承担的责任也很重。在女人眼里，家庭资源的管理是以家为核心的。女性更加维护家庭生活，她们认为，如果有时间，男性就应该多多陪伴家人，并积极参加家务劳动。所有这些都直接挑战男权传统意识。

"妻管严"这个称呼是被男人周围的伙伴给予的。结婚使男性以前所维持的工作、家庭和朋友之间的平衡被打破了。比如从前，他有可能天天下班跟一群伙伴去喝酒。结婚后不去参加朋友聚会，伙伴就戏称他是"妻管严"。因此，男人被迫做出选择，要么听妻子的，要么听伙伴的。对于"妻管严"这样的称呼，有些男性以此为耻，有些"新好男人"或者"二十四孝丈夫"反以为荣[①]。个中情理，见仁见智。总而言之，男性中"妻管严"的数量日益增多，表明女性在家庭中的地位逐渐上升，并且在家庭决策中的影响力日益增强。同时，这就意味着男方父母对于儿子的婚姻家庭生活的话语权被一定程度地削弱，而女方父母在女儿的婚姻家庭生活中则掌握着越来越大的自由余地。

另外，除了"妻管严"这种性格污名之外，"娘娘腔"也是男性待婚者不可承受的重负。被访者 S6 - XAY 的女儿曾经毅然决然地放弃与一位认识很久并且相处得不错的男同学之间

---

① 海派青口相声演员周立波就经常在微博上晒自己为了太太在市场上买菜，在厨房里烧菜的照片。"老婆想吃上海菜饭，我在超市寻觅原料！上海男人就是这点没出息，老婆一声令下，立马屁颠屁颠～～"，参见周立波新浪微博 2011 年 8 月 10 日（http：//weibo. com/zhoulibo）。

的缘分，原因就是因为在她眼里，这个男孩子有些"娘娘腔"：

> 我女儿有个同学，读中学就盯着她的。他们两个很要好的，我们就住在一起嘛，他们很要好的，然后到了大学以后，开始快要找工作的时候，人家跟她提出来了，就是要搞恋爱关系，她又不肯了，因为她觉得他很娘娘腔。他们在一起很好的，有时候这个男孩子到我们家烧饭给她吃，有时候到我们家，我烧饭给他们吃，知道吧，两个人很好的，哎，他一旦跟她谈了这个事情了，她不肯了，她觉得娘娘腔的没有什么出息。人家现在很好的，他是从音乐学院毕业的，正宗的本地人，家里面几套房子的，就是经济上好好的，而且他现在很有出息的，他自己（是）音乐学院的老师。

在对被访者 Y2 - PHH 的访谈中，我从她那里听到了最完整的对于"娘娘腔"的"控诉"：

> 那个男孩子，我跟他……我当他是"闺蜜"，你懂哦？我怎么可能和他在一起？我妈妈她不明白的。现在就是在社会上，很多的用人单位都拒绝娘娘腔，一个好端端的男子汉，为什么说话、走路和穿衣打扮没有一点男子气？男人嘛，就要给人稳重、正义和智慧的印象。一个扭捏作态，说话女里女气的男人，不仅不会给人留下真实、诚恳的印象，反而会遭到别人的反感。这样的男人是很难得到别人的信任的！委以重任就不用说了，他看着也缺乏吃苦和脚踏实地的精神嘛。并且，这样的娘娘腔男人在一个团队里也会是"异类"，男人觉得恶心，女人觉得讨厌，这就直接影响一个团队的和谐和战斗力。再说，娘娘腔男人很容易让人联想到同性恋，那同性恋又和"滥交"和

"艾滋病"联系在一起，身边如影随形一个娘娘腔同事，你说其他人怎么办？更何况我要跟这样的人生活一辈子？要活哦？

如上所述，在相亲角这个婚姻市场上，女性对男性的有些性格特征不能容忍，同理，男性对有些女性的性格特质也难以接受，"女强人"也成为一些女性的入婚障碍。

我有个同学给她介绍过有一个国外回来的，德国回来的。我小孩子个性比较强嘛，人家好像就是提出来我要找的老婆的话呢，就是多顾及些家里的什么什么的，后来他说我不希望女孩子很强怎么怎么怎么，所以我小孩也不愿意了。后来人家跟我讲就是说你小孩好像就是现代女强人，计算机和机械自动化的双学位，工作上又那么优秀，又公派去英国和法国，对方希望是温柔体贴型的女孩，觉得她个性过强了。（被访者 S21 – CYJ）

6. 属相

在中国的传统文化中，生肖禁忌①很多。汉族民间口头上至今还流传着一些生肖婚配禁忌的谚语和歌谣。

谚语有：龙虎相斗，必有一伤。龙虎相斗，必定短寿。两只羊，活不长。两虎不同山。

猪猴不到头。白马怕青牛。鸡狗不一家。鸡狗相配断头婚。青龙克白虎，虎鼠不结亲。

歌谣有：白马怕金牛，鼠羊不到头。蛇见猛虎如刀锉，猪见婴猴泪长流。子鼠见羊万年愁，不叫白马见青牛，虎见已蛇如刀割，兔子见龙不长久，酉鸡不与犬相

---

① 本小节有关属相的谚语，歌谣和相关论述皆参考或引自任骋《中国民俗通志·禁忌志》，山东教育出版社 2005 年版，第 80—82 页。

见,亥猪不可见猿猴。自古白马不配牛,羊鼠相配一旦休,金鸡不与狗相见,青龙见兔泪交流,猪猴见面如刀割,虎蛇相配不到头。蛇配虎,男克女;猪配猴,不到头;兔见蛇,如刀割。白马怕青牛,乌猪怕猿猴,蛇怕猛虎如刀断,羊鼠相逢一旦休,黑狗不能进羊圈,庚鸡见犬泪交流。辰子申忌蛇鸡牛,巳酉丑忌虎马狗,寅午戌忌猪兔羊,亥卯未忌龙鼠猴。

具体而言,生肖禁忌中忌讳女方属虎,将属相为虎的女子视为真正能够伤人害命的"猛虎"。由于老虎总是夜间出来吃人,所以对于夜间出生的属虎女子,忌之尤甚。并且把夜间出生的属虎女子分为"上山虎"和"下山虎"两类。前半夜出生的,谓之"上山虎",后半夜出生的,谓之"下山虎"。相比较起来,认为"下山虎"比"上山虎"更凶恶、更厉害。因为"下山虎"是饥肠辘辘,下山找食儿的,所以一定要伤害人;而"上山虎"是下山找食儿回来的,或许它吃饱了,不再伤害人了也未可知。

除此之外,生肖文化也忌讳女子属羊。以为妇女生肖属羊者出嫁后必克死其夫而寡居。谚云:"女子属羊守空房。"民间有"眼露四白,五夫守宅"的说法,而羊眼又被认为恰是"眼露四白"的。或许正由此而引起了男方的忌讳,就不管女方的眼是否真的"露四白"了,只要是属羊的就害怕起来,不敢娶进门了。

此外,属相与男女双方的年龄差有关。汉族还有忌年龄相差三、六、九岁的说法。以为会犯刑、冲、克、害,于婚姻不利。忌讳女比男大一岁。俗语"女大一,不是妻"就是忌讳女比男大一岁的。豫西一带俗称:"女大一,黄金飞;女大两,黄金长。"汉族中还有忌男女双方同年生人的。尤其忌同年同月出生。河南有俗谚云："同岁不同月，同月子宫缺。"
意为同年同月出生的人结婚会影响下代子孙的繁衍。

非但如此，古人还将生肖属相与五行相生相克之道联系起
来，演变成生肖属相与生肖属相之间亦有相生相克的现象。
虎、兔属木，蛇、马属火，龙、羊、狗、牛属土，猴、鸡属
金，猪、鼠属水。又因为五行金木水火土之间有相生相克的关
系，所以生肖之间也有了相生相克的关系。传统上，中国人习
惯把这种关系用于各种人际关系，也用于婚配的合婚。对于上
述从古至今的所谓"十二生肖禁忌"的荒谬邪说与迷信现象，
古人早就给予批驳。东汉王充在《论衡》中说："水胜火，鼠
何不逐马？金胜木，鸡何不啄兔？土胜水，牛羊何不杀豕？火
胜金，蛇何不食猴？"最后，他的结论是"以十二辰之禽效
之，五行之虫以气性相刻（克），则尤不相应。"[1] 清代小说家
李汝珍在《镜花缘》中也曾质问："人值未年而生，何至比之
于羊？寅年而生，又何竟变为虎？"[2]

尽管如此，传统文化的生命力仍旧十分旺盛，时至今日，
生肖禁忌仍旧左右着一些父母们的选择。

有些父母原先并不懂属相方面的讲究，正是在与相亲角的
其他家长的交流中，他们也开始对男方的属相提出了要求，但
是，实际上，他们对属相方面的匹配问题半信半疑。

　　男孩子属羊的、属猪的、属马的我不要的。我对属相
也是有一定要求的，具体我也不大清楚，人家跟我说的
呀。实际上有些人说这个事不搭价的，但是好像知道了

---

① （汉）王充：《论衡选》，蒋祖怡选注，中华书局 1958 年版，第 90 页。

② （清）李汝珍：《镜花缘》，张友鹤校注，人民文学出版社 1955 年版，第
39 页。

么，就尽量能避免就避免吧。但是真的要是有个男孩子摆在我面前，他各方面要求都很优秀的，样样都很好的，就真的为了这个生肖就不要他了啊? 要是两个同等条件相比下么，我就可能不要他了呀。(被访者 S13 – YGR)

被访者 S28 – LHQ，女，大专文化，61 岁，湖北武汉人，武汉某国企行政干部。先生是部队转业干部。退休后，为了儿子的婚事来上海租房居住。儿子 31 岁，本科，湖北籍，宝钢项目经理。被访者原先也不太清楚属相是否相配的问题，但是通过与相亲角的其他外省籍的家长，尤其是与中介的交流，开始相信"属相说":

他 (指相亲角中的一位老年男性中介) 说那个什么属相不配啊，什么马不可以配牛啦，什么六冲，男的大六岁……打个比方啊，张三的儿子比李四的女儿大六岁，家长就不干啦。六冲不好，上海人最讲究了，年轻人不讲究了，对吧? 本来两个人条件蛮好的，相当配的，有的人家长来讲，我本来不相信的，让他们一讲，我也相信了。

被访者 S32 – LAY，女，高中文化，60 岁，退休干部，江西人。先生是江西某市房管局科长。女儿 29 岁，本科毕业，沪籍，新上海人，外企白领。LAY 对未来女婿没有户口限制，上海人也可以考虑，但是对于男方的属相，她就有自己的讲究:

我认为这个地方还是讲究一点，不是说去一个个对，但是他们说属相相隔 4 岁不好，最好相差 3—5 岁，这个东西听人家说也是要讲究一点。我们一般的讲究还是讲究一点的，肯定的，这个人活在这个世上，为什么不讲究一点呢? 风俗习气不去信它，也不能说不讲。就算中意的正好相冲了，那肯定就不行了。为什么不走阳光大道，非要走那个小路呢？如果说真有这种讲究的话，我肯定就不愿意，人肯定都是人人要走上坡，不能走下坡的。

对于属相问题，主要是父母们比较注重，也有子女比较看重这一条件的。被访者 S39 – LYQ，男，65 岁，大专，上海某中学退休教师。曾在河南插队，老知青，退休后自办公司。其妻也是中学教师，也是上海知青，2004 年因病去世。儿子 33 岁，本科毕业，目前在某五星级酒店作财务工作。父子目前居住在普陀区一套动迁房内，居住地也是 L 先生自办的小型公司的办公地点。被访者在普陀区有动迁房一套。

　　　按传统习惯来说，那还要尊重这个一般的规矩。就是说属"鸡"的"六牲"不大好，我儿子……根据我儿子的意思，1981 年生的小姑娘，过年以前属猴的我可以选，属鸡的我就不选了。有的条件相当好的我就要。

如上所述，我通过诸多层面，比较详细地分析了相亲角的择偶标准。需要补充说明的一个问题是：受教育程度这条择偶标准为何没有出现在我们的分析之中？

首先，开篇我们谈到相亲角的时候，就明确了择偶信息出现在这里的待婚者以白领为主，对于教育程度和学历水平相对较高的上海从业人员来讲，白领的基本条件之一就是本科或者本科以上学历。

其次，在我们详细分析的金钱与房子，职业与工作单位等择偶标准中，就隐含着对结婚候选人的学历的要求，试想一下，一个教育程度低于本科的男性待婚者，怎么能够满足月固定工资 5000 元以上，至少有两房一厅的婚房的候选条件？

这也就是说，在相亲角，无论是男性还是女性待婚者，其理想的结婚对象的基本条件之一就是本科或者本科以上学历，这是一个必备的条件，因为所有的结婚候选人都基本满足这个条件，所以相对而言，这个条件的重要性就不在择偶标准的考虑范围之内了。他们关注的是，教育匹配的前提下，哪一个结婚候选人的工资，房子，家庭背景，外貌，年龄，属相等因素与自己更为"合衬"，最优者才是理想的结婚对象。

最后，笔者认为这些择偶标准在某种程度上恰好成为影响待婚男女成功缔结婚姻关系的障碍。另外，我们必须看到问题的另一个侧面，就是父母和子女在对待相亲角这种择偶模式上存在不同的态度。如果子女从根本上就反对通过相亲角寻找结婚对象，那么父母辛辛苦苦、偷偷摸摸地通过相亲角帮助子女寻找对象，势必遭到子女的反对，甚至逆反心理。双方博弈的结果很可能就是以父母们"白发相亲"的尝试宣告失败而告终。

总之，缔结婚姻的第一个步骤是择偶。择偶是一个人生命周期中一个重要的历史事件。一般说来，这是一个理性的思考与抉择的过程。生活在不同历史时期的人基于不同的价值观念和理解与预期，拥有不同的择偶标准。因此，择偶标准必然是变动不居，从这个意义上说，择偶标准的变迁从侧面反映出一个时代发展的脉络以及社会文化的转型。表面看来，个体择偶标准属于主观性的范畴，但是，就其本质而言，它恰恰是客观社会历史情境的体现。

二　行动策略："白发相亲"的择偶行为

在相亲角，为了帮助子女找到合衬的结婚对象，作为一个个理性人，待婚青年的父母们也根据情况采取了不同的行动策略。通过前面两章的描述与讨论，我们知道：在相亲角这个婚姻市场上，作为行动者的父母们的地位并非平等，对于每个行动者而言，他与他人进行择偶交易的自由选择不尽相同，这些前提决定着相关行动者为了达成择偶目的所选取的行动策略。中医看病讲究"望、闻、问、切"，与此类同，就笔者目前所观察到的情形，在相亲角，一个完整的择偶过程，普遍来讲，主要包括以下五个步骤[①]：远望，近观，详议，网聊和面谈。其中，前三个步骤的主要行动者是待婚者的父母或者亲戚朋友，后两个步骤的主要行动者才是待婚的"男女主角"。

（一）择偶步骤

1. 远望

父母之间"相亲家"先于子女之间"相亲"。子女"相亲"之前，父母之间"相亲家"。上海人有个习俗：选媳妇之前要先看未来丈母娘，他们普遍认为什么样的母亲就教出什么样的孩子，所以很多家长习惯于先观察别的父母在相亲角的表现。

　　到这儿来呢，就是要看父母，谈吐方面看得出来的，真的。有时候，那种父母很喜欢打扮的，很好看的，这种小孩也好不到哪里去。不管儿子女儿，父母打扮得很过的，不灵的。人家都说，小孩多少是要看父母的，一点也不错。父母好，孩子也好，孩子本质不会坏的。（被访者

---

　　① 就在本书多次修改，完成初稿的时候，笔者发现似乎需要在这五个步骤中增加"网征"和"代恋"两个环节。2010 年 1 月 19 日，全国妇联中国婚姻家庭研究会、中国社会工作协会婚介行业委员会、婚恋服务网站百合网在北京联合发布了《2009 中国人婚恋状况调查报告》。此报告称"代恋"逐渐替代"代征"：一部分父母已经移师网络，在婚恋网站上帮助子女征婚，甚至有些人太热心，先代替朋友交往，觉得合适了再转交给朋友。参见《〈2009 中国人婚恋状况调查报告〉寒冬重磅发布》，百合网 2010 年 1 月（http：//news. baihe. com/mtbd/zxbd/3952. htm）。

S38 – ZFZ)

　　这父母给儿女找吧,还有啥好处呢?就是父母都有经验了吧,双方的父母接触,互相的秉性、性格互相了解了解,就有点谱。其实孩子跟父母的秉性多少都有点影响,是不是?我们先了解了解,因为我们都是有经历的人,有一定的经验。我看出父母就能看出儿子,八九不离十,这就是经验。①

　　一位嗑瓜子的外地母亲给我留下了深刻的印象。她50来岁,来自山西某农村。在相亲角为儿子和女儿找对象。一对子女分别是32岁和28岁,都是本科毕业,目前的工作都不错。我每次去相亲角都能遇到这位家长,她的坐姿始终保持不变。她总是坐在人行道旁边的台阶上,择偶牌摆在台阶下面。她每次都拎着一大塑料袋瓜子,坐在台阶上嗑着,右脚跟前摆着一只很大的、有盖的玻璃水杯。在瓜子皮上下飞扬的间隙,她时不时会端起杯子喝上几口水。我曾经在附近长时间观察过这位家长,发现她的"摊位"前总是少人问津。满地瓜子壳仿佛一汪浅浅的海水,将她和其他家长隔离开来,她本人一下子成为"孤岛化"的某种"虚拟"的存在。我也曾询问过熟悉的或者不甚熟悉的其他家长,为什么不愿意跟这位家长倾谈。其中一位这样说:"跟她谈?哼哼……这样的姆妈能教育出什么好儿子?我家囡囡嫁给她儿子?吃不消的!"言谈之间,这位家长不断地摇头,不屑之情溢于言表。

　　2. 近观

　　"远望"之余,如果比较有"眼缘",就可以进行下一步。

_____

　　① 在访问S35 – WGD过程中,一位A先生多次插话,这段话就是出自A先生。他48岁,无业,来自广东。

这个阶段, 待婚子女的家长们的长相、打扮和气质的优劣就显得格外重要。因为这些因素直接决定着对方家长是否愿意主动走上前去攀谈。

被访者 S25 – YL 最能说明这个问题。我第一次在相亲角见到 Y 女士时, 就被她卓尔不群的气质所吸引。她, 60 岁, 身材高挑, 肤色白皙, 淡妆清丽, 米色的套装高雅而舒适。清雅的外表背后隐含的是她比较成功的人生经历。作为一个出生于 40 年代的天津人, Y 女士出身高干家庭, 外贸大专毕业, 原先在内地某外贸专科学校做校长, 目前在上海经营外贸企业。事业比较成功。被访者来相亲角帮助弟弟的女儿找对象。

当时, 我需要挤过"围观"的众多家长, 才得以有机会访问 Y 女士。在整个访谈过程中, 不断有感兴趣的家长插嘴提问, 有的问题甚至比较尖锐, 而 Y 女士始终笑意盈盈, 不温不火, 谈话的声音不高不低, 悦耳又清晰。在我看来, 其言谈举止无不显示了一个具有独特魅力的女性所特有的吸引力, 因此, 在喧嚣嘈杂的相亲角, 她能够轻而易举地"跃入"很多家长的视野, 受其吸引, 后者聚集在她周围, 而她的谈话立即变成了其侄女的现场版"相亲发布会"。这就意味着其择偶信息能够迅速有效地传播出去, 而符合其择偶条件的目标家长也会在短时间内与其接洽。因此, 行动者自身的资源 (这里主要是指其魅力、能力和实力), 直接提高了其行动的效率。

相反, 父母的"不雅"言行则有可能成为子女丧失潜在的优质结婚对象的直接原因。

> 我要看大人的, 看大人可以看到小孩。有些大人讲话, 嘴里不干不净的, 你看他好像没涵养的, 讲话啊, 声音啊, 语速啊, 嗒嗒口水啊, 一塌糊涂! 你赶快就不要跟他多说了。(被访者 S16 – ZGR)

另外,在相亲角,很多家长,尤其是母亲们都会精心打扮一番才会"入场",因为遇到的很可能是未来亲家,大家都希望彼此留个良好的第一印象。我曾经仔细观察经常来相亲角的母亲们,她们大多穿戴比较整齐,很多人都佩戴着首饰,比如珍珠项链,金项链,翡翠手镯之类,少数母亲还化淡妆。外地家长尤甚。

一位来自武汉的被访者 S28 – LHQ 说:"你看见我手上的钻戒了吧?我平时不戴的,在家里干活不方便,来这儿才戴!上海人喜欢以貌取人,不打扮打扮,不穿点好衣服,人家谁愿意睬你?"

3. 详议

在相亲角,路人或许会对这些三五成群,积极地交流着的家长们的行为感到好奇,甚至有点缺乏头绪,实际上,这个过程也比较精妙,主要涉及"通报"基本情况;传阅双方照片;详谈各自条件以及交换联系方式四个小步骤。其间,家长们的谈话策略相当考究。一般情况下,他们先交流"你是女孩还是男孩",再交流"多大了,工作做啥?身高多少?工资多少?"很多人为了提高效率,把基本条件手写在一张纸上,拿在手里举着,或是挂在树上,自己站在一边。初步交谈下来条件比较匹配的话,家长们就会从身上或者随身携带的手袋中掏出儿女的照片相互传阅。这个环节父母们的"把关"其实也很简单:

> 那我看照片,这个人蛮顺眼的,就行了,对吧。我就是看看那五官,那比例比较对的,对吧,就可以了呀。你不要什么眼睛不好的,什么什么嘴巴翘的,那就是个问题了。五官端正就可以了,什么叫好看啦?人不都差不多啊。对不啦?第一见面肯定看相貌。人家心里想什么你肯定不知道,至于他这个人人怎么样,那要通过你们俩聊了才知道对吧。不聊怎么知道?(被访者 S16 – ZGR)

如果相互传阅照片这个关口也顺利通过了,接下去就是详细倾谈男女双方的具体择偶条件。假如条件谈得拢的话，最后，双方家长成功交换联系方式。事实上，详谈是个"双刃剑"，一方面，它能够帮助双方家长比较深入地了解对方子女和对方家庭的信息，有利于帮助子女尽快进入择偶的第四个步骤——网聊阶段；另一方面，恰恰是因为详谈，一些父母在谈话过程中不经意暴露的自己待人处世的细节被另外一些"明察秋毫"的父母掌握，前者一旦被认为行为"不端"，则可能成为子女择偶的"负资产"，他们的择偶行动也因此前功尽弃，戛然而止。

> 之前有个姑娘，当时工资是蛮好的，一个月6000元，但她这个家长啊，谈过几次，不灵的（上海话，意即不行）。因为他在居委会干职嘛，他老是用他这个职位来卡这个卡那个，我就看不得这个人，心胸太狭窄。他的姑娘啊，我就不愿让我儿子跟她一起，我断然给他回绝了。她的家长啊，这个从心理学上讲是有遗传基因的。我不吃酒不抽烟，我儿子也不可能吃酒抽烟的，是这样的呀。再说远点，我父亲也是品质好的。我跟你讲，他是国民党的少将，于佑任他们都见过。做了一辈子好事，积极抗战，救国救民，这都是有记载的。基因是有传递的，我们是老师，虽然过得很辛苦，但给以后留下来的还是品质好的。再一个，你看我现在虽然是退休教师，但在同事之间，在事情处理之间还是没有其他考虑，从没有让其他同事吃过亏，我儿子也是这样的，不是滑溜溜的那种。我们家就是这样的，基因就是有传递的。（被访者 S39 – LYQ）

4. 网聊

网聊是指待婚男女通过 QQ、MSN 等网络即时聊天工具进行交流沟通，彼此增进了解，以达到网上相亲的目的。与普通的网上交友不同，他们之间的网聊不是在网上随便与陌生人闲谈,而是本着确定结婚对象的目的,通过别人介绍,在双方的家庭、工作、年龄等基本情况对方已经知晓的情况下,借助网络进行沟通,从而衡量对方是否合适自己的要求,以便决定是否开始与其恋爱。

> 一般都觉得岁数大一些会好一些,不过有些男的年龄大也不一定就成熟,有些很傻的,傻乎乎的也有啊,上次有个男的,是在公园找的,大概比她大八岁,是浦东城管。他们就在网上聊天了,也聊起来了,他问的问题很怪,很幼稚的问题,他说你喜欢哪个歌星啊?你喜欢听谁的歌啊什么什么的。装嫩的。我女儿说你怎么这么大岁数了还跟我聊这种东西?我女儿想,哎呀,怎么那么恶心的。后来他们就不谈了,没戏了。我还是这样讲,以她为主,以我女儿为主。她觉得什么好就是什么好。其他我都无所谓,至于你说岁数什么东西,其实岁数我也无所谓,真的讲得拢谈得来有话说,岁数大一些也无所谓。(被访者 S16 - ZGR)

网聊这种间接相亲的方式的出现主要是出于四个方面的原因:一是避免尴尬。双方互换 QQ 号码或者 MSN 号之后先聊,聊后感觉不错,再见面决定是否确立正式的恋爱关系。相对于那种传统的直接面对面的相亲见面,少了很多不自在,免去了四目相对,面面相觑的尴尬。面对电脑的男女主角一般比较放松,无论谈话的主题,还是谈话的风格,都可以自由发挥,"自由余地"较大①。二是节约时间。网聊的时间和地点不受限制,只要工作之余都可以上网相互了解。三是节约金钱,可以省一些不必要的金钱开支。四是"退出成本"低,如果

---

① 尤其对于那些比较内向且不善言谈的人,笔谈可以扬长避短,提高个人的"胜算"。

通过网聊判断出对方不合适自己，不愿意继续接触，他们直接删掉或者屏蔽对方的 QQ 号码或者 MSN 号即可。

5. 面谈

如果前面的四个步骤都进行得比较成功，择偶双方都比较满意的话，相亲男女就进入了最后一个环节：面谈。面谈的费用①一般由男方负责。面谈的地点通常是由待婚男女通过网络或者电话自行商定，地点一般则根据男方的经济实力和"诚意"而定，刚刚开始相亲或者（并且）出手阔绰的男孩子倾向于能够讨女生欢心的高档西餐厅，经济条件一般者通常选择比较安静的咖啡馆、茶座或者是麦当劳、肯德基等快餐厅，女方也普遍认为这类人群比较密集的地方更为安全。

由于相亲活动已经成为很多被访子女的主要周末活动，出于成本的考虑，很多男性被访者，即使经济条件不错，也越来越喜欢将约会地点放在西式快餐厅。另外一条必须说明，多数面谈主要是待婚男女参与，少数人也会邀请或者被迫接受父母和亲戚朋友的陪伴。而那些通过相亲角的婚介见面的男女，中间人通常会将双方约在公园旁边的国际饭店大堂，之后正式地为双方介绍。后者完成这种象征性的"仪式"之后，再决定面谈的地点。

关于面谈，我不可能获得观察或者"旁听"的机会，所以对于这个步骤的理解完全是通过相亲男女的叙述。被访者 Y8 - WYY，女，33 岁，大专文化，安徽人，离异，有一小女儿。

---

① 面谈的费用后面也包含着很多故事，隐藏着诸多变数。相亲角的免费婚介 S43 - TZJ 向我叙述了很多这方面的故事。比如，女方在消费场所花费过高，几次面谈无果而终。男方家长向婚介"投诉"，希望 AA 已经产生的花费，T 阿姨帮助男方向女方讨回一半费用。又比如女方因为男方在约会过程的"买单"阶段显得过于"小气和孤寒"，女方拒绝再次见面，等等。

2000 年离婚后,独自来上海闯天下,目前事业比较成功。她独自经营一家装修公司,并在闵行区购置一套大户型房产,与父母和女儿一起生活。阅历颇丰的她自称周一至周五忙公司的事情,周末两天专门腾出来相亲,简直变成了相亲"专业户"。对于面谈,她的叙述凸显了效率优先,充满市场的逻辑:

> 如果从经济效益最大化来看,面谈相亲就是机会成本较低的模式。以男生为例,由七姑八婆排个备忘录,跟对方约好时间,到日子就去茶座要个包厢,早上 10 点开始,20 分钟相一个,到晚上 8 点共计 10 小时,最多可以相 30个,中意的多谈几分钟,不中意的几分钟就可以找个理由 OUT(拒绝),效率极高,又节省了巨大的相亲费用。假如 30 个人中通过"海选"的为 10 人,排除看不上你的,剩 5 个,从条件最好的开始谈起,没结果,再谈条件次之的,由高到低排列;同时也可以继续"海选",不断增加晋级人数,不断 PK(比对),最终夺魁的就是你认为适合你的人,其实啊,相亲是个非常消耗体力和智力的活动,斗智斗勇。

事实上,面谈的结果只可能有两个:"见光死"和"一拍即合"。就我在相亲角所得到的访谈资料来看,目前尚且没有一见钟情的例子,见面之后即"拜拜"的事例倒是不少。

被访者 S21 - CYJ,男,大专,57 岁,中科院上海某研究所研究员,其妻也是该所工作人员。女儿 30 岁,拥有机械自动化和计算机双学士学位,目前在美国独资公司研发部工作,被访者属于书香门第,家境优越。尽管他认为在公园里找对象纯粹是一条摆不上台面的"野路子",但是女儿的年纪经不起岁月的侵蚀,因此,经过前面的四个标准的择偶步骤,他的女儿与父亲与从相亲角找来的结婚对象进行面谈,结果发现对方在学历上隐瞒了真实情况，双方自然不欢而散。

> 就是家长之间聊的，他说他有个儿子是 1978 年生的，我女儿不是 1980 年生人嘛，说是复旦研究生毕业，他说他儿子各方面都很优秀的，说见个面吧，我说好啊，因为家长见面的话不可能怀疑信息是真的还是假的。你说你儿子是真的还是假的，这样不太好的，这样对别人很不礼貌的。大家既然都是为了小孩的话，在这里都是把真实情况拿出来说的。后来我把这个事给我小孩讲了以后，她也愿意接触一下，但实际上并不是他讲的这个样子的。他其实本科也是不正规的，工作后刚刚在复旦大学读研究生，当时他家长讲的是复旦大学研究生毕业，是两码事。后来我小孩一见面发现情况完全不是先前说的那样，当然就无法再谈下去了，因为我小孩本来就抱着想找优秀的男孩这样目的去的，他家长说是复旦大学研究生，就凭这一点优秀的才去的，其他的我倒也不在意，就是因为这一优秀点，但连这最基本的一点也欺骗的话，其他的就不用谈了。

还有一种情况，双方面谈之后，感觉不错，继续交往。在这个后续过程中，原先的网聊仍旧继续，却因此暴露出问题。

> 开始家里给他的 MSN 号时，也没抱希望。聊聊还可以，见过面以后印象还不错，就继续交往看看。在聊天室，我也认识了他的一些朋友嘛，然后也加了 QQ，然后一起聊天啊，跟他们聊天当中，偶尔他们就是……可能就是他们也不经意的，他们以为我什么都清楚了，然后他们不时地透露一些信息，让我就感觉到原来他之前跟我讲的和他实际的情况是不一样的嘛，就感觉被骗了那种，心里还蛮难过的。可能就是深入了解之后嘛，就发现他以前在网上说的一些情况，比如说工作，比如说家里面的情况

啊,跟我后面了解到的不太属实,就感觉有一种被骗的感觉。总归就是觉得交往下去,为什么不能大家彼此坦诚、真诚地来面对,一开始就要骗对方呢?所以感觉不太适合吧,所以我就提出来分的嘛。(被访者 Y14 - FXJ)

到这里,我们可能更加理解相亲角的效率如此低下的原因了。五个择偶步骤一步都不能省略,即使千辛万苦走到了最后一个步骤,仍然可能因为了解而分手。不但如此,就被访者 S21 - CYJ 这个案例来说,分手的后果堪忧:女方发现男方的真实信息与自己从父亲那里得来的信息根本不对称,直接导致了父亲在女儿面前出现诚信危机,而苦心却没办成好事的父亲的冤枉和苦恼就可以想象了。

家长就按照要求找,然后小孩再见面。但这样的话,对小孩的打击①也比较大,连父母替她找的都不符合要求。所以我们父母也很为难,她说怎么搞的,不三不四的人,明明不是复旦硕士,怎么说什么复旦研究生,这样的话连我们的工作都不好做了,实际上我也受骗。女儿说你怎么找乱七八糟的给我,其实家长也想着找合适的给她。

在详细分析了父母们的择偶步骤之后,我们再来看看他们的择偶策略。

(二) 择偶策略

这里,我们将比较详细地分析在这些择偶步骤中贯穿的家

---

① 根据《2009 中国人婚恋状况调查报告》研究表明,放弃已成单身人士相亲的一种习惯:超过六成的相亲者,在感受到可能不被接受后,主动放弃。参见《〈2009 中国人婚恋状况调查报告〉寒冬重磅发布》,百合网 2010 年 1 月 (http://news.baihe.com/mtbd/zxbd/3952.htm)。

长们的行动策略。通过实地的观察和访谈，我们将这些策略大致归结为深度介入性策略和轻度介入性策略①两类。

1. 深度介入型策略

表面看来，这个公园的相亲角掩映在绿树红花之中，湖光潋滟，草木菁菁，实际上，从某种角度看来，这里是一个不折不扣的没有硝烟的战场。由于婚姻市场上内部竞争机制的存在，相亲角时不时出现相互拆台的情况，包括本地父母与外地父母相互拆台；此外，某些家长对那些亲自来到相亲角找对象的青年人，尤其是年轻女性充满不屑、鄙视和敌意。

（1）本地父母与外地父母相互拆台

被访者 S10 – JAY，女，62 岁，小学文化，家庭妇女。先生是沪上某工厂职工，现已退休。夫妇有一子一女，儿子已成婚。JAY 在相亲角为女儿找对象。女儿 36 岁，高中肄业，目前是浦东某大型购物广场收银员。因为自己女儿的学历和年龄在"相亲角"没有任何优势，所以在感慨之余，她在我面前顺势"攻击"了来自哈尔滨的被访者 S4 – SLS。被访者的儿子除了拥有本科文凭，还有注册会计师、注册资产评估师和注册房地产估计师三个注册师证，因此对女方的要求是硕士以上学历。她说：

> 现在这些人，要求学历，连女的都要求本科。外面还有好玩的呢，一定要是北方人。你说哈尔滨的那个是不是很神奇？管那么多，只要两个人谈得拢，你管她是什么地方？

与她女儿的情况类似，被访者 S14 – YLS 的女儿无论在年龄，职业，相貌，学历哪个方面都不占优势，因此她的母亲深感到自己的女儿遭受到来自婚姻大市场，尤其是外地优秀女孩

---

① 此处"轻度介入"的提法是对 2011 年 9 月上海地铁 10 号线追尾事故后，央视新闻中"轻度追尾"说法的致敬。

的竞争威胁：

> 你知道 520 吗？谐音就是我爱你，在浦东世纪公园的
> 相亲活动，我去过一次，人非常多。世纪公园门口有八分
> 钟相亲，大概 200 元门票进去，对面全是家长，非常多，
> 都是手里拿着纸头来相亲的，很有意思的。相亲的人来自
> 安徽，南京，北京，手里都拿着大旗子，他们人都挺优秀
> 的。还有父母陪着女儿来找上海老公，喊着"我们要做
> 上海人，我们要找上海老公，我们要把那边房子卖了来上
> 海，要在上海生第三代，第四代，要在上海生活下去"，
> 所以上海优秀的男生都被他们找掉了，张江那边也有好多
> 男孩都被找掉了啊，我看到真的惊呆了。你说怪不得我们
> 女儿会找不到，对吧？我看他们女儿真的很优秀的哦，他
> 们说他们女儿要相貌有相貌，要学历有学历，年轻貌美，
> 有钱，可以倒贴，就是要做上海人！

被访者 S32 - LAY 来自江西，对未来女婿没有户口限制，
上海人也可以考虑。她对上海本地的小姑娘——事实上是其女
儿的潜在竞争对手——的敌意和蔑视显而易见，她在访谈中提
到一位上海女性的求偶倾向：

> 我跟你讲，（轻声说）上海的小姑娘，只要你有钱，
> 她们就好，80 多岁的老头也要的……（环顾四周）哦，
> 你没看到那个女的吧？昨天又跟她妈妈来过的，你跟老张
> 说话的时候，她就在你旁边。要谈才知道，男的比她大四
> 十几岁的都要，只要你有钱，她们都要。我们是……我只
> 要人好，我跟你讲：钱，当然有钱的更好，但也不是绝对
> 的，人不好，再有钱，也……你妈妈也是这样说的吧？

被访者 S34 - SYS 50 岁，江西某印刷厂内退工人，与前夫
离异。儿子 28 岁，本科，户口在江西，目前在上海某公司作

室内装潢设计师。母子二人目前在上海租房居住。被访者 SYS
希望能够找到一个来自外省的未来儿媳，明确表示不考虑上海
本地的小姑娘。

> 我跟你讲啊，我有一点点排斥上海的小姑娘。一个是她
> 们条件蛮高的，另一个就是像她们本地人一样，有点娇生惯
> 养，很难伺候的，那我们吃不消。我们就想找个外地的小姑
> 娘。能吃苦，能做饭给阿姨吃啊，就是要会过日子。据我了
> 解，像我们外地人呢，80% 是很排斥上海人的。就是她们娇
> 生惯养，自理能力差，而且条件又这么高，要房子，要车子。
> 本身她们自己又没什么的，还要找这么高条件的男孩，我有
> 点想不通。我们都有点想不通，因为我来上海也快一年了，
> 阿姨也是比较喜欢玩的人，我也有一个小圈子。跳跳舞，打
> 打拳的，外地人也蛮多的。我们的小圈子都这么看。

（2）某些父母对"自找男女"和"相亲冠军"的敌视

我在相亲角遇到了一对夫妻，最深刻的印象是他们对自己的
女儿赞誉有加，母亲反反复复说"我女儿条件那么好会找不到
啊"。在整个对话进行过程中，这对父母不断强调自己女儿的条件
太好，所以"找男人一定要有点要求的"。相反，他们对于不远
处两位自找对象的大龄女性①投以鄙视的目光，并且说：

> 现在小姑娘自己找到的也蛮多的（努嘴示意），好的自
> 己吃进，不好的也自己吃进，对哦？这个说不清楚的。有些
> 小姑娘活动能力比较强，自己好解决的，但是，我们小姑娘
> 不属于这个类型，不是怎么开放的。（被访者 S12 – WM）

"好的自己吃进，不好的也自己吃进"这类的话明显是来
自股票市场，显然，这位母亲将那些自己来相亲角寻找结婚对

---

① 即被访者 Y8 – WYY 和 Y9 – JMN。

象的年轻女性喻为"操盘手","有些小姑娘活动能力比较强"貌似褒奖,实则贬低:在她看来,"活动能力强"代表着"开放",而"开放"在普通民众的日常词汇里与"随便"同义,在男女关系上面"开放"几乎指向"滥交"了。

被访者S11 - ZLS将自己女儿的婚事迟迟悬而未决归咎于"她人老实啊,就是自己不会谈啊。阿拉还没找到,伊拉就来轧闹猛,现在寻朋友越来越难了!"在这里,我们能够感到被访者将"阿拉"与"伊拉"归为两个阵营,由于二者之间的竞争关系使得这位母亲不能掩饰对"伊拉"的敌意。

比较而言,根据她的观察,被访者认为有些人实在不该来人民公园"搅浑水"。在访谈过程中,她多次提到本研究的另一位被访者的事情——被访者Y7 - CF,女,29岁,大专,河南人,目前在上海某外资医院做护士。父亲四年前因病去世,母亲患有癌症。她还有一个妹妹,工作不稳定。被访者之前有六段百转千回、曲折破碎的情感故事,也曾两度离异。对于她的情感经历,相亲角中的"常客"都有所耳闻[1]。作为退休的小学教师,对于这位女护士多舛的情感历程,被访者S11 - ZLS在同情之余,也掺杂着一丝不屑与怨怼:

---

①　2008年5月1日,在相亲角进行田野工作时,我被一则征婚广告吸引,于是拿出本子记录。这时一位身材高挑、长相非常漂亮的年轻女性(Y7 - CF)撑着一把遮阳伞走过来,询问我是不是来征婚的。得知我以研究为目的之后,她开始大谈对相亲角的看法。我觉察到她似乎有很强烈的倾诉愿望,于是询问对方是否愿意详谈,后者欣然应允,并且坦言她现在有很多想要向别人倾诉的东西,她觉得自己是一个完全值得我仔细研究的对象,于是,我与其来到一块荫凉的草地上,在长达两个半小时的时间里,她详细诉说了自己的六段情感故事。在访谈中,她多次强调自己现在的状态"我现在脑子整天处于那种很迷茫,精神很忧郁,很恍惚的状态。我觉得你可能没有经历,开导不了我,但是我现在就是倾诉,说出来可能会好一些,要不然我会疯掉的"。我据此推测,相亲角中的一些人对她的婚恋情况有所耳闻,或许是由于她这种"祥林嫂"式的倾诉。

你看那个妈妈（用手指点不远处的一对母女），有个女儿结婚了，就是嫁了一个高干子弟，女婿一家都看不起她家，已经离婚了。我上次碰到她……你跟她聊聊看，这是真事。女儿长得好漂亮啊，也就三十岁吧，还是护士。又来找啊！你看一家丈母娘还有一个妹妹都住在人家家里，把人家的家当成自己家，而且女儿的腿还有风湿病，她们一家都住在女婿家，那怎么可以呢？肯定不行的。这种人根本就不应该来这里找啊！这不是搅浑水嘛？我还听人家讲，有一次那家的小女儿哭了说："哥哥（即姐夫），我们在这里，你是不是不开心啊？如果你不开心，我们马上走。"

事实上，相亲角的父母们很不信任那些来到公园，与他们面对面的相亲男女：

哦，有些骗钱的也有。那我刚还看到一个男的他自己来，自己来找。刚一个小男孩，是 1975 年（生人）的。这个我只看到过一个。后来我听了下他说是 1975 年的，应该是不小啦。三十三，虚岁三十四岁了。他是一米八，在跟别人聊。我想他怎么自己来了，这也不大对劲，少得很。我第一次看到。（被访者 S16 – ZGR）

另外，我们在相亲角也发现了某些女方父母对"相亲冠军"的嘲弄。

有个男的，我看挺好的，是复旦毕业的，他就是说他因为个子比较矮，一直没有成功。我想个子矮不要紧的，我女儿个子也不高的，一米六，这个男孩大概一米六十五左右。他说自己条件挺好的，除了个子矮，他说自己房子有两套，收入一个月有八千，就是因为身高矮，长得又不漂亮。我想我们是要找过日子的，不是要漂亮的，可以见见面也挺好的。但是见了两次面后,那个男的竟然要求结婚了!他就和我女儿说他们年龄都不小了,意思是说只要价值观、世界观都差不多就可以了。我马上说拜拜了,我们也不知道他是什么意思。就这个复旦的,我上次过来看他资料还在这里。他是自己过来的,他在好几个婚介所都登记过的,你去看这里的几个婚介点,都有他手机号码的,上面写的优秀男士什么的,我不知道他写过多少,别人说这人都可以评相亲冠军了。(被访者 S14 – YLS)

2. 轻度介入型策略

来到人民公园为子女找对象的家长或者亲戚大致有三类:一类是白发染鬓,老态垂垂的父母,他们的儿女已经错过了最佳结婚年龄,他们占绝大多数;另外一类则是子女年纪尚轻,条件也不错,他们自己也正处在年富力强阶段的父母,这两种人之间的心态差别很大:前者或者焦急企盼,或者火烧火燎;而后者则闲庭信步,优哉悠哉,有些家长甚至有点看热闹的心态。除了前面我们详细分析的主要原因之外,第二类父母在公园的存在,也构成了相亲角婚配率较低的一个次要原因。第三类父母更有意思,他们是"搅局者"。

(1)"摸市场"的父母

被访者 S17 – DZY,女,初中文化,50 岁,沪上某巴士公司退休司机,先生是上海某报业集团的退休工人。全家住在虹口区一套老公房内。女儿 24 岁,专升本在读,目前是某外企员工。她来到相亲角,主要是为了"摸市场",这从一个侧面反映出上海婚姻市场上竞争激烈,对年轻女性不太乐观的现状。

> 我女儿是不着急。我们呢,是想这个样子的:女儿是 24 岁了,谈朋友起码也要两年,最起码要交流对吧?你

没有交流，怎么知道大家的性格合得来呢？交流以后，大家互相熟悉，就行了（笑）。因为年纪轻么，很多事情要慎重一点，这个是终身大事。这个婚姻大事，我又不好强求她的，要她自愿的，所以我来这里了解一下：这个社会上，这人际里面，到底怎么样？

（2）"凑热闹"的父母

另一方面，也有一些家长活跃在喧闹的相亲角，他们来这里的主要目的似乎是"凑热闹"。这类父母又可以分为两种：一种是"自我消遣"，他们对子女的婚事基本没有干预能力，也基本已经放弃干预，又不甘心：

> 我老婆有时也跟我一起来，一起过来玩玩。一方面呢，高兴高兴，这里环境也蛮好的，空气也新鲜。现在不同了，小姑娘30多岁不结婚，男孩子40多岁不结婚都出现了。有好的结婚，没有好的就不要结婚，反正现在的社会跟过去不同了，现在不结婚的也很多，结了婚不生孩子的也很多，无所谓，我们现在社会条件都好了嘛，他们都有养老金、医疗保险、养老保险。对哦？我们年纪大的都是皇帝不急太监急。（被访者 S41 – NXS）

另一种是来到这里，他们多少抱着一种"消遣别人"的姿态。值得注意的是：他们在不同程度上对相亲角以及相亲这种择偶方式不甚信任，甚至对来这里帮助子女寻找配偶的父母们有些鄙视。在与被访者 S37 – WGR 谈话的过程中，一位自称来自东北的安先生也参与了访谈。他 48 岁，女儿 23 岁，非常漂亮，目前在沪上某名校就读。从女儿考上大学那一年起，他便随之来上海生活，属于"陪读一族"。

> 我这孩子这方面根本都不愁。她是女孩子么，我女儿就是说追她的人太多了。真的，那些男孩子都特别优秀，

这些人她都不考虑。她今年也二十……86 年生的,今年 23 岁,她都不考虑。现在追求我女儿的人,就是说几十亿的富翁都有,就是说他家很好,啥都有,真的,她都不考虑。她现在就考虑啥呢? 就是她自己的爱好,她自己的那啥,像你们就是说学习,是吧? 她说,那啥,你得考虑他各方面都得志同道合。

因为闲来无事,周末他便经常来相亲角闲逛,自称对相亲角非常熟悉,而且对很多在相亲角发生的人和事都进行点评,经常不留情面,即便当事人在场,他也毫无顾忌。比如在他看来,被访者 S37 – WGR 的儿子 28 岁了仍旧没有结婚对象,他的父亲要承担一定的责任。

> 其实你们做老人的,应该就是那啥,你都经历过了,都有一定的经历了,就是说相对有一定的智慧,替孩子找对象吧,你们应该有一个优势。有个啥优势呢? 你了解自己的,你应该了解你家孩子能够找个啥样的,你们要先了解自己。你们家孩子有些需要改变的是啥呀? 要补充的是啥? 缺乏啥? 你应该在这方面都找找啊。打个比方,你前几年就是在这方面找,现在你孩子的婚事就不用操心啦。真的,我就跟你说实话,现在有点晚了,你早知道找的话,应该在你身上找,在孩子身上找,互相这么影响,你现在你家孩子都不用操这个心。

(3) 父母"搅局者"

被访者 S39 – LYQ 是一位丧偶的老知青,在中学教师的任上退休后,自办公司,仍处于草创阶段。他掰着手指头,非常详细地谈及自己对于理想的儿媳的条件,让人感到与其说他是替儿子找对象,不如说他更像是在为自己找员工。不仅如此,他还在相亲角散发了一些写着自己的公司的最新招聘信息的广告纸。

> 我没别的什么要求，首先就是女孩子一定要聪明，也就是语文数学，语数英这三门课都要好，特别是数学要好，就是反应要快，语文是只要及格就好啦。如果在统考上语数英都考得好，这样子她就是可以的。考不下来，她就是不行的。第二个就是要干事业的话，有个要求，就是要能帮上忙。比如说我这个公司，她要帮我个助手，人员的配备，比如说业务来往啊。第三个要求是跟家庭有关的，要把家里打理好，对小孩要照顾好，对小孩的发展，对我是没有任何好处的，我自己有公司，自己可以养活自己，但对小孩的发展很有必要。我就是这三项。

来自江西的被访者 S34 – SYS 内退前在某印刷厂做质检工作，并与丈夫开了一家饭店，生活不错，后来因为有丈夫的婚外情而离婚。她这样跟我叙述：

> 阿姨是离异的。阿姨是吃了苦的，当时小孩初三。我们家以前挺好的，搞了一个馆子店嘛。他爸爸不争气，和馆子店的小女孩，二十七八岁的小女孩，有搞不清楚的关系。我就是因为这样的事情才和他爸爸离婚的。我是吃了苦的，这么十多年地过来。

离异后，被访者自己带着儿子生活。在未来儿媳的籍贯问题上，母子意见相左。母亲喜欢爽快、能干、能吃苦并且会做家务的外地姑娘（我们在本章阐述父母们的介入策略时讨论过这个案例）。在相亲角，母亲按照自己设定的标准寻找，不顾及儿子喜欢的是漂亮的南方女孩：

> 儿子倒不是很排斥上海的小姑娘，他就想找南方的小女孩，不希望找个子很大的。我说，妈妈很喜欢北方人，因为我很喜欢和北方人打交道。他说，他就喜欢南方的小

姑娘，不喜欢个子很高大的女孩，有点这个，我听他的口气一定要找南方人。南方人有什么好，他爸爸之前搞的那个不也是南方人嘛，破坏人家家庭很能干的么。上海女孩子娇生惯养，自理能力差，而且条件又这么高，要房子，要车子。本身她们自己又没什么的，还要找这么高条件的男孩，我有点想不通。

通过被访者的只言片语，我们似乎能够感到她对于上海小姑娘，甚至是南方女孩的强烈排斥感与自己的婚姻解体有关，前夫与年轻女店员的不正当关系使得她对于南方女孩这个群体深恶痛绝，上一代人的情感纠葛似乎已经影响到下一代的择偶。另外，我们说家庭在青年择偶过程中的重要性还包括家庭背景，即家庭的社会经济资源或地位以及家庭结构的影响。有关家庭的社会经济资源或地位，我们在前面已经有所论述，这里，我们接着探讨家庭结构对于子女婚姻进入的影响。根据学者的研究，家庭结构对子女的婚姻进入也有影响[1]，单亲家庭对婚姻进入有负向影响，即与双亲俱在的正常家庭长大的孩子比，在破碎家庭长大的青年会延迟结婚甚至不婚。这主要是因为在单亲家庭长大的子女见证了父母离婚的过程，对婚姻的态度比较消极，这对婚姻进入具有延迟效应。

被访者 S23 - SYS，女，本科，48 岁，医生，先生是公务员。这对事业有成的"60 后"，在徐汇区有两套房产，女儿 26 岁，本科，公司职员。她对未来女婿的要求很多，在相亲角挑选一年，仅有 5 位结婚候选人入目，凡是不符合他们的择

---

[1]　South, Scott J. The Variable Effects of Family Background on the Timing of First Marriage: United States, 1969—1993. *Social Science Research*, 2001 (30): pp. 606—626.

偶条件的，一律"杀掉"：

> 工作要好，这是我的第一个条件。第二个条件呢，是外貌。我不讲究也就算了，女儿要求的嘛。但是最理想的呢，是人要知识分子一点，和我家相配一点。工人家庭也就算了。但是最终归为一点：工作要好，搞金融的或者老师、医生、公务员，与这方面靠近的银行工作啊，我比较喜欢这个。一个是工作稳定，层次也比较高，修养也好，然后呢，就是前景也好。所以我考虑呢就这些条件。但是我看了一年没有，样样都有的没几个。来了一年我跟她看了四五个吧！我觉得是可以，合适的，然后介绍给女儿。给女儿看，基本上5个里面，3个淘汰了，这是我一年的成果哦！还有两个我觉得蛮好的，但人家不要我们。我到这里1年来，我只拿了5个，全部被我"杀掉"了。我这5个是能看看的，照道理你来1年可以拿50个了，我不拿那么多，条件不符就"杀掉"。

写到这里，读者可能很失望：原来，待婚男女的父母们要在相亲角帮助子女找到匹配的结婚对象是如此的不易。同时，读者有可能十分迫切地想知道相亲角的效率究竟低到什么程度？

简单地说，在访谈中，很多被访者都说自己曾经听说过哪年哪月哪日谁的孩子和谁的孩子成功了，但是这些都只是道听途说，他们都不清楚具体的情况。而经过了历时一年多的田野研究，我能指名道姓地说出来的成功的实例只有一对；我能清楚地转述的成功的案例也只有一对。

成功的案例来自被访者 S42 – TZJ，她是相亲角唯一的免费中介，一年前，她成功地帮儿子在此找到了一个称心如意的外省媳妇，双方已订婚，并于 2008 年 10 月正式完婚。

另外，我从一位被访者口中得知了另外一宗成功的案例。被访者 S24 – LXS，男，上海人，本科，36 岁，公司职员。来相亲角为妻子的姐姐寻找结婚人选。他的大姨子 31 岁，博士，新上海人，是中科院某研究所研究员。

在他的眼里，这对男女之所以能够最终缔结良缘，也是因为女方打破了相亲角盛行的条条框框，容忍了男方的身高缺陷才得以"佳偶天成"。同时，被访者强调这种成功的例子属于个别情况。

　　大概就是去年冬天吧，我看到过这里有人结婚了。那个阿姨她把相册带来了，就是结婚么，那个婚礼上的照片她带来了。带来了以后……大家就很羡慕啊。结果我一看那个男的啊，那个女的哪……这种成功它有它的道理。那个女的长相不错，她身高比较高的；那个男的呢，就是在婚礼场面上站得比她还矮，就是我们通常所说的好像那个体型不佳的那种，矮胖的个儿，结果两个人就成了。这个就是说她那个女的呢，一定是打破了那个框框，如果她也是像这里绝大多数的家长那种想法，那还是不成功。其实它很多东西就是说，有的就是说谈呢也没谈，就把他刷掉了，一看身高不对就没有出去了，就不出去谈了。像这种呢，就是个别例子。

而在其他城市，情况大致相同①。杭州的万松书院和黄龙洞公园相亲会上，相亲者众多，结亲者寥寥。父母过于重视对

---

　　①　长春的"父母相亲会"的婚配效率似乎是个例外：2005—2007 年，长春市退休工人王树芳在牡丹公园每周举办"父母相亲会"，先后帮助 500 多位青年找到心仪的对象。王被评为 2007 年"感动吉林年度人物"及"爱心大使"等荣誉称号。这里所谓"先后帮助 500 多位青年找到心仪的对象"是否真的进行了交往？最后谈婚论嫁的比例究竟是多少？令人生疑。具体报道参见飞鸣镝《长春老人王树芳举办"父母相亲会"》，《老年人》2008 年第 8 期。

方家庭的经济和社会条件，而子女一方则更看重情感和感觉的成分，因此，研究者提出相亲会不能以结婚为目的[①]。而在北京的某相亲角，作为发起者的谷阿姨自 2004 年起，历时 6 年，仍旧没有帮自己的女儿找到合适的结婚对象[②]。

三　相亲角效率低下的子女因素

（一）成材容易，成家难，曾经的优势如何变成今日之劣势？

实际上，从某种程度上说，中国大都市大龄青年结婚难的问题也是一个"历史累积"的结果，这包含三个层面的意思：第一，改革开放以来，中国大陆学制改革的总体趋势是入学年龄推迟，学制延长。一位本科学历的白领工作 3 年左右方能站住脚跟，才敢考虑恋爱婚姻大事，这时已经 29 岁，错过了最佳婚龄。这一点我们在讨论年龄这项择偶标准时详细论述过；第二，父母反对子女在校期间谈恋爱，对于接受过高等教育的白领阶层来说，情况更是如此；第三，求学期间，因为各种原因，子女自己不愿意找或者没有找到合适的男女朋友。

> 我女儿在学校的时候有很多人追的，但是我不允许，我不知道上海找对象难成这个样子啊。我说你读书就读书，读书嘛，应该是"两耳不闻窗外事，一心只读圣贤书"，这个是铁的道理，你如果分心的话……谁晓得当时这样要求她，到头来害了她。（来自被访者 S9－FXS）

---

① 参见谭进、胡一敏《"父母包办相亲"是提高婚恋效率还是"开历史倒车"》，《观察与思考》2007 年第 10 期。

② 参见韩娜《家长相亲会遭遇七年之痒：选媳像选妃　淘婿如淘金》，《北京晨报》2011 年 4 月 19 日（http://acwf. people. com. cn/GB/99935/14421216. html）。

　　我女儿也蛮漂亮的。念书时,人家追她,她就是觉得不行。她就心不甘情不愿的,她这个学校是可以专升本的,就到复旦去了,就抓住这个机会把它读下来。读书么,就没时间白相(意即谈恋爱)了。(来自被访者 S17 - DZY)

　　还有两个更为生动的例子:当被访者 S33 - SWM 得知我带着自己的学生在相亲角做调查时,情绪十分激动,一再劝说我的学生不要浪费时间做调查,而是应该抓紧时间去找男朋友,免得毕业及工作后后悔,从而重蹈自己女儿的"覆辙"。

　　我什么地方都来过了,我有经验。所以我爱护你们,叫你们不要调查,这种东西没什么好调查的。门槛精一点,看见那个好小伙子把他抓牢,大学里面好的上海小伙子把他牢牢抓住,很稳重、很老实的,早点把他们抓牢,早点谈朋友。真的,你们不要不听哦,我的女儿就是例子呀,年纪轻的时候,有多少好的小伙子介绍给她,她说不要,现在后悔了。所以我说你们有这个时间来社会调查,不如去找男朋友去。你们不要来调查,你有这点时间,找个系里面的同学。也不是说要少学,就是学分都拿到了,快要毕业了,快找! 快找对象!! 毕业了以后快找工作,工作么找好了快点嫁掉。这样才是聪明的孩子,你这样做调查没意思的。

　　在与被访者 S16 - ZGR 的谈话中,当他得知我的女学生(参与访问的一位访问员)的父母对其管教很严,不许她在大学阶段谈恋爱,她自己不知道如何去找男朋友的时候。他帮这位在校大学生出了一个主意:

　　你什么时候叫他们礼拜天礼拜六到这里来一次。你说你们到那里去看看,那里形势是什么形势。让你爸爸妈妈自己来，让他们跟这里的人聊聊。反正好玩，没事的。你瞎说，把你的岁数说大一些，我27岁了，什么什么的跟人聊啊。看你早晨出来晚上能不能找到？看看你父母能不能帮你找到合适的？反正像我一样，做个实习：这是我的女儿啊。形势很严峻，真的很严峻。男的到哪里去了我不知道。

因此，"成家难"跟父母在其求学阶段对其与异性交往的态度直接相关。相亲角的很多父母都曾经向我表达自己的悔恨之意。传统的家长们普遍认为求学阶段最为重要的是努力学习，以便在市场竞争激烈的劳动力市场上求得一席之地，毕业后谋到一份好工作，所以他们一般比较反对子女在大学期间谈朋友，更有家长千方百计拆散子女。但是，令他们大跌眼镜的是：毕业后，孩子如愿以偿找到了好工作。然而，上海激烈的就业市场却要求子女更多的投入和付出，才能站稳脚跟。子女仍旧是在工作地点和家里（或者居住地）之间两点一线、朝九晚五地往复，因为种种原因，择偶的圈子反而缩小了。适龄青年寻找一个合适的结婚对象，一没有时间，二没有精力，三没合适的人选，找对象难的问题就自然而然地产生了。

为了更好地求证成材与成家的关系中子女一方的态度与做法，我对自己当时就职的大学的在校大学生进行了抽访（Y1 - CTX 和 Y3 - SMY），结果在一定程度上证实了这一点。

被访者 Y1 - CTX 今年20岁，大学二年级学生，两年蝉联该校"校友网"上的人气明星冠军，在周围女生的眼中："长得很像周杰伦，比他还帅，还会自己写歌唱歌，原创作品发到网上，成绩老好，喜欢他的女生不要太多噢，可他就是不睬找他的女孩子。"被访者父母的职业分别是外企销售经理和学校的财务人员，夫妻恩爱，家庭和睦。

　　我父母的婚姻还是比较美满的。让我很感动的事情是每天晚上吃完饭之后,无论多晚,比如说我爸有时候,他自己有的时候会做生意,会应酬,晚点回来嘛,不回来吃饭的,他只要一回来,第一件事情就是陪着我妈两个人去小区里去兜兜再回来,每天晚上都是这样子的。

　　谈及婚恋问题,他非常肯定地说:

　　我大学期间肯定不找女朋友,三十岁之前是不会结婚的,三十岁之后会考虑结婚,三十岁之后到四十岁之间,如果没结婚的话,那我这辈子就不结婚了。

　　他认为婚姻对于一个男人来说,首先意味着责任:

　　作为一个男生来说,我觉得,为什么我前面说三十岁之前我不结婚,其实我是觉得结婚要对对方负责,要给对方美满的生活,其实这个的首要条件以及根本的条件是什么?就是物质。那物质哪里来?我这样帮你算好啦,即使一个大学生23岁毕业了以后,马上就找到工作,那你说现在你结婚至少要有房子吧,上海房价,基本上每套都要100多万吧?那你说一个刚毕业的大学生,他哪可能刚毕业二三年就赚100万?除非你经商或者是很有本事。那很少这种人,那你说没有物质基础的话,那结什么婚?就算你结婚了,相互之间也是不开心的,因为你会觉得内心之间亏欠很大,我好像没有给她满足的生活什么的。

　　显然,Y1-CTX这里屡次提到的"责任"主要是指男性对于家庭经济基础的责任,在房价高企,物价飞涨的上海,这的确是影响很多大学生婚恋观念的核心要素。另外,其父母之间拥有良好的感情生活,这应该也是这位大学生谈及婚恋问题时多次强调"男人的责任"的主要因素之一。

　　除了经济的原因之外,有被访者认为婚姻是一种负担,坦承感到有压力，并且心怀恐惧：

> 说实话，我对结婚有一点恐惧，我不知道是因为我现在的年龄、思想的观念还没有成熟吧，我觉得结婚对一个，就是特别是对一个男人来说，是一种负担，然后而且，你想你……而且我是个比较喜欢自由的人，我不太喜欢被人家束缚着，嗯……如果会结婚的话，我会觉得很有压力，很……就是很不习惯吧。（被访者 Y1 – CTX）

不管是因为何种原因，在相亲角的有些被访者看来，这些求学阶段，甚至工作之初未能自行解决婚恋问题的孩子有些共同特征：很多都是父母框定的"乖宝宝"；情商不高；或者不能及时走出过往情感的伤痛。

> 这里来的往往是乖乖女，或者是乖乖男，不容易成功。他们父母往往这个一套思想比较比较呆板，有一定的框框，他学历至少不能低于她的，她的本科的，他一定要本科，连大专也不行。他工资也是的，有的人抠工资，有的人不抠工资的。但是他学历肯定抠，上海人对学历，特别是女方，他最起码要跟她平起平坐，比她低一点她觉得丢人，在小姐妹面前她丢人，很丢人。所以这个思想工作是很难做通的。我知道的因为我周围就有那么些人嘛，同学也是的：同学往往是男的找不到，男同学他找不到有各种其他的原因，女同学找不到多数是自身的原因，心理上有点问题。（被访者 S24 – LXS）

被访者 S28 – LHQ 出身湖北某干部家庭，和丈夫也都是国家干部。一对儿女都是本科毕业。小女儿是某知名连锁酒店区域经理，工作地点不定，2006 年已经结婚。女婿在 IBM 任项目经理，年薪丰厚。31 岁的儿子是宝钢下属某通信公司项目经理。退休后，夫妇俩来上海帮助解决儿子的婚姻问题，顺便照顾儿子和女儿。被访者对年薪年年递增的女婿赞不绝口，认为女婿比儿子优秀，情商较高：

> 我那个女婿哩，人比我儿子要优秀些。我儿子个性不好，我那个女婿哩，很文静的，很忍让，个性啊，脾气比较好。我男孩子脾气比较粗暴一点，就是那个很固执，女婿比较温柔一点，他能够忍让。所以说，他为什么对我女孩子能够追到手？我那个男孩子就不会追女孩。别人看重一个女孩，就对别人献殷勤啊，对女孩好啊，讨女孩子欢喜啊，他没有这一套。他就是认为你谈得来的就跟我谈，相互的感情是慢慢建立起来的，相辅相成的。男孩子有大男子主义就是不好，我女儿说她哥哥情商不高。

而被访者自己的儿子，因为迟迟走不出高中时代的第一段感情，自我封闭，情商又不高，更不懂得如何追求中意的女孩：

> 我儿子快高三毕业的那年有过第一个女朋友，那个女孩子害了他。因为我那个男孩子也比较优秀，考到政法大学是第一名，原来叫中南财经政法大学。他们学校第一名考取的，500多分，文科哩。那女孩子自己开放的比较早一点，年龄可能比他大一点点，使劲儿追他。我男孩那个时候不懂事。那女孩只考了300多分，但是我们在教育界，因为我父亲是从事教育工作的，他有一点关系。她来找我们，我们就给她安排了一个武汉大学的那种大专，那个时候可以找点门道嘛。她就来找我们儿子谈对象，就给我儿子送东西，谈恋爱一样的。第一个朋友，又比较优秀，弹了一手好琵琶，相貌又好，很文静很秀气。那个时候，她追我那个男孩，当时我们还不愿意，我们认为那个女孩子太开放了，考到大学以后又非常好。一个在武大，

一个在政法大学，那个女孩子一上大专，也学跳舞嘛，我男孩子就认为，你去跳舞，我就不允许，不喜欢她去跳舞，两人吵着吵着大概没有半年就吵分了。之后什么女孩子都不接受，别的女孩子要和他谈，他都不和人家谈，他根本就不谈。自己管自己玩，封闭自己玩自己的，打游戏，对事业的东西看得很重。（被访者 S28 - LHQ）

此外，我们遗憾地看到，社会高速前行，社会转型下的机遇与挑战使得每个身在其中的人都疲于应对。我们的绝大部分精力都被用于对付各种生存和发展的压力。在求学阶段，学校的课程设置与考察内容也多与此相关，我们恨不能将"成功学"的内容打包复制在每个毕业生的头脑里。我们的各级教育，尤其是大学教育缺乏情感教育。无论是学校，还是家庭，有多少关于情感教育的内容传递给青年人？有没有教过他们如何享受生活？如何感受情感？如何对待两性关系？为什么韩剧，甚至泰剧在中国大陆备受追捧？除去很多重要原因之外，我想青年人是否通过看韩剧自行补情感教育的课呢？为什么日本 AV 女优苍井空被很多中国大陆网友奉为大师？她在新浪的微博一开，14 小时内粉丝超过 19 万[1]。是不是从一个侧面表明我们的性教育的缺乏？

（二）是主动单身、被动单身还是被动前提下的主动单身？

15 宗待婚男女青年的访谈中涉及两位男性独身主义者（Y10 - DIT 和 Y11 - WBL）和一位女性不婚主义者（Y13 - GLJ），这些访谈促使我思考适婚青年"女愁嫁、男愁娶"现

---

[1]　《日本知名女优苍井空开通微博 14 小时粉丝逾 19 万》，《新浪网》2011年 11 月 12 日（http：//ent. sina. com. cn/s/j/2010—11—12/09163143760. shtml）。

象中是否存在家长单方面催婚现象？他们属于被动单身还是主动单身？

贝克尔的分工交换理论把婚姻关系看作是理性的行动者追求自身效用最大化的结果，只有对双方来说，结婚的效用大于单身的效用时，婚姻关系才得以建立①。对男性而言，如果自身经济条件良好，工作充实，有成就感，自我价值得以实现又能带来满足感；能够获得性与照顾（社会变迁与性观念的开放使得"试婚"、"未婚同居"、"不婚同居"、"固定性伴"和"一夜情"等婚外性行为成为适婚青年满足性需求的替代选择，在大众城市，社会对此类现象的容忍度和理解度大大提高）；养老和家务劳动也可以通过社会化的方式得以解决；即便有家人的催婚压力，但是最终的决定权掌握在自己手中，男性的结婚动机很可能降低。

被访者 Y10 - DIT，男，38 岁，硕士，IT 企业经理，父亲事公务员，母亲是街道干部。

> 现在为止还没想过要结婚，觉得一个人过的还蛮开心的。我的工作还比较忙的，所以也没什么时间闲下来，所以也不会去想这些事情，就很难有寂寞的感觉。而且我也有很多朋友可以一起出去玩玩，泡泡酒吧什么的，生活还是很充实的。我想光从经济上来说以我现在的收入，足够我安享晚年了，不需要养儿防老，何况现在也有很多丁克家庭啊，他们不也同样不要小孩吗？从心理上来说我知道老了以后可能会比较容易寂寞，我想我可能去找些老朋友

---

① Becker, Gary S., "A Theory of Marriage: Part I", *Journal of Political Economy* 81: 813—846, 1973; Becker, Gary S., "A Theory of Marriage: Part II", Journal of Political Economy 82: S11—S26, 1974; Becker, Gary S., *A Treatise on the Family*, 1981. Cambridge, MA: Harvard University Press, 1981.

下下棋，养养鸟。我的父母都是比较传统的，对于生儿育女、传宗接代还是看得比较重的，这些年他们也催促过我不少次了，我也因为他们的压力去相过几次亲，但自己没有这个想法所以也都没什么结果，他们也许现在不太理解我，但我并不想改变现在的生活，最后做决定的肯定还是我。以前谈过几个都由于种种的原因分手了，也谈不上什么伤害不伤害的，就觉得烦了，对恋爱什么的没兴趣了，久而久之么就想不到再找一个什么的，一个人也蛮好的，至少很自在，想干嘛就干嘛，不用迁就什么的，所以么，就不想结婚的事了。

被访者 Y11－WBL，男，31 岁，本科，公司白领，父母都在企业工作，父亲是干部，母亲是普通工人。

我从小的梦想就是要走遍世界，这个梦想督促我不懈地努力，一步步拥有自己的经济实力，有了发言权，无论在哪里我都可以按自己的意愿行事。结果我就一步步地做到了！目前中国大陆想去的地方基本上都已经去过了。下一个目标就是到国外一些地方走走了，今年上半年将实现欧洲游的愿望。只有寂寞的人才希望找个依靠，找个聊天对象。正是因为寂寞有些人才会草草结婚。但我从来不知道什么是寂寞，因为我没有时间寂寞。电视节目占用了一部分时间，剩下的时间读书，写文章啊，唱歌跳舞啊！节假日出去看看风景啊，到远方游一游啊，太多事要做了。我看的都是外语类的书。因为每天都要与国外的客户打交道，所以各种外语知识是我必须加强的，工作为重。你认为结婚之后的老年生活是什么样的呢？两个人不可能在同一天离开这个世界。肯定有一个人先走，而剩下的这个人就要承受这种生离死别的痛苦，既然这样，为了老年的幸福还是不要让这种事情发生为好。另外,现在已经不是子孙满堂的时代了,基本上孩子长大后都要离开父母到适合自己发展的地方生活去了。谁还有时间照顾你啊?再说了,父母可以为了孩子赴汤蹈火,但是孩子却很少能为父母这样做。俗话说,久病床前无孝子啊!如果你是个很有钱的爸爸,年老时可能会面临子孙瓜分家产的纠纷;如果你是个无钱的爸爸呢,可能会陷入子孙之间会互相推卸抚养责任的窘境。现实中这样的故事太多了,为何还是有些人不明白呢?到了老年,什么人都不用靠,只要有钱,进敬老院就行了。还怕没人养吗?到时候还有很多老头老太太陪你玩,比在家还热闹!而且不会为家庭琐事烦心哪,哈哈哈!

对女性而言,由于在家庭内部遵循"男外女内"的性别分工模式,女性主要致力于家务劳动,因而,在婚姻关系中交换关系的核心是女性用自己的家务劳动去交换男性的社会经济资源。然而,随着社会的变迁,女性的教育程度逐渐提高,并且越来越多的女性开始走出家庭进入劳动力市场,高职位、高收入的女性逐步增多。对于这些高教育、高收入的现代女性而言,结婚对他们的效用较小而机会成本较大,因此,她们结婚的动机不高,在婚姻市场上更可能成为"主动单身"贵族。

女性不婚主义者 Y13 - GLJ,女,33 岁,本科毕业,公司白领。父母都是公务员。

其实呢我觉得我小时候一直就没有想过结婚这种问题,这个概念其实在我小时候一直就没有出现过。现在虽然我应该可以说已经步入必须要结婚的年龄阶段,但是我真的是一点都不太想结婚,并不是说因为旁边没有追求者,在我身边有很多就是很成功的男士,但是我觉得和他们的交流仅仅是局限于朋友啦同事啦，或者是一些我处于困难的时候他们给予我帮助，但是这并不意味着我一定要和他们产生那种结婚的想法。我真的一点都不想。所以我觉得，这个应该是和每个人的兴趣个性相吻合的吧！有可能和家庭也有关系吧！从小的家庭环境过于优越，有可能会导致他形成这一想法。因为，你想呀，家庭环境很优越，然后呢你就什么都不愁；如果家庭环境稍微差一点的话，你会希望以后好好读书，可以找个好工作，这是个方面，或者是我既然读书不好的话，那我就可以找个好的老公，然后下半辈子就有依靠，但是呢我从小的环境都没有让我有这种压迫感和紧张感，所以我想结不结婚对于我来说可以说是无所谓的，那既然我无所谓的那我就选择不结婚，毕竟不是自己想要的，以后万一在婚姻生活中出现问题的话，对对方、对自己、甚至对我们两个人的家庭，造成的后果应该是很严重的，所以我觉得，就目前来说，我根本就是不想结婚的，以后么也不是很想，从小就根本就没有想过这一方面的问题。

不结婚也不算什么不好的想法吧？自己不想结婚，算不上害别人吧！因为是自己的想法，和别人是没有牵扯的，没有关系的，所以我觉得这种想法尽管不能被大多数人所认同，但是不会遭到大多数人的反对或者鄙视，甚至厌恶。

然后中国法律也没有规定一定要结婚什么的，所以我就想为什么一定要结婚，人生在世界上就一定为了结婚吗？按照中国的传统理论女人最终的目标就是相夫教子，虽然，我觉得相夫教子可以说应该是生为每一个女性所应该具有的一种本领吧！但是就目前情况来说，并不是每个

人都必须要走这一条路的,每个人都有每个人的不同生活
方式,不同的生活轨迹,不应该以一个特定的环境去束缚
住别人的生活发展,这样子的话,我觉得我结婚了但是我
并不开心,我想,以后带来的影响肯定也很不好的吧!工
作么工作没劲,生活么也觉得没有什么乐趣,还不如现在
一个人落得逍遥自在!

她的情况有些特殊,她认为自己的"状况属于单身贵族,
而思想是不婚主义"。在她看来,女性从小的家庭环境和自身
能力是影响个人婚恋观念的两个重要因素,而自己从小家庭环
境十分优越,学习和工作都很好,从来没有生存的"压迫感
和紧张感",所以不会产生依靠婚姻和男性保持或者提高自身
生活境遇的需求;况且作为独女,她得到了父母的极端溺爱,
父母尽管也希望有机会享受天伦之乐,但是绝对不愿意违背女
儿的个人意愿而逼迫她相亲或者尽早结婚。父母的宽容和默许
使她在坚定个人想法的同时,也产生了一定的压力,她的不婚
主义主张有时候也会因此而产生些许动摇,但是她仍然以女性
的经济独立和社会发展趋势等为自己的不婚主义进行辩护。

不婚主义和单身贵族各自所持有的想法是不同的,一
个是不想结婚;一个是有可能不想结婚、有可能是想结婚
只是没有找到合适的,现在还想玩,只是现在社会上想玩
的人很多很多,我觉得大多数女性会持有这种想法的比较
多吧,因为毕竟现在和以前封建社会不一样了,以前是属
于那种以男人作为就是自己的依靠,现在是新时代社会,
女性的地位得到大量的尊崇,然后甚至出现了阴盛阳衰的
说法。大多数情况下女性都可以自己掌握自己的经济权,
所以说既然我有了经济权,有时候自己的生活就会发生改
变。不会再想依靠男人来养活自己啦,甚至是为让自己生

活过得更好来依靠他们，所以，这也是应该是由整个社会的变动、变革所带来的。应该也没有什么对立的，只是个人有个人的想法，个人有个人的生活方式，说不上谁对谁错，是我们这个社会所必不可少的一种方面吧。

此外，对于待婚女性而言，因为找不到理想的结婚对象而被动单身的情况占多数。

我身边的朋友，毕业工作了两三年的女孩子，差不多都是25岁的年龄。白天愁工作，晚上愁男人。她们对男人的要求：至少有自己的房子，最好有车子，工作也不错，人好，学历高，有持续发展和提高的迹象。目前在上海，就算中环内60平方米的房子，姑且算100万元。除家里有钱的外，靠自己能买这个房子的，年龄一般都要超过33岁，从26岁买房到33岁能把房贷还完，这个人的收入，至少不低于2万/月。以我们公司为例，我们公司500人，月薪超过2万的只有20个，也就是4%的比例。有车的就不说了。再说了，目前我们公司月薪超2万，接触下来人很好，目前还单身的男人只有一个。那么这个比例是要在4%的比例当中再扣除一部分。而我们公司里，喜欢这个同事的女人不下10个。也就是说，还要除以10以上，这要算保守说法了，因为外面还有多少女人在追求他就不清楚了。(被访者Y11 – WBL)

(三) 地位提升、观念维续与现代女性的择偶困境

在这一部分，我们试图按照地位提升和观念维续的视角，从理论上总结现代女性的择偶困境，来与西方的相关理论展开对话。

在中国大陆，上海无疑是女性接受教育最广、最深的城

市，也是女性独立性最强、女性的利益最受到保障的城市；而另一方面又是女性最希望依靠男性的城市。经济能力与婚姻进入之间是什么关系？究竟是"干得好不如嫁得好"，还是"干得好不如不嫁"？

首先，以贝克尔为代表的"经济独立论"[1] 者对此并没有足够的解释。相亲角旺盛的"人气"这一特征表明，不管是父母还是子女，对大龄未婚青年都抱有结婚的期望，她们并未因具有较高的经济资源而拒绝婚姻。这一点与贝克尔的经济独立命题的预测相矛盾。

其次，"标准趋同论"[2] 也不符合相亲角的实情，男女择偶标准的差异是造成社会经济地位较高的女性陷入择偶困境的主要原因。

再次，"情境变异论"对相亲角同样缺乏足够的解释力。在中国，上海属于性别角色分工比较平等的地区，按情境变异论的预测，具有较高经济地位的女性更可能结婚，这与相亲角的资料相矛盾。

最后，"婚姻市场不匹配"论对相亲角具有一定的解释力，但也具有中国的特殊性。在中国大陆，随着女性社会经济地位的提高，人们的择偶标准和婚姻匹配模式没有发生相应的变化。

在相亲角，从实证资料看，第一，"男高女低"的婚配模式依然生效，在择偶过程中为了维续和提高自己的社会经济地位，"三高"女性试图寻找比自己地位更高、最起码是条件相

---

① Becker, *A Treatise on the Family*, Cambridge, MA: Harvard University Press, 1981; Raymo, Kimberly Goyett, and Arland Thornton, "Economic Potential and Entry into Marriage and Cohabitation." *Demography* 40 (2): pp. 351—367, 2003.

② Oppenheimer, Valerie Kincade, "A Theory of Marriage Timing", *American Journal of Sociology* 94: pp. 563—591, 1988.

当的男性作为配偶，这就大大限制了她们的择偶范围。

第二，"郎才女貌"的择偶标准和"男主外女主内"的性别分工模式依然生效，男性在择偶过程中，依旧偏爱年轻貌美、持家有方的现代女性，使得具有较多经济资源的女性在她们理想的男性眼中缺乏足够的吸引力，而成为"剩女"。

第三，"三高"女性较高的教育程度（意味着较长的教育年限）客观上延迟了她们婚姻进入的时间，在竞争激烈的婚姻市场上，这一点就直接导致了她们年龄偏大。

第四，在劳动力市场中较长的劳动时间和较高的劳动强度，又使得她们比较难以兼顾家庭和事业之间的平衡，阻碍她们获得目标男性对自己的青睐。

第五，"三高"女性在经济上的独立性较强，对男性的依赖性较小，婚姻进入的收益较小而机会成本相对较高，因而，在婚姻市场中找不到合适对象的女性不太会轻易降低自己的择偶标准"下嫁"，从而导致其单身比率较高。

因此，对于那些经济地位较高而依然固守传统择偶标准的现代女性而言，这其中既有传统观念的延续，同时也是应对转型期不确定的制度环境的产物。在市场转型和现代化转型的过程中，为了应对市场和多变的制度环境产生的不确定性，经济地位较高的女性依然倾向于寻找经济能力高于自己的男性为配偶。总之，在择偶标准、婚配模式和性别分工方面的观念滞后是造成社会经济地位较高的现代都市女性择偶难的主要原因。

（四）现代性对待婚群体人性的挤压

一闭眼，全是老板今天说什么了，明年要发多少个邮件，要见哪个客户，后天去哪里出差，哪里有精力想找朋友的事情……（来自被访者 Y13 - GLJ）

因为她本身工作是在研发部,就是比较技术性的工作,技术性比较强,也不能有差错,因为如果有差错的话呢……那个就要出问题啦,尤其是在他们这个外资企业,外资企业不像在国有企业……他们要求很严的。你如果是技术这方面工作的话,限制你多少时间搞完,搞完以后跟课题一样的话合起来,合起来以后你的指标出不来的话,哪怕你成天成夜的加班,也是你自己的事情。没有加班费、没有钱、没有什么的。你如果是做得好的话,老板给你如果是十天,如果给你的是一个月时间……如果十天就做完了的话……也是你自己的事情。所以,工作又不是争什么男女平等。男的话要求高一点啊,女的好像应该怎么怎么,没有这个,不像国企里面,他们外企就要看你工作的能力,看你工作的这个效果。他们就是工资比较高,实际上他们工作的时间也很长的。(被访者 S21 – CYJ)

通过访谈,我了解到“白发相亲”者的子女大多都忙于工作,家长们普遍认为子女,尤其是城市白领们通常工作压力极大。别说平时,就连双休日都在加班加点,有的更是游走在国内外的“飞一族”,很多人不能给感情留有空余时间。尽管白领们也拥有自己的交际圈,但多数以客户和上下级为主,很难在其中牵起红线。这其中的障碍主要体现在以下三个方面:

第一,工作压力与升职压力并存,外企或者医护等一些特殊行业的青年人尤其如此。比如,一位医科毕业生,做到正规医院的主治医生最快需要 6 年时间。比如海员常年出海,在大陆上生活的时间较短,而船上的工作场所缺少异性,更缺乏交友机会。

第二,上海的空间不断扩大,房价高企,造成很多人居住地与工作地之间空间距离拉大,每天花费在公共交通上的时间和精力无疑从客观上“剥夺”了青年人对于婚恋事业的投入。

根据中科院可持续发展战略研究组所做的《2010 中国新型城市化报告》①，在列出的 50 个主要城市中，有 17 个城市上班的花费平均时间大于 30 分钟。如图 3—1 所示，北京市上班平均花费的时间最长，为 52 分钟，其次为广州 48 分钟、上海 47 分钟。报告中称，英国咨询公司雷格斯公司日前对 13 个国家和地区的一项调查显示，中国内地上班族每天在上班路上（从家到单位单程）花费的时间领先全球。这项调查显示：中国内地上班族上班平均需要时间为 42 分钟，其次是印度，39 分钟，而美国和加拿大排在第九和第十，分别只需要 23 分钟和 22 分钟。仔细研究报告后我们会发现，上班花费时间最多的北京、广州、上海、深圳都是房价较高的一线大城市，上班花费时间差不多与房价成正比，这显然并不是巧合。因为中心城区房价太高，普通工薪阶层无法承受，只能购买或租住远郊的房产，然后每天花上一个小时甚至更长的时间乘坐各种交通工具去位于中心城区的单位上班。

　　第三，现代企业和事业单位内部分工愈来愈严密，工作空间缩小，工作团队范围缩小（20 世纪 70—80 年代的青年人工作的工厂车间人数较多，有利于小青年谈朋友，这一点在访谈中多有提及。比较而言，目前现代化的诸多工作单位，尤其是外资企业，每个工作团队最多只有 5—6 个人，何况被选者未必合适），大大缩减了可选性。

　　　　讲起来，中国人很封建的，这里的父母做主，把女儿的牌子挂着拿出来卖。你们都看得出来的，这个政府工作中就有断档。有缺节，这个缺节是由于上海的工作单位、生产单位的结构的问题。老早一个纺织厂可以有一万多个人，他就

---

① 中国可持续发展数据库（http://www.chinasd.csdb.cn/index.jsp）

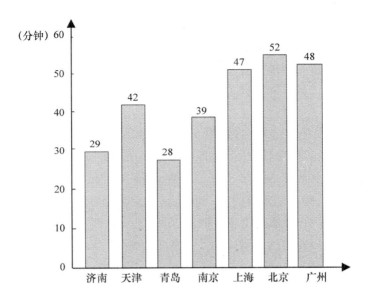

图3—1　2010年中国内地部分城市上班路上单趟平均花费时间

很容易找。现在再大的公司,只有几十个人的公司很多的,实际上接触的范围就小了。(来自被访者S29 – CGD)

　　当今社会现代性的发展是否已经导致青年连谈恋爱的时间都没有了呢?我们认为更深层次的原因可能是缺乏固定的交往群体所导致的,因为现代企业缺乏员工交流活动机会,工会、妇联等改革开放前发挥的为青年提供交往机会的功能逐渐丧失,而各类非政府组织比如慈善组织,志愿者组织或通过网络形成的民间组织的发展还比较有限,导致了公共交往领域的真空,如果再加上个人性格内向,恪守自己的某些僵化的择偶标准,或者谨遵父母的一些刻板要求,就更容易导致大龄待嫁女或待娶男的出现。

　　社会竞争压力大,大龄未婚是他们获得体面的职业、稳定的收入、较高的文化素养和就业能力所付出的代价。长时间的高等教育，校园环境的限制，就业后频繁的社会流动等耗费了他们大量的时间和精力，情感方面的投入有限，于是，"一路努力过来，眨眼间就成了大龄青年"。

（五）相亲角为何缺乏西方意义上的"约会文化"？

这里，我们试图从待婚者自身对这一问题的理解，继续探索相亲角这种效率低与人气旺共存现象背后隐含的"达芬奇密码"。我们试图追问的是：现代化与全球化背景之下的相亲角是否缺乏西方意义上的"约会文化"？

在中国原先的封闭的民族国家或社会中，婚姻市场上大概主要存在两种文化：以"父母之命，媒妁之言"为特征的"包办文化"和"郎有情妾有意"为特点的"私奔文化"。随着"五四"新文化运动的兴起与传播，青年男女自主恋爱，自由联姻的婚配方式逐渐成为主流，这大概是中国"找对象文化"的滥觞。尽管中国大陆在民主革命和社会主义建设初期也曾经出现过"组织安排，组织配对"的"拉郎配"式婚姻，但是，总体而言，当事人在婚恋关系的结成与延续中越来越占据主导的位置。尽管如此，长期以来，我们没有西方意义上的约会文化，有的是"找对象文化"。事实上，这并不意味着中国人在抵制欲望和培养感情方面比西方人更擅长，可以越过约会阶段，大步流星地步入爱情的圣殿，相反，"找对象文化"，或许不过是对人的肉体欲望和精神依恋发展不成比例这个客观现实的不承认而已。

一方面，大陆在 20 世纪 70—80 年代开始进行的以改革开放为特征的经济改革过程中，社会情境与婚姻市场发生了巨大的变迁，这些巨变导致个体的自我认同、生活方式、参与社会

生活尤其是构建个人生活空间的方式产生了裂变,旧有的
"找对象文化"在参与的行动者及其行为策略方面发生了深刻
的变化。另一方面,囿于中国传统婚恋文化,尤其是性道德和
价值观念的影响,相亲角"70后"、"80后"待婚人群仍然无
法建构出属于自己的"约会文化"(Dating culture)。

　　首先,在相亲角,原本应该成为约会主角的男女主人公为
什么不出现?

　　　　为什么家长出面,儿子、女儿到哪里去了?像这样一
　　种父母出面,这样一种方式在国外也很少的。这是一个怎
　　样的社会问题?是什么样的社会层面造成了这样的社会问
　　题?还有就是怎样使它更加成功?这是一个社会的现象,
　　为什么都是家长出面?外国人拍照,不能理解,认为你们
　　这是人口市场啊。讲起来,中国人很封建的,这里的父母
　　做主,把女儿的牌子挂着拿出来卖。你们都看得出来的,
　　这个政府工作中就有断档,有缺节,这个缺节是由于上海
　　的工作单位、生产单位的结构的问题。老早一个纺织厂可
　　以有一万多个人,他就很容易找。现在再大的公司,只有
　　几十个人的公司很多的,实际上接触的范围就小了。(来
　　自被访者 S29 – CGD)

　　其次,在相亲角,被"挂牌出售"的待婚男女究竟是哪
一类人?他们之间的约会如何?

　　　　约会?这里来的往往是乖乖女,或者是乖乖男,不容
　　易成功的。美国人约会是吃饭啊,送花啊,音乐啊,这里
　　的受家长的影响比较大。这些不成功的往往是在家里比较
　　听话的小孩,没有叛逆性,有叛逆性的他早就成功了,他
　　自己看中的,家长反对也要。乖乖男就是……家长说,你

想想清楚，将来怎么样怎么样，他就不敢交往了。你要再约他，他哪里肯跟你出来？小姑娘也一样，他们的父母往往这个一套思想比较呆板，有一定的框框，他学历至少不能低于她的，她是本科的，他一定要本科，连大专也不行。他工资也是的，有的人抠工资，有的人不抠工资的，但是他学历肯定抠，上海人对学历，特别是女方，他最起码要跟她平起平坐，比她低一点她觉得丢人，在小姐妹面前她丢人，很丢人。所以说，外国人约会是凭感觉，这里的年轻人主要是听父母的，看条件，当然不算是约会了。（来自被访者 S26－LXS）

再次，在相亲角，有的只是"找对象文化"：两个人从第一次手拉手开始，婚姻这个主题就扑面而来。

你们（指我和我的女学生们）现在还小，到了他（指旁边的人）女儿的年龄，实际上谈朋友的目的就是结婚，不是为了交友、为了浪漫、为了一起玩玩什么的。结婚你得有房子吧？你现在去买房子看看，内环与中环之间两万元，就算一万五，买一百平米，一百五十万，装潢不算的话，如果去贷款，要二十年，等于要还三百万。一个月工资五千，一年才六万，十年只有六十万，要还三百万，二十年这样的贷款要翻一倍，现在银行贷款利息百分之七点几，一倍多了。外国人约会是为了浪漫，他们国家发达啊，生活好，福利好，没什么可担心的。我们就不同了，我们来这里就是找对象，找能一起过日子的人。找情人，包二奶的人才老想着约会呢。（来自被访者 S36－SYS）

还有，在相亲角，与西方率直、有几分冒险色彩的交友文化不同，这里的交友文化充满东方色彩的含蓄与谨慎。

我们现在这个社会，所谓的沙龙也好，派对也好，都是以认识的人为主，不认识的人是不会交往的。中国人的这种观念……我女儿她们也不大愿意跟不认识的人见面，社会上坏人那么多，她也不敢。这里给她介绍的见面，也是我们大人看了又看，打听了又打听，他们自己也在电脑上谈过的……你叫她自己随便找个人见面约会，她也不肯的。可是呢，我们给她介绍的她也不一定有感觉。所以很矛盾的。反正像我跟你现在就这样谈谈，因为我们坐着也没什么事，但我绝对不会给你一张名片，约你出来的，虽然我跟你有共同的话题，你是社会学的，我也蛮感兴趣的，但绝对不会约你见面。外国人就不一样，他们会留下手机之类的信息，方便联系。（来自被访者 S46 – GLS）

最后，从相亲角扩展出去，上海是否也缺乏与"白发相亲"这种择偶模式相配套的、西方意义上的、有利于"约会文化"发展的场所和"名片"？比如社交会、教堂联谊、为单身男女准备的酒吧和公寓、根据收入情况和其他性格特征分区居住以及交换能够详细说明个人所取得的各种成就和家庭背景的简历等。以上海为例，位于淮海路的"夏狮广场"（现已更名为"华狮广场"）是全市最大的男女约会广场，地理位置很好，位于富有情调、时髦高雅的淮海中路，周围的氛围也十分有利于发展情感，但是，奇怪的是，这个广场一直人气不旺，坊间戏谑的解释是"夏狮"谐音"下世"，意味着在这里约会也不可能找到理想的结婚候选人。

第四章

合作与协调：相亲角
为何人气旺？

尽管相亲角成功率较低，能够真正配对成功并步入婚姻的知青子女寥寥无几，但是他们的父母们仍旧对此乐此不疲。在一些被访者眼里，这是个鱼龙混杂的地方，然而这并不妨碍有些父母们每个周末和其他的节假日在这里盘旋逗留，成为特殊的"周末上班族"。在本章中，我们将着重探讨效率低下的相亲角却聚集了很旺的人气的原因。

一　相亲角的路径依赖

知青一代父母选择公园这种公共空间来解决婚恋问题，在一定程度上是一种路径依赖，具体是指从"自发相亲"到"白发相亲"。一方面，这种解决办法具有政策层面的路径依赖。20世纪60—70年代城市知识青年上山下乡，由于政策上的规定，如果想返城，往往不太会结婚。接受我们访谈的父母中属于这种情况的不在少数。当他们从外地回到自己生长的城市时，不少人都已年近三十，仍然单身。如果说"剩女"一词是21世纪初的标签，"大龄青年"就带有80年代和90年代

的印记。"大龄未婚青年"当时被看成是一个重要的问题。这
一点,我们从当时的《人民日报》等党的主流媒体对有关大
龄青年的报道中可见一斑①。《人民日报》在这方面的报道以
1984年和1985年最多,就数量而言,1986年已大幅减少。从
报道中可以看到,各地各级地方政府都对此做出了反应。1984
年6月21日,全国总工会就解决大龄青年的婚姻问题召开过
座谈会,号召工会、共青团和妇联联合起来创造条件。由此可
见,政府关心并大力倡导要解决大龄青年的婚姻问题,共青
团、妇联、工会都大张旗鼓地组织青年男女的联谊活动,妇联
还提供登记和介绍服务②,很多人通过这种途径解决了婚姻
大事。

　　从当时的媒体报道看来,这至少是一场声势浩大的运动,
以致后来每说到"大龄青年",大抵都是和婚嫁相关。妇联、
共青团和工会等的干预,在当时号称"从摇篮到坟墓"的体
制之下,似乎理所当然,但是也为把个人婚姻问题公开化、社
会化做了铺垫。同时,这次运动似乎也重启了集体相亲的方
式。在经历了凡事都要大范围动员、凡事运动化的几十年之
后,相亲集体化也就不显得那么突兀。这也为后来在公园中把
相亲做成集市一样做了铺垫。

　　另一方面,这种解决办法具有实际操作性层面的路径依

---

　　① 参见《〈中国妇女〉大年龄青年婚姻专号将出版》(1984年9月8日),
《为帮助大龄青年解决婚姻问题　北京市举办大型联欢晚会》(1984年6月20
日),《郑州为大龄未婚青年举办晚会》(1984年7月3日),《四千"红娘"搭鹊
桥》(1985年2月6日),《祝您幸福》(1985年3月1日)等。
　　② 怀默霆和白威廉在其书中提到,通过舞会让未婚适龄青年认识这一做法
曾在20世纪50年代和60年代初存在,但后来被指是"资产阶级"和"腐化",
最终停办,参见 Whyte and William L. Parish, *Urban Life in Contemporary China*, Chi-
cago, IL: University of Chicago Press, 1984.

赖。20 世纪 80 年代，北京的龙潭公园曾经聚集着很多为自己寻找配偶的回城青年①，这是"自发相亲"；25 年后，当他们的子女长大成人，进入择偶阶段后，他们又自发组织了"相亲军团"，这次，他们是"白发相亲"。由"自发相亲"到"白发相亲"，中国社会经历了经济改革开放的巨大社会转型，市场化的那只手在中国上空纵横捭阖。一个简单的问题是：社会发展了，人们解决问题的手段应该多元化了，为什么两代人同样一个择偶问题，老一代仍旧要用老办法？

二　相亲角的比较优势

相亲角人气旺的外因之一是相亲角具有一定的比较优势。通过上一章对相亲角的情感结构的分析，我们知道曾经在计划制经济下解决大龄青年的择偶问题上作用明显的工青妇这三套马车，在市场化时代，对于解决知青子女的婚恋问题基本失效。因此，知青一代父母不能再依靠国家和政府的帮助。一项关于"城乡比较视野下的家庭价值观变迁研究"表明，在上海，关于结识恋爱对象的方式，70.2% 的人认为网恋"浪漫但不可靠"，调查也显示，六成以上的伴侣是通过介绍认识的，自己认识的为 39.6%，而其中通过网上认识的即使在 30 岁以下也不到 1%②。由此可见，随缘结识、通过亲友介绍、婚介、网络和传媒征婚方式等其他各种结识异性并发展婚恋关

---

① 参见谭进、胡一敏《"父母包办相亲"是提高婚恋效率还是"开历史倒车"》，《观察与思考》2007 年第 10 期。

② 刘汶蓉：《"城乡比较视野下的家庭价值观变迁研究"上海地区调查初步结果公布》，中国社会科学网 2008 年 5 月 15 日（http：//www.cssn.cn/news/323862.htm）。

系的方式存在这样那样的问题,所以很多父母及其子女不得已才走进公园的相亲角。

待婚男女的父母们不愿意寻求婚介的帮助,原因主要有两条:一是正规的中介一般都要求择偶者的详细信息,包括身份证、学历证和家庭住址等,因为此类信息对于个人而言,事关重大,万一不慎泄漏,会造成很大的麻烦,所以父母们不大愿意冒这个风险;二是婚介的收费门槛较高,却并不能保证找到理想的结婚对象。

　　第一步是登记,扫描资料,接下来订合同,合同那就要花大钱了,最少八百,然后几千几千加码,譬如八百块给你看四个人,四个人看完了他说完了,再要的话就一层层加上去,有订半年的,也有一年的,这个钱就一层层加上去了。还有,他说是说按照你的要求帮你找,但有时可能是骗人的,也可能用婚托,你也不知道是假是真,他说这个男孩是研究生,高收入啊什么的,实际上是假的,他来了谈了 10 分钟后说不合适,那你也无可奈何。(被访者 S38 – ZFZ)

　　很早,几年前我们婚姻介绍所去过一次,但我不相信他们。里面不是不好,他们就是以经济为主,因为他们的宗旨就是赚钱。你钱交给他了,他帮你卖力地推荐;你钱精打细算的,他们要搭架子的。这是四五年前,我到一个婚姻介绍所登记过的,他们口头上说的是好的,到后面都是喇叭腔(意即"没有下文")。像今天,能抄到一个或两个联系方式已经很不错了。(被访者 S22 – FHJ)

既然父母们认为婚介是"骗人骗钱"的,不值得信任,吃过亏的父母或者道听途说中介骗人之人之事的家长毫不犹豫地将婚介剔除出解决"男愁娶,女愁嫁"难题的支持网络。

在中国独特的"差序格局"中，能够帮助子女解决择偶问题的，自然是家庭支持网络。

同时，我们的研究发现：人气旺的一个至关重要的原因在于人们相互之间心照不宣地对目标异化的接受和推进。

三　相亲角的潜功能

作为帮助子女寻找婚配对象的平台，相亲角的作用和效率比较有限，但是，它之所以"人气"越来越旺的原因主要是因为它具备了很多隐性功能，而正是这些重要的潜功能，吸引着家长无论天寒地冻，还是夏日炎炎，都坚持不懈地聚集在公园这个奇特而有趣的角落里，热热闹闹，寻寻觅觅。相亲角的潜功能大致可以归纳为以下六个方面：

（一）知青一代父母的社会交往与情感交流的新途径

与西方子女成年之后的亲子关系相比，中国的父母和儿女之间似乎更为亲密。但是，与这种情感上的亲密同时存在的是：因为"70后"、"80后"工作繁忙，生活方式与上代差异较大，知青一代与其子女的相处时间大大减少。这在客观上为知青一代走进公园，寻找自己新的情感寄托和交流创造了可能。

来公园嘛不累，反正在家也没事，女儿也不回家吃饭，周末也要出去玩，出去健身啊什么的，我们退休了也没什么事做。（被访者 S22 – YWM）

1. "上海知青的情感驿站"

在目前的社会环境中，一位健康状况尚好、子女尚未婚娶，更没有第三代需要照顾的城市老人的退休生活大致包含哪些内容？日常生活可能是晨练，购物，做家务，散步，看病，照顾宠物，外出旅游等；精神生活可能是看电视，看报纸，少数人也可能上网，参加宗教活动等。与上述活动不同的是，去相亲角"白发相亲"让他们暂时脱离了日常生活中的惯例，在一定程度上满足了他们的精神需求，而且花钱不多。这大概就是出现在相亲角的父母们之间有谈不完的话题的原因之一。他们赞扬着子女的优点，讲述他们在学业和事业上的成就，自豪地展示他们的照片；追忆抚养他们的艰辛与欢乐。如果老人们之间碰巧有相似或相同的知青经历，谈话的内容就更加宽泛：他们下乡插队的知青岁月；回城后的炎凉世态；工作中的低谷和奋起；退休后的生活，等等。看到这种热闹的场景，我们就会有这样的印象：父母间的社会交流与想象中孩子的幸福至少是同样重要的。

对于知青一代父母而言，相亲角不仅是为子女寻找结婚对象的地方，也是这些上海知青排忧解闷的场所，相亲角是他们的情感驿站。诉苦、感慨、不解等感情交织在一起。

有很多上海知青也很苦的，跟我这儿诉苦。都是坐我跟前，一个女的，有两个女儿，一个 1975 年生的，是职高毕业；一个是 1978 年生的，我没看出是什么毕业，可能也高中之类的。一个是宾馆的大堂领班，另一个是好像……两个挣得都不多。1000 多块钱吧。她男人是企业退休的，挣得也不多，他家住 19 平米的房子，4 口人，还是两个大闺女。你说多困难啊。我当时没敢说别的，我就说你们怎么一直住这房子？她说，我是下乡回来的，回城的那种，挺困难的。她说女儿也不给她钱，就给买吃的，怕给钱不舍得花。她家两个女儿都给家买吃的，看家缺什么吃的就买什么。（被访者 S4 – SLS）

他们感叹两代人对婚姻的态度不同:

> 就我们那个上山下乡知识青年那个时候,他们都没有学历,很随便的。像我……我也到黑龙江去过的,我在工厂里面干活,看到某个姑娘,人家介绍了,就结婚了,不谈条件的。这是 80 年代,是 1980 年左右的,是我们这一辈的人。我回上海有三十岁左右,三十多了,找对象,大家都是一般工人么,看上了就凑合在一块儿了,不谈条件的,也养了小孩,也过得蛮好的。现在不同了。那个时候不讲功利的。不像现在,你有房子啊,你拿多少钱啊,你的父母条件怎么样啊,都牵涉到父母了哎——你家的父母是不是一塌糊涂呀(笑)。我感觉到还蛮可笑的,这两个小孩谈得拢看得中,跟父母没有什么关系的。呃,还考虑的问题很多。(被访者 S35 – WGD)

也感叹现如今离婚率的攀升:

> 现在的文化程度高了,这个人好像意思就是,思路也开阔了。那时候比较封闭的,人想的没有这么多。过去的时候离婚是个很羞耻的事情,是个很没面子的事情,但是现在好像觉得也无所谓,现在可能你这个人早就离掉了别人还不知道。为什么呢,现在离婚不要单位什么东西的,自己就可以去办。那时候离婚要比较大胆,你要离婚可以的,你要经过单位,单位给你盖章,你自己写东西,写完了以后单位给你盖章。单位一盖章不就都知道了嘛。哦他们俩离婚了,都知道了。现在就是你们俩自己跑到那里去,把那个结婚证书拿过去,把身份证拿去,再你们俩写个协议,我们俩孩子归谁,什么财产归谁,这样拿过去,五分钟就可以解决问题了,对吧? 单位还不知道,等要知道了,都两年前就离婚离掉了,对吧? 那时候人家观念跟

现在观念不一样。现在人家很开放,什么都比较开放,无所谓啊,现在离婚多得不得了。其实结婚没几天、几天的也有。一个礼拜的也有。(被访者 S16 – ZGR)

更感叹择偶标准的变化:

因为人的品质啊,随着时代的变化都变了。那个 80 年代那个时候结婚的人,那个知识青年,他们都很正宗的,没有像现在这些人这样狡猾,我感觉狡猾。你说话我怀疑你是不是说谎,我们都有这种感觉是吧?你这所谓的掺和是吧?中年人、老年人,有些老年人也不是东西。网上不是讲吗?一个老太太摔倒了,然后人家扶她,她就赖到他身上,说是他撞的。(被访者 S35 – WGD)

2. 寻找"亲家朋友"

"我不仅来相媳妇,还要相父母。"被访者 S18 – ZLT 说:

结婚之后,儿子媳妇就要兼顾到两个家庭,过年过节只到女方家,就会冷落我一个人;如果每次过节都在我们家,女方父母又会显得凄凉,总之偏袒了哪一方,都会出现两个家庭相互"吃醋"。如果父母双方可以先成为朋友,大家志趣相投,有共同爱好和话题,情况就不同了。娶个好媳妇就能多两个好朋友,过年过节可以像大家庭一样,全部聚集在一起,礼尚往来。再说了,朋友之间就不会斤斤计较太多事,解决了子女的后顾之忧,又有利于家庭稳定。

正是出于这个原因,被访者认为相亲角能够让她找到儿媳妇的同时,又能找到亲家朋友,也能丰富晚年生活。

被访者 S30 – LZG 也赞同上述观点:

我希望在帮子女相亲的同时,也帮自己找亲家朋友,以后一家人出去旅游,享受天伦之乐。两个年轻人过着小两口的日子，亲家四人还能凑一桌麻将。两家人成为一家人，父母都关心子女，以后遇到困难，一个大家庭还能共同出谋划策，也会为儿女今后的婚姻生活添彩呢。

3. 短途"游客"

被访者 S13－YGR 心态很好，也很喜欢出去玩。晚上基本上在家，白天有时会外出，比如与同学或朋友去茶座喝茶或者购物等。平时在家里就是"毛线打打，家务做做"。周末去公园相亲角已经成为了她退休后的全部周末生活。在她女儿的眼里，与其说母亲是去帮自己找对象，倒不如她更像是去"短途旅游"：

> 她是 84 年，所以不急的。有就有，没有就没有，我就来玩一玩，认识一点朋友更好。对哦？有什么不好的，反正退休了在家里面，来玩玩蛮好的。我来这里嘛，不辛苦，就在这里玩吧，中午的时候么到外面吃点点心，弄点小吃吃吃，再玩再来呀（笑）。我自己么也带点东西过来吃啊，我女儿说我："你哪里像是帮我去找对象啊？根本就像是去旅游嘛"（笑），像短程旅游去了。

被访者之所以能够以某种"游客"的身份频繁出入于相亲角，主要与两个因素有关：第一，女儿条件不错，年纪尚小。

> 能找到就找到，找不到就找不到，也无所谓。因为我们女儿呢，长相也好，职业也好，学历也好，不会找不到的。就是我女儿不要嘛，要嘛谈也谈好了。

第二，这位母亲的心态比较平和。

> 我心态蛮好的。做人嘛，那么吃力干嘛呢？心里想的是一套，嘴巴上说的是另外一套，那么吃力干嘛呢？对哦？没必要的哦。平常心待人对己啊。

(二)知青一代父母交流日常生活信息的新平台

父母交谈内容不仅涉及子女相亲,也涉及很多生活琐事和社会时事。他们会比较来公园的几种交通工具的利弊,乘坐几号线路在什么地方换线省钱又方便;他们也会比较各个区之间的物价和消费水平;他们还会交流哪个超市购买的生活用品质量上乘,等等。

2008年5月12日四川大地震发生之后,5月17日我再次来到相亲角做访谈,发现大部分人都在谈论地震的事情。我并没有急于访问,而是观察并旁听他们讨论的话题。发现主要有这些方面:地震中如何逃生;身在四川的亲戚朋友们的情况;地震当天自己和家人的反应,等等。

因此,父母相互之间在介绍子女的同时,也会交流很多其他的信息。很多之前的陌生人由此变成了熟人,熟人与熟人之间在这里已经形成了一个关系网络。从某种程度上讲,相亲角已经变成了一个城市空间中独特的信息集散中心。

(三)单身老人择偶的"鹊桥会"

被访者 Z1 – MXS,男,59 岁,上海人,中专毕业,退休前是摄影师。他 7 年前丧偶,来相亲角有两年时间。之前是帮助女儿找结婚对象,一直未果。2007 年年底女儿经朋友介绍,认识了现在的男友,交往一段时间,两人开始谈婚论嫁。被访者开始考虑在相亲角寻找自己的幸福。

> 像我们这个单亲家庭嘛,女儿能够早点嫁出去就早点嫁出去。我妻子前几年就过世了,过世有六七年了。我抚养小孩上大学,现在轻松了,女儿也工作了,我也退休了,经济状况也好了。女儿也马上就成家了,我自己还想

找个老婆。最好在 50 岁左右啰。这个要求就是条件要相仿，我有房，对方也要有房。小孩倒无所谓，反正迟早都要成家的，对吧？经济无所谓，有房大家两边住住就可以了，还有最最关键的，就是大家不妨碍大家的事，不要对小孩带来很大的隐患，大家要不拖累。还有就是兴趣爱好，比如说我麻将不打的，舞也不跳的，我是搞摄影的，我喜欢摄影。如果对方整天是打麻将，我不喜欢的，这个不是我要的生活。现在往往跳舞、打麻将的人很多的。你到这个大圈子来找也好，像亲戚见面，这个面很小，这里的面很广，人很多的，礼拜六你来看人更多。

被访者 Z2 - LAY，女，55 岁，上海人，初中毕业，退休工人，丧偶。被访者插队时嫁给江苏常州某农民，对方家境贫寒，生活很苦，1992 年老伴生病去世，子女半工半读，分别毕业于沪上名校，各自成家，生活稳定，支持母亲找一个老伴共度晚年。

　　我现在平时在办公室里面做做清洁工。女儿的小孩也大了，也四五岁了。她不要我带的。平时都在幼儿园，星期六、星期天在家里带带。现在一个人也不大方便，现在身体好，好像不要紧，以后等年纪大了就知道了，要找个伴，需要有个人照顾。身体好的时候还可以，身体不好么总归有一点的。总归要有一个人帮助帮助吧。我两个小孩嘞（微笑），现在么小孩都大学毕业了，都成家了，我才考虑自己的事情。听我同事说这里能找，就来了。

在国内的其他大中城市，相亲角还扮演了单身老人的"鹊桥会"的角色，如北京中山公园，相亲角也成为中老年人寻找伴侣的平台。一位印度女记者寻访北京中山公园相亲角，当她准备离开时，"一名妇女从后面追上我，请求我为她 28 岁的女儿寻觅一名合适的对象。当我同意帮忙试试看时，她抓着我的手低声说:'我觉得说出来都有点不好意思,我也在为自己找对象。我丈夫几年前去世了。55 岁到 60 岁的人都行,我也对外国人开放。'"①

在一篇题为"谁相亲"②的文章里,老父亲每个周末帮儿子在市中心的公园里相亲,却不知儿子已有心仪的女孩。后来儿子告诉父亲,自己与女孩的关系已经确立了,准备周末来家里拜访,他不用去参加相亲会了。而老父亲却回答说自己在公园也找到了意中人:原本这两位老年人都是帮助子女寻找结婚对象,不料双方在相互介绍子女的过程中相识相知并相恋。这种阴差阳错的姻缘在文学作品中有很多描述③。

除此之外,受到相亲角的启发,并且由此演化开来,在中国大陆很多城市,地方政府与企业合作,举办了多种旨在服务老年人的公园相亲会。在哈尔滨市兆麟公园,老人"征婚热"渐成常态,公园相聚公开相亲④。在湖南省长沙市老龄办的帮助下,老年人在烈士公园为自己办起了"鹊桥会",以唱歌跳舞交友的方式为自己相亲⑤。山东省青岛市老龄工作委员会办公室也在青岛市中山公园主办过多次中老年联谊会,近千名单

---

① 　[印度]帕拉维·艾亚尔:《"婚姻市场"的星期天下午》,《亚洲时报》2010 年 7 月 10 日,转引自《中国网》(http://www.china.com.cn/international/txt/2008—07/11/content_ 15991266. htm)
② 　余平:《谁相亲?》,《广州日报》2006 年 10 月 26 日 B6 版。
③ 　如《围城》中三闾大学之相亲。汪太太目的不纯地组织了一场相亲,结果让方鸿渐和赵辛楣对两位女主角失望之极,而赵辛楣却被汪太太吸引,媒人和相亲者开始谈情说爱。参见钱钟书《钱钟书集·围城》,生活·读书·新知三联书店 2004 年版,第 243—292 页。
④ 　原野:《老人"征婚热"渐成常态　公园相聚公开相亲》,《新晚报》2010 年 7 月 20 日(http://www.xinnews.com/)。
⑤ 　徐炯权:《公园相亲,单身老人自办"鹊桥会"》,《老年人》2006 年第 2 期。

身的中老年人来到现场，寻找自己的另一半。① 可以肯定的
是：从出现的时间来看，这类公园老人相亲会是借着相亲角的
人气将父母代替子女寻找结婚对象的"白发相亲"变成真正
意义上的"白发相亲"。

（四）外地父母建构居住地认同的一个认识性资源

相亲角类似于一个聚光灯，而相亲话题是父母们的兴趣点
和关注点。因此，相亲角对于他们而言就有一个"议题聚焦"
的功能。

被访者 S4 – SLS，65 岁，退休前在哈尔滨某企业做教育主
管，先生早年毕业于北京某工程类大学，在部队从事通讯工
作，已退休。为了儿子的婚事，SLS 不惜与丈夫两地分居，于
2008 年春节前夕来到上海。

> 我来这（指相亲角）一个月了，这一个月中，除去
> 旅游过一次，其他时间我都来这。都认识很多人了，有河
> 南的，江西的，也有东北的，东北的有好几个呢，齐齐哈
> 尔的，大兴安岭的都有。她们都经常来这里的，来了后就
> 经常唠唠嗑。

包括得到相亲角的最初信息，也是通过东北老乡的网络。

> 我在超市买菜，碰到老乡了，也是东北人，就唠嗑。
> 她说你儿子多大了，找着对象了没？我说我可急坏了，就
> 为这事我就没回去，原来我准备过了正月十五我就回东北
> 去的。她说，你上人民公园去看看，那里人多，回来你就

---

① 李晓丽：《别样母亲节礼物：中老年人相亲会昨在中山公园》，《青岛早
报》2010 年 5 月 9 日（http：//www.qingdaonews.com/gb/content/2010—05/09/
content_ 8371848. htm）。

说是谁谁介绍的，看他喜欢什么样的。我这才来了。

北京的相亲角也具有这个功能。"就像为了证实我的猜想似的，一位手拿小扇子扇风纳凉的年长的男士告诉我，现在中国的公园里可以从事这样的活动，他觉得很好——毕竟老是散步有点无聊。"①

（五）相亲为两代人的情感交流提供新话题

尽管抱着"不婚主义"的主张，被访者 Y13 - GLJ 不能否认相亲也有好处：

> 有时候就会和父母多些交流吧！也许这算是一种好处，因为大多数情况下我工作到很晚，然后爸妈都很早就睡觉了嘛，然后回去的时候呢，他们都睡觉了，所以我就是属于那种早出晚归型的，一般来说和父母交流比较少，但是呢如果有了这种想法他们会时不时地来问我。比如说：唉，现在听说你们这里同事又转进来了个新的男同事，你觉得有什么想法啦？他们会这样子问问我嘛！有可能就是无形之间增加了我和父母的交流，这算一个好处吧！（被访者 Y13 - GLJ）

父母周末来公园的相亲角帮助女儿寻找合适的结婚对象，被访者 Y5 - XXJ 亲自陪同，在谈到父母这种代替自己相亲的行为以及她本人的反应，她说：

> 我觉得很感动啊，没有一点反感，完全没有。他们为了自己子女的事情能够大清早跑到这个地方来跟人交往啊

---

① Cinderalla：《中国父母的一厢情愿——公园速配》，《每日镜报》2008 年 6 月 17 日，转引自《中国网》（http：//www.china.com.cn/international/txt/2008—06/17/content_ 15834690.htm）。

什么的。今天看过以后，我回家可能会对他们更加好一点吧，觉得他们为了子女的事情……就是可怜天下父母心。之后，我们也会讨论一番吧，毕竟他们今天也看过好几个男孩子的情况了。这下好玩的，以后我们周末晚上不用看相亲节目了，就对看过的男孩子点评一下好啦，这也算是我们之间的新共同点吧。

（六）周末相亲成为部分待婚者的一种新型的社交方式

在父母看来，如果生活是一团火焰，那么，相亲是点燃它的一根火柴。父母们不明白为什么子女的火柴总也划不燃？相亲似乎没有错，但是拘谨的"婚配面试"有可能被一部分青年男女变成了休闲生活的一部分。

相亲也可以很有趣的，就看你怎么相啦。我就有一个大学同学第一次相亲失败后很受打击，但她属于那种越战越勇的主儿！后来相得多了，就没那么当回事。看第一眼，知道没戏，也不恼，就瞎聊呗。多个朋友多条路，结果一年下来，她的朋友圈子大多了，周末节假日节目多得不得了，业余生活那个丰富多彩哦。（被访者 Y13 – GLJ）

对于进入婚姻市场较早的那部分待婚者，他们似乎更有时间"享受"各种相亲经历。

还得感谢我老妈，我算是"入行"早的，不像那些"齐天大剩"，折旧率太高，经不起折腾的。相亲很有喜感的，多一个认识朋友的渠道不说，单这过程就乐趣大了去了。大家都是道上的人，有感觉没感觉看第一眼就知道了，有戏的继续；没戏的也要继续啊，总不能不给老爸老妈和介绍人面子吧？就算磨洋工，好风景坏风景都过上一遍吧。（被访者 Y4 – RBR）

　　诺儿的案例更为现实，她 27 岁，广告总监。经过多次相亲，她锁定了一个上流阶层的"劳力士男。"在她看来，跟他交往能够开拓一条新的销售渠道：

　　　　可能会多一条不窄的销售渠道。而且吃饭有人买单，过节有人送花送礼物的日子还是很满足我这小女人的虚荣心。所以经常约会。借助他的关系，短短半个月，我就做成了几单业务，让老总看我的眼光很快从横眉变成了刮目。第三次，第四次，我总能从貌似相亲的后面找到自己所需要的。如今经过 3 年 54 次相亲，我的朋友中多了一个独特的群体——相亲群，相对普通场合结交的朋友，他们更可靠。所以，对相亲，我乐此不疲。①

四　相亲角的异化

　　综上所述，我们发现：很多待婚男女的家长们来到相亲角的初衷是为了帮助子女寻找合适的结婚对象，这也是他们进入公园这个婚姻市场所力图实现的目标。但是，出乎他们意料的是：节假日他们从上海的四面八方来到这个公园，仿佛进行了一次"短途旅游"。在这里，透过其他家长，他们不但了解到与择偶有关的方方面面的信息，而且可以交流日常的生活信息，甚至找到了志同道合的朋友。相互之间的熟悉，或多或少减少了外地家长们对于上海的陌生感和疏离感，"同病相怜"者彼此之间的倾诉在一定程度上缓解了他们内心的焦虑与无助，相亲角成为知青一代的情感驿站，等等。由此，我们惊异地看到：对于一些待婚男女的父母们而言，代子（女）相亲

---

　　①　诺儿：《另类相亲：花开花落不言爱》，《大众文艺》2005 年第 11 期。

这个目标已经有意无意地被他们异化了。

在这里，我们来探讨出现这种功能异化的原因。事实上，相亲角的"白发相亲"背后隐含着子女与父母之间的一种权力关系。首先，在选择结婚对象之一问题上，父母没有最终的决定权，这会促使父母一方不断让步和妥协；其次，多数子女内心反对父母的集市相亲行为，婚姻大事的决定权牢牢地掌握在自己手里；第三，双方在择偶问题上存在沟通障碍，这客观上导致了双方因疲惫而放弃。

首先，在子女的婚姻问题上，父母没有最终的决定权。在传统的包办婚姻中，"父母之命，媒妁之言"的择偶原则体现在具体的过程中，主要是先有"媒婆"向男女两家"传话"，最后则由双方父母或家长决定。因此，这里的"父母之命"的含义是指父母对于子女在选择配偶上具有严格的决定权或终审权。一般而言，父母的意志则代表着子女的择偶意志，而子女个人的力量在此不具有重要的意义。但是，对于相亲角的待婚男女，在婚姻候选人的去留问题上，他们掌握了最终的审核权和决定权。因此，当父母们不畏严寒，不怕酷暑，费时费力地帮助子女从一大堆鱼龙混杂的男男女女中找到一个个结婚候选人时，却屡次遭到了子女简单并粗暴的否决，双方甚至为此生气、恼怒，"白发相亲"的积极性和主动性多多少少会受到影响。显然，这种情形是待婚男女的父母们接受相亲目标异化的"幕后推手"。

实际上，在我们的访谈中，15 位待婚男女被访者中只有 3 位支持父母去相亲角帮助自己寻找配偶。2006 年的一篇被多次转载的网文毫无保留地向我们展示了反对者的内心独白。

　　　　我身边已经有很多人在相亲……也有些通过相亲成为朋友甚至结婚的。我是无法接受这种远古方式的，虽然那是一种男女相识的重要方式之一，但这种建立在毫无浪漫而言的相识基础上,而且既定好了两人的故事情节的开始,已经形成某种契约的前提下的恋情等等,那是爱情吗?呵呵……也许会是吧。总之,起码是无法让我这个双鱼接受的。

可这个社会往往存在着那样一群人,极端做媒迫切综合征患者,他们简直是做媒人做上瘾了,不是邻居的特别推荐就是同事手里的存货,有一种不把你介绍成功誓不罢休的劲头,上天啊!大地啊!饶恕这群患者吧。在发病初期,他们只是因为一些不经意的小关心,而可怜地染上病毒的。但事态慢慢地严重了起来,一些家长成群地患病并且互相传染,最新统计显示,其对家长的感染性不亚于 H5N1 高致病性禽流感病毒。

现在全国来看,北京已经成为重灾区,竟然形成了有组织有预谋的集会场所,据可靠线人报,每周四、日的中山公园,周二、六的紫竹院公园以及玉渊潭公园,都有近千人的受感染家长到这些地点集结交流情报。病毒的最致命处在于,它可以驱使家长们出卖自己亲生骨肉的所有资料!在周末数量可能飙升至数千名,公园的票房连创新高。线人还报,他们手里均拿着牌子,上书子女年龄、性别、学历、工作、择偶条件等,有的甚者直接"押着"子女前往,简直像北京的早市,不谈感情只谈条件,唯一不同早市的就是这个"!!交易!!",家长是不收钱的。我曾和几个朋友预谋,改天拉些适龄男女朋友参加此集结,打出牌子现场自我叫卖,一定能引起不小的轰动,嗯嗯,一定好玩死了。①

因此,与父辈相比,虽然"70后"和"80后"的子女对

---

① 东方春雪:《关于相亲》,友人网 2006 年 3 月(http://story.younet.com/files/2006/03/12/71158.shtml)。

幸福有不同的理解，但是，这并不能帮助他们从自我价值与传统的孝道的旋涡中解脱。他们中的一些人对父母"越俎代庖"的相亲行为表示理解并默许，并在择偶这个问题上，父母与子女之间被一种奇特的"代理人"与"共谋"关系所包裹。

　　其次，父母愿意替代子女去相亲，而作为子女来说，态度也十分矛盾。一方面，期望与逃避同存，从内心深处，他们更渴望一种属于自身的缘分与爱情。在这个思想多元化与个性张扬的时代，父母为子女寻求配偶的行为，某种程度上或多或少地伤害了他们的自尊心；面对父母的良苦用心，子女难以完全逃脱中国传统文化中的孝道，因此，同意或者默许父母替自己相亲。在他们看来，相亲话题也是两代人之间新的交流内容：

　　　　有时候就会和父母多些交流吧！也许这算是一种好处，因为大多数情况下我工作到很晚，然后爸妈都很早就睡觉了嘛，然后回去的时候呢，他们都睡觉了，所以我就是属于那种早出晚归型的，一般来说和父母交流比较少，但是呢如果有了这种想法他们会时不时地来问我。比如说：唉，现在听说你们这里同事又转进来了个新的男同事，你觉得有什么想法啦？他们会这样子问问我嘛！有可能就是无形之间增加了我和父母的交流，这算一个好处吧！（被访者 Y13 – GLJ）

　　如果说子女与家长代自己筛选的对象相亲并交往是子女对父母权威的一种仪式性顺从，那么，相亲的男女双方最终结婚或许就成为子女对双方父母"尽孝"的最高形式，所以，虽不情愿也得应付这种"包办婚姻"。说到底，两代人之间在此结成一种亲密的"共谋"关系。

　　因此，一旦父母一方去公园不再单纯是为了代替子女相亲，我们可以想见子女应该是乐于看到这种转变（针对子女的访谈资料也支持了这一观点）：相亲角使父辈有了新的寄托，晚辈也从父母那里获得了更大的自由空间，因此，待婚男女更倾向于接受这种相亲目标的异化。此外，他们的这种听之任之的态度，在很大程度上推进了这种异化。

最后，父母与子女双方在后者择偶问题上存在沟通障碍。一方面，婚姻候选人的名单由父母提供，因此，父母的很多个人偏好就自然而然地决定了哪些人可以入选，而具有哪些特征的人会被坚决剔除，子女能够感受到父母的个人意愿所施加的影响力。另一方面，因为父母与子女普遍缺乏开诚布公、十分明确地交流与沟通，他们对子女的择偶意向的揣摩，有些时候与实际情况相差甚远，甚至是南辕北辙。因此，在这个结婚候选人的遴选过程中，双方的沟通障碍加速了双方对相亲目标的异化的接受和推进。

因此，在这里，我们似乎可以得出这样一个简单的结论：相亲角效率低，但是人气旺似乎来源于相关行动者心照不宣地对目标异化的接受和推进。或许，与其说相亲角是相亲文化再生产的场所，毋宁说是相亲旗帜下知青一代的一种独特的休闲和生活方式。

五　相亲角的契约

相亲角活跃着形形色色的待婚青年的父母和亲戚。在这个独特的行动领域，他们作为一个个独立的行动者，之间究竟存在着一种什么样的关系？

（一）合作

1. 相亲角的"护法者"与"阐释者"

在相亲角有一个特别有趣的现象：一些父母自觉不自觉承

担起"护法者"的角色,对于一些他们认为不适合参与这个平台竞争的求偶者或其父母,他们会一致自动地"宣传"这些人的"不良记录",显然,在这个民众普遍缺乏安全感和信任的特殊情境下,他们的负面宣传自然促使这些人更难以通过这个平台找到合适的对象。

被访者 S5 – YXS,50 岁退休,他将自己退休后的生活划分为两块:周一至周五在街道做义务的法律援助工作,周六和周日在公园的相亲角做义务的"护法者"和"阐释者"。他说:

　　退休后呆在家里也没事,最起码你可以出去聊聊天,把自己知道的事情告诉人家,人家有的新来的,外地来的不知道。特别要提高警惕,这个地方水太深了,好人也有,坏人也有。你们不了解上海,我们上海人玩脑袋的,全中国、全世界都知道我们上海人玩脑袋的。表面上对你客客气气的,有的人骗财、有的人骗色、有的人骗财骗色一起。他是骗子、他是精神病、他是变态、他是同性恋,你什么都不知道。他是专门骗女人钱的,长得很漂亮的。骗子不难看的。不是说外地人的脑袋不好,他们的智商是很高的,但是对社会上的事情没有那么清楚。这里有了这么个平台,乱七八糟的人都来了。每个人的脑袋不是百分之百正常的,等你发觉了,已经来不及了。你在婚介所被骗了,还可以来找,逃不了。婚介所的骗子骗你是小的,不敢大骗。你网上征婚,最起码还有个实名制,你逃不了,这里的人你可找不到。这个平台不是好的,是坏的。没有了也不好,有了也不好,有了乱七八糟的人都来了。我一周的生活大概是(周)一到(周)五在街道,星期六星期天在公园里。我是下午去的,一般我下午三点钟到五点钟,然后就回家了。

2. 相亲角的同事圈子:圈内的相互介绍

被访者 S42 - TZJ 是退休的街道工作人员。两年前她路过相亲角,巧遇之前的同事,得知了对方的苦恼,热心的她便灵机一动,开始在自己和丈夫的同事圈子内,为一些同事的子女寻找对象。

> 关键是因为几个同事退休了以后,小孩也都大了,知道我热心,都互相问起,问起嘛,就帮他们找合适的。然后做做嘛,就觉得蛮开心的……基本上是同事的亲戚啰,朋友啰,同学的小孩啰,比较熟悉的。因为要对别人负责,但转几个弯托过来的,因为不太了解,就不敢帮人家介绍了。

被访者 S22 - YWM 为了女儿的婚事,YWM 来相亲角已经有三年的历史,有多次帮助别人介绍对象的经历。

> 我经常和这边的家长交流,我也帮人家介绍过几个,比如有一个是医生,他说要找个教师,我就帮他们拉拉线。在这里我也为我女儿找了很多了,我女儿看不中。

(二) 协调

1. 围观并声讨婚介骗子

> 昨天一个婚介,骗了人家 3000 块钱,后来人家找到这个人了,打得多厉害。后来打到派出所了,像打老虎一样,旁边的人都看到了。这些婚介都是骗钱的,整个都是骗钱的,把孩子们的时间都耽误了!大家就一起骂他,有个老伯还气到向他吐口水。(被访者 S33 - SWM)

> 上次有个老妈妈老爸爸慌了,说我女儿她 35 岁了,找不到男人了,哎哟,找不到。好!大老板,什么好什么

好，你要大学生都有，但是你要付人家辛苦费。我给你看一个。老妈妈急死了，两千，好啊，两千块我女儿就找到啦。两千块一来看，人家说你太老了，不要。再一个，再拿两千。老妈妈醒过来了，要死了，两千两千再两千。给了 3000 块骗子，那个婚介是骗人的。昨天找到了他，打了一顿，送到派出所了。这些老妈妈可怜又可恨，我跟他们说婚介百分之一百是骗人的，不相信你上当试试！所以我当时就跟旁边的人宣传：婚介全是骗人的，别以为他们骗不到，完全能骗到。有头脑的人就跟着我说婚介都是骗子。(被访者 S5 – YXS)

在注意力经济的时代，围观就是一种支持，围观也可以转化为一种力量，围观或许可以改变现实。相亲角父母对婚介骗子的围观与声讨在一定程度上能够维护相亲市场的秩序，尤其是"白发相亲"者的经济利益。围观与声讨能够起到正本清源的作用。

2. 免费中介的"传帮带"

被访者 S42 – TZJ，女，58 岁，初中文化，浦东某街道干部，已退休。T 阿姨是相亲角唯一的免费中介，一年前，她成功地帮儿子在此找到了一个称心如意的外省媳妇，双方已订婚，定于 2008 年 10 月正式完婚。她最初来相亲角是为了替儿子找对象，后来便开始免费帮助残障人士（她本人右腿有轻微的行动障碍）介绍伴侣。T 阿姨在相亲角享有美名，2008 年"母亲节"那天，我亲眼目睹她收到多束康乃馨，我的学生用手机帮她拍照留念，照片上的她笑容绽放，显得很开心。除了真正免费，她在相亲角的影响力的另一个主要来源在于她拥有从许姓免费中介那里"继承"来的诸多待婚者资料。

四年前来这里有个姓许的老人，也是免费做中介的，他后来不做了，把他那儿的资料都给我了。他还有张名片在我这里。说老实话，做这个东西实际上要花钱的，要电话联系，他还印了不少东西呢，表格啊都是他自己的，都是自己花钱，他真的是一分钱都不收。他教我把这些人的东西拿来以后比较，把他认为最合适的一个人的资料打一份给你，这样子的。他说他岁数也大了，做不动了，叫我接着做。用一种迷信的话来说，他好像就是积德一样，他觉得这件事他做的是好事，牵线等于是成全人家啦，等于积了德了、过去那些人都这么想，省得死了以后到地狱去受罪了。投胎可以投得好一点。

有被访者印证了许姓老伯的故事：

我四年前就来过。我来了两次。我碰到了一个姓许的，一个老师傅，蛮好的。他说我真的是不收一分钱的，纯粹是义务！我就登记了一下。登记以后，他还会打电话给我讲。他讲你来一次，把你女儿带来。你把她一些，你是什么学校毕业的，你把毕业证书带来给我看一下。把身份证带来我看一下，你说你是不是上海人。你说你是上海人对吧？看看是不是上海人。你说是哪个学校毕业了，把毕业证给我看一下。我就去了。他住在龙华。去看看还蛮好的，他说，别着急我帮你找。找个小男孩，我从外表上看，第一印象很不错。这个小家伙好像1米84，还是1米8几，在银行里做的。我女儿跟他出去两次就不愿意跟他谈了。我女儿自己不愿意跟他谈了。我问她为什么，她也说不出来。我说这么好的机会你要不错过的话，现在已经结婚了。（被访者S16 - ZGR）

3. 驱逐同性恋的骚扰

在一次田野工作中，我旁观了被访者 S16 - ZGR 遭受男同性恋"骚扰",后者被 Z 先生在相亲角的朋友 G 先生驱逐的事件的整个过程。当天,一位 50 岁上下,脖子上围着花色围巾的男士走过来主动跟 Z 先生搭讪。后者以为他也在帮子女找对象,但是,这位男士只是面带笑容,盯着 Z 看,并直言自己对女人不感兴趣,被访者陷入尴尬的境地。

> 刚才碰到个同性恋的,他缠了我好长时间,后来我说对不起对不起,然后我就走掉了。他跟我聊了一下。我也感觉到不行,正好有人过来跟我讲,那我就跟他谈,他一看他就走掉了。所以我想没事啊,我就继续跟那个人聊,聊了以后那个人走了,他又来了!我就有点慌了,对吧?他怎么就盯着我了。他叫我做这生意,给我钱叫我陪他去。然后我说对不起,然后我就走了。他给我讲明了的啊!他朝着我笑。我还以为他帮他孩子找。他说我对女孩子不感兴趣。这人很复杂,真的很复杂。

幸好 Z 的朋友 G 先生过来帮忙,并且成功地"赶走"了那位同性恋。在此过程中,我一直在附近观察整个事件的发展。事后 G 先生对我说:"刚才碰到个同性恋,缠了老 Z 好长时间。老 Z 说对不起对不起,也不走,他叫人家做这生意,给钱叫他陪他去。老 Z 说不干,他就走了,过一会又来了,他怎么就盯着他了呢?我觉得这样可不行,我说噢哟,对不起对不起,你快点走吧,他在帮自己的小孩子找对象,人家有家庭的,不好乱来的哦。他看我们是两个人,就走了。"

如上所述,我们在实证资料的基础上,简要分析了相亲角的待婚子女的家长们之间的关系。我们认为,要对他们之间的关系进行比较妥当的概括,需要对行动者这个"人"的角色有一个社会学意义上的把握。

我们不能把人视为"群众"、"农民"、"市民"、"公民"

或 "革命主体" 等抽象集体,人是活生生的、有利害关系的、懂得运用文化策略的、具有历史经验、有矛盾的心理和情绪的人。父母们来到相亲角,大都是为了帮助子女寻找合适的结婚对象。尽管他们之间有着这样那样的冲突和斗争,合作与协调,但是,究竟应该如何定义他们之间既疏离又紧密的关系呢? 对这种关系的准确把握与深刻理解相亲角的性质,尤其是这种择偶机制的效率低下,以及效率低但是人气旺共存等重要问题直接相连。我们试图通过游戏的视角来分析这种关系。

如果我们将择偶视为一种游戏,那么,在相亲角里时刻发生的种种权力关系和交换,都将必然产生出一些最低限度的游戏规则。作为主要的行动者,父母们正是通过这些权力关系和交换来创造和维持他们自身的行动能力。而该行动领域的游戏规则,对行动者起到一定的限制性作用,促使他们之间在冲突与斗争中寻求妥协、协调与合作,以达到权力关系和交换的某种有意义的均衡。因此,我们发现在这个行动领域,笼罩着一种难以言传且无需明言的契约,契约本身的存在强化了游戏规则,固化了游戏本身。在这个契约的无形框架中,家长们之间似乎结成了某种 "政治契约":他们之间不需要相互宣誓效忠;不需要给予对方盲目的信任;也不需要拒绝有利于自己的计谋;更不需要放弃能够扩大自身选择空间的策略。他们需要的只是一种协约关系,而不是一种情深意切的联盟。

本章我们着重阐释了相亲角人气旺的原因。事实上,人气旺并不代表着更多的择偶机会,更不代表着待婚者能够在这里找到合适的结婚对象。按理来说,待婚男女交往应该发生在一个立体性的网络,相亲角只是其中一种新型的途径,只能满足某些功能,但其他平台也许是更不可替代的。事实上,根据前面的分析，对于来到相亲角的白领人士的父母们而言，单位、工会、妇联、婚介、熟人介绍、互联网交友等途径因为各种各样的原因并不能解决他们子女的择偶难题。走上大街，来到人民公园，很大程度上是家长们的一种"没有选择的选择"（choice without choice）。

六　知青一代父母的怕与爱

在对相亲角的情感结构的分析，我们似乎隐隐觉察出这里是充满着怕与爱的生活本身。

知青一代曾因"天不怕，地不怕"而著称，不怕权威、不怕"牺牲"、不怕天翻地覆、不怕妖魔鬼怪。[1] 事实上，通过相亲角的访谈以及对知青一代生活史的研究，我们认为他们这一代人的"怕"非常多，经历了 1949 年以后的多次政治运动之后，"怕"已成为他们人生字典上的一个关键字，这种"怕"成为一种沉重的精神负担和一种时刻长鸣的警钟，并且自然而然地转嫁到下一代的身上。在一个社会剧烈转型的大时代，过好小日子需要爱。真正的爱是什么？真正的爱是感受美的能力，是一种感受美好事物的能力。包括但不限于对自然的四季、内心的风景和生活的本来面目的爱。真正的爱的能力是一种稀缺资源，包括知青一代在内的很多人比较缺乏。

首先，知青一代怕的根源在于：在社会转型与变迁过程中，知青一代这个群体内部的差异和分层很明显。时至今日，

---

① 刘小枫：《这一代人的怕和爱》（增订本），华夏出版社 2007 年版，第17 页。

他们这代人社会地位最高的是国务院副总理①,李克强、张德江和王岐山三人均为知青一代。地位最低的是那些仍旧为生存奔忙的城市下层民众和永远扎根在乡村和边疆的普通的老知青。在相亲角的知青一代属于这二者中的中间阶层。在他们的眼里,高层遥不可及,似乎可以忽略,而那些命运多舛、境遇不佳的同龄人的生活状况却是实实在在刺激着他们的神经,令这个群体对自己和家人的当下和未来的生活持有一种忧患意识,对独生子女的婚姻大事审慎的态度可想而知。

需要说明的是:尽管阶层内分野不是知青一代所特有的,但是处在这个分层格局中的个体,这些业已成为城市中产阶层的知青一代父母曾经有过被耽误的学校教育,被耽误的社会生活,以及在社会转型中遭遇的经济困窘,他们深知被耽误的后果,所以他们试图力保自己的子女千万不能被耽误。

"文革"后期兴起的上山下乡热潮与当时城市的失业率居高有关,20世纪70年代末80年代初,很多被访者正是在这次失业潮中被迫上山下乡。"我们也有两只脚,要在城里找工作"的呼声被"我们也有两只手,不在城里吃闲饭"所压倒②;等到90年代末下岗潮中,基本利益受到最大最直接伤害的又是这些有着上山下乡经历的知识青年,他们中的很多人成了下岗职工。"当年开'积极分子代表大会'的先进人物可能早已漂洋过海,正驾着小汽车,奔驰在美国的高速公路上;

---

① 2008年3月18日,新一届国务院副总理出席中外记者招待会。中央政治局常委李克强、中央政治局委员张德江、王岐山是以国务院副总理的身份首次亮相,三人均为"知青一代"。参见吴鹏《三位新任副总理皆为"知青一代"》,《共产党员》2008年第5期。

② 徐友渔:《知青经历和下乡运动——个体经验与集体意识的对话》,《北京文学》1998年第6期。

当年偷鸡摸狗,被农民诅咒的二混子可能正西装笔挺地洽谈生意,或者道貌岸然地在大学讲坛上海人不倦。当然,更多的人正在为生计奔波,为温饱奋斗,有的人 40 岁刚过就下了岗,有的人在即将到来的下岗潮前忧心忡忡。"①

相亲角的 43 位被访者大多是幸运者,较好的人生机遇,再加上他们自身的努力,使得他们在市场化过程中成功地跻身为城市的中产阶层;然而,对 62 宗访谈资料稍加分析便知,90 年代末以来,他们十分惊讶地发现:他们这个群体中有很多人会率先下岗;他们中的这些人在下岗后难以再谋到一份足以保证自己和家庭成员体面生存的正当职业;他们中的这些人对市场化改革中出现的种种变动诚惶诚恐且难以应对;出于历史和自身的原因,他们最终难以从改革中受益而成为发展中被甩出的包袱。

知青一代父母清楚地知道:"没有下放,他们中的许多人在改革中不会过早下岗;而正是下岗,他们下放的负面影响才深远地显示出来。下放和下岗,这一代人的两种命运体现了从毛泽东革命到邓小平改革两大时代的转换。从下放到下岗,这一代人的命运更多地体现出人民共和国不幸历史的延续:他们过去的苦难正成为他们今日困窘的泉源。"② 正是这些人,这些与相亲角的父母们有着同样上山下乡经历的同龄人的命运和遭遇,时刻警醒他们生存的不易,使他们更加珍惜现在的生活际遇,体现在子女择偶上,就是寻求"上迁婚"和"同质婚",复制自身的社会地位,实现地位的代际传承。

---

① 徐友渔:《知青经历和下乡运动——个体经验与集体意识的对话》,《北京文学》1998 年第 6 期。

② 陈意新:《从下放到下岗 1968—1998》,《二十一世纪》1999 年第 56 期。

其次,具体来讲,在相亲角,知青一代父母如此看重子女的婚姻候选人的学历、工作和收入,与其自身的经历有关。

> 我一生的遗憾就是没有通过高考,所以我一直把我的两个孩子供到硕士毕业,但是我是高中生,我是老三届的。我选女婿就要郊区的,父母是支内、支边的知青最好! 大家好相处的。我女孩是复旦的历史学硕士,但是我要求男孩子的学历全日制大专以上就行了,不要一定要找学历比你高的,要本科啊硕士啊,这个不需要,只要是全日制大专以上的就可以。(被访者 S9 – FXS)

在西方学者的眼里,这代人被称为"毛的孩子们",[1]"文革"与"上山下乡"运动中断了他们原本正常的学校教育;插队之后,长年累月的劳动也侵蚀了知青们对既有的科班知识的记忆。不过,这代人继续接受教育的机会并非完全丧失,"1970—1976 年中国的大专院校总共招收了 94 万基于推荐制的工农兵学员,其中知青学员的人数在 1973 年全国知青工作会议后有很大增长。"文革"中知青一代可能有约 30 万人入了大学门"[2]。而在 1977 年恢复高考后,"1977—1979 年有 43.9 万知青从农村考入大学,加上很多已回城再考上的知青,中国大学里 1977—1979 级中可能约有 55 万是知青一代人"[3]。相亲角的父母恰好属于这个幸运者群体:凡是具有本科学历的,无一不是搭上这班车。

---

[1]　Anita Chan, *The Children of Mao: Personality Development and Political Activism in the Red Guard Generation*, Seattle: University of Washington Press, 1985, pp. 1—5.

[2]　刘小萌:《中国知青史——大潮 (1966—1980 年)》,中国社会科学出版社 1998 年版,第 863 页。

[3]　同上书,第 560—569 页。

事实上，国家于 1976 年之后终止了工农兵学员制，1980起大学也只从应届高中招考学生，那些没有他们幸运的知青同龄人要想获得大专文凭，其接受继续教育的机会就只剩下了电大、函授和夜大及正规大学办的大专班三种。然而，随着经济改革的开始，学历变得日益重要，"大专的文凭成了晋升的依据。1979 年中国政府开始把教育程度作为基层以上提拔官员、企事业领导的一项指标，而 1983 年干脆把大专文凭作为提拔的一项基本依据"。① 这项政策成为没有大专文凭的知青一代晋升的直接障碍。没有相应的学历，不可能获得好的工作，也不能赢得更好地收入。

因此，无论是因为拥有大专以上学历而分享到经济改革成果的知青父母，还是由于没有大专学历等因素而在改革中成为利益受损者的知青父母，都深刻体会到个体利益与社会转型的大趋势之间的博弈。基于此，知青一代父母对子女的结婚候选人的学历、收入和工作的要求就容易理解了。

最后，相亲角的知青一代父母对子女婚姻的高度热忱，或许可以通过他们自身的婚姻及家庭生活来理解。陈意新的研究认为大部分知青的恋爱生活被耽误了。因为在上山下乡运动的早期，知青大多还只是青少年。革命的禁欲主义或领导的阻止使他们大多没能谈恋爱，因为考虑"个人问题"意味着小资产阶级情调和革命意志的衰退。② 等到了 20 多岁谈婚论嫁的时候，爱情和婚姻与永远留在农村的恐惧两相对比，前者的甜

---

① 朱光磊主编：《大分化新组合：当代中国社会各阶层分析》，天津人民出版社 1994 年版，第 241—246 页。转引自陈意新《从下放到下岗 1968—1998》，《二十一世纪》1999 年第 56 期。

② 姜昆等：《中国知青回忆录，1968—1979》，吉林人民出版社 1996 年版，第 283—290 页，第 1103—1105 页。

蜜远不能稀释他们对后者的畏惧。尽管国家没有法律或政策明文规定不准知青谈恋爱，但当时无论招工、招生还是征兵，已婚知青被拒之门外，因此，知青一代明白结婚和恋爱意味着有可能在农村过一辈子。然而，不谈恋爱使许多知青在回城后仍是单身，或已超过了婚姻的最佳年龄。1977 年，70 万尚未回沪的上海知青中 90% 的人也已在晚婚年龄之上。他们都为等待回城而没有结婚，而法定的婚龄只是男 20 岁女 18 岁；同年，黑龙江省有 30 多万知青已超过了国家提倡的男 28 岁女 25 岁的晚婚年龄。① 当 1980 年代初知青一代已回城时，美国学者韩起澜（Emily Honig）与贺萧（Gail Hershatter）的研究发现：知青的回城为城市带来了"一个大量、大龄、单身、不满的群体"，并造成了城市大龄姑娘的大批"过剩"，因为这些姑娘已在农村耽误了婚姻最佳年龄。② 1983 年上海有12.7 万 30—39 岁的未婚青年，天津有 6.5 万 30 岁以上的单身男女，其中约 40% 是回城的知青。而回城知青大龄姑娘的不幸身世尤其令人瞩目，以致连中共中央也要指示各级地方党组织做好"红娘"③。

　　正是这种被延后的恋爱与婚姻生活，使得知青一代父母对子女的婚姻有着非同寻常的急切与焦虑；同时，在回城风潮中，已婚知青的婚姻和家庭因遭受到冲击而破碎也令知青一代父母触目惊心。20 世纪 70 年代末知青回城大潮中，不少已婚

---

　　① 史卫民、何岚：《知青备忘录——上山下乡运动中的生产建设兵团》，中国社会科学出版社 1996 年版，第 274—279 页。

　　② Emily Honig, Gail Hershatter, *Personal Voices：Chinese Women in the 1980s*, Stanford：Stanford University Press, 1988, pp. 104—110.

　　③ 张淑英：《天津市关心大年龄　未婚青年的婚姻》，《社会》1984 年第 3期；薛照红：《重视研究"大姑娘"的择偶心理》，《社会》1984 年第 4 期。

知青的家庭被这大潮冲成碎片，西双版纳农场五天内有 3000
对知青夫妇的集体离婚①。1980 年《新婚姻法》颁布后，80
年代初期中国出现第一次离婚潮，② 有大量的知青离婚，不仅
知青与他们的农村配偶离婚，甚至是知青夫妇也离婚。这些离
婚导致了许多不幸。③ 最后，90 年代以来中国内地大城市的离
婚率一直偏高，这种客观现实也令知青一代父母对子女的婚姻
忧心万种。戴慧思对中国婚姻制度的变迁研究表明，1978 年
至 2008 年中国的粗离婚率一直处于明显的上升态势，其中上
海比全国又高出很多，尽管都处于攀升状态，上海比香港和台
湾还高，领跑两岸三地（除澳门）的粗离婚率④。

　　这里面牵涉到三种情况：知青一代婚姻和家庭幸福的，他
们希望子女能够延续这样的幸福，能够像自己一样拥有幸福的
婚姻和家庭生活；父母一代不幸的，更希望子女幸福，不要再
吃自己吃过的苦，不要继续生活在不幸中；父母一辈自然渴望
子女能够充分享受爱情的甜美和亲情的可贵，能够"补偿"
自己生活中的不满足。无论是哪种情况，像任何父母一样，知
青一代都希望子女能够拥有美好的感情和平静的家庭生活。与
"90 后"的父母不同的是，作为"70 后"和"80 后"的父母
的知青一代希望子女不要像自己一样，当初谈婚论嫁之时只看
阶级成分，不讲感觉：

　　①　李广平编：《中国知青悲欢录》，花城出版社 1993 年版，第 378 页。
　　②　徐安琪：《中国离婚现状、特点及其趋势》，《上海社会科学院学术季刊》
1994 年第 2 期。
　　③　Emily Honig, Gail Hershatter, *Personal Voices: Chinese Women in the 1980s*,
Stanford: Stanford University Press, 1988, pp. 207—242.
　　④　Deborah Davis, "Change, Continuities, and Contradictions in State Priorities
for the Institution of Marriage", *The Workshop on Marriage in Cosmoploitan China*, Hong
Kong, HK University, July 5—6 2011, p. 8.

我跟我老婆结婚是 60 年代的事情了,那个时候嘛,也是有人介绍的,我们那个时候不像现在了,我们那个时候只要成分好。那个时候讲成分的,阶级斗争嘛,贫下中农啊,工人阶级啊,我们那个时候是讲这套的,不像现在这样讲什么工资问题啊,房子问题啊,那个时候都不讲的,有没有感觉也不要讲的!(被访者 S41 – NXS)

我们那个时候只要对方老实,家庭里面只要不是坏分子,家里只要没有坏分子就可以了,政治成分好一点,贫下中农就可以了,真的呀。然后我们出去根本不敢买这买那的,而且出去什么手牵手的是没有的,出去了就在外面吃点面条回来,我先进去,他再跟过来。什么感觉都没有的,像现在是完全两码事情了,完全不同了。我们以前不讲条件的呀,就是你只要是贫下中农就可以了。不要求你家里有房什么的,不是这种条件的,只要你有工作。以前的工作不是像现在合同制什么的,以前一般厂里都是铁饭碗。有的厂,一般大厂什么的,都是进去就是一辈子待在里面等到退休的。以前真的没有什么的。

也不能再像父辈一样“马马虎虎”、“稀里糊涂的”“没白相”(即谈恋爱),就结婚:

当时我们属于岁数蛮大的,他就随便找啦。我虚岁二十岁,蹲牛棚蹲了大概是八年多吧,要虚岁二十九啦,才到厂里面去的。在农村不可能,但是也有。好些下乡去的,在当地找了个小女孩就马马虎虎结婚的也有。我们那时候就挺过来了,呵呵。到厂里面经过人家介绍,一听她也是上海人,那也就马马虎虎也结婚了。也根本没怎么谈,反正就这么稀里糊涂的,搞得懂哦?好像到了这个岁数,该成个家了,我们那时候就是这样子。这个蛮多的。

我们一看差不多了就这么行了，就结婚吧。反正就这么稀里糊涂没白相的人也很多。（被访者 S16 – ZGR）

尤其不能再让自己的孩子吃苦：

插队啊……（陷入回忆）先是插队到江西，江西以后我就到江苏四年，后来我就到常州，找了个当地人结婚了。我们那时候年纪轻不懂事，不懂，人家一说解散么，就去了；我姐姐好像说有人照应么就去了，到那里去。其实那个人家很苦的，真的很苦的。不懂，叫现在年纪轻的人肯定不会嫁，家里一样也没有的。我去了以后人家就对他说：哎呀，你找个上海人肯定弄不了她的，她以后肯定吃不了苦的。哎，我倒没有让人家说中，我去了以后肯吃苦耐劳，什么事情我样样做：下田啊，打赤脚，到田里干活，那个时候还没有几个砖窑厂的，做苦头，做过砖头。那时候真的苦，我也不知道怎么过来的……你说要我现在吃这个苦我也肯定吃不来的。那时候多苦啊……那个时候他们家里穷啊，都没有什么，分家啊，农村当中就是讲，娶了一房媳妇就是要分家了呀，分家的时候一样也没有的。我后来分了一间房子，一点油，粮食一年只有二十几斤，根本都不够吃，去借粮食，到粮食分下来的时候再去还掉，就这样过日子，过了几年。后来我先生么在农村里面苦，又没什么好吃的，生了病，生了病以后给他看——看不好也给他看了，到处看，看不好也没办法……他就走掉了。走掉了以后么，那我只好再等了两年，就到上海来了。到上海以后这里打工那里打工……以前好像不懂，现在想想真不知道以前怎么过来的。我自己吃了这么多苦，我两个孩子千万可不能再吃我年轻时的苦了！千万不能了啊！（被访者 Z2 – LAY）

　　在讨论到知青苦难时，学者认为知青下乡也可以看作是他们人生的第一份工作，是一次陡然的生命转折，是人生的断乳。在社会分类体系中，下乡是一种向下的社会流动。这种不怎么"正面"的变故给知青生活带来巨大影响，主要体现在知青个人生命历程中种种的"悖离"，如知青晚婚晚育，或不婚不育，甚至已婚者婚姻不幸福，成为一种苦难的人生。①

---

　　① 刘亚秋：《知青苦难与乡村城市间关系研究》，《清华大学学报》（社会科学版）2008 年第 2 期。

第五章

中国式焦虑：谁来娶我的女儿？

谁来娶我的女儿？这是一个典型的中国式焦虑。"白发相亲"的实质是"毛的孩子们"[1] 试图帮助"邓的一代"[2] 解决婚恋难题。两代人有各自的怕与爱。然而，在子女婚姻这个问题上，两代人的怕与爱奇妙地纠缠、融合在一起，于是，相亲角这个光怪陆离的图景便展现在我们的眼前。

"毛的孩子们"走过了特殊的人生道路，他们接受了"不完整的教育"，"耽误的社会生活"，并遭受了"经济转型的困窘"，[3] 因此，对生活，他们有着特殊的怕。他们的子女——"邓的一代"迎着改革大潮出生，顶着"独生子女"的光环或者魔咒，他们进入了谈婚论嫁的年纪。他们的父母——"毛的孩子们"的爱与怕在子女婚恋这个环节集中爆发。

因为怕，他们要求对方学历良好，工作稳定，薪酬优厚，婚房齐备。他们曾经求学无门，正常的学校教育被革命打断，所以

---

① Anita Chan, *The Children of Mao: Personality Development and Political Activism in the Red Guard Generation*, Seattle: University of Washington Press, 1985, pp. 1—5.

② Ruth Cherrington, *Deng's Generation: Young Intellectuals in 1980s China*, New York: St. Martins Press, 1977, pp. 3—7.

③ 陈意新：《从下放到下岗 1968—1998》，《二十一世纪》1999 年第 56 期。

他们希望子女及其未来的配偶能够接受完整而良好的正规教育；他们自己或配偶及看得见的同龄人曾经遭受失业的灾难，所以他们渴望子女及其配偶能够有一份良好的职业，能够在职场上实现自我；他们曾经长时间生活在计划经济体制下，市场化的浪潮冲去了计划体制下的教育、医疗、住房等社会保障，伴随着独生子女的出生，他们必须努力适应社会转型所带来的冲击，所以他们对金钱和地位的敏感与追求与日俱增；因为时代和个人的原因，不谈条件，不讲感觉而直接走入婚姻，他们中有些人为此经历了痛苦的婚姻和家庭生活，所以他们不能看着自己的子女重蹈覆辙，他们决定帮子女谈条件，为子女创造更多的机会寻找并培养感觉。他们有意规避苦难，希望子女不必经历自己曾经尝过的痛苦。

因为爱，他们来到公园，不畏风雨，无惧严寒，摆摊设点，帮助子女寻找合适的结婚对象；他们把相亲角变成"欲望"、"实力"和"市场"的混合体，在这里充满对情感的渴望，对沟通的希望，对弱者和小人物的同情或者蔑视，对现状的无奈、迷茫、焦虑与绝望，对政府有关部门不作为的失望与怨恨，对权贵的嘲讽等情感要素；他们为子女的"婚姻候选人"的年龄、形象、职业、婚史、性格和属相等等因素欣喜或苦恼；他们远望，近观，详议，他们的子女之间网聊和面谈；为了替子女争取好的婚源，他们深度介入，与外地父母之间相互拆台，即便同为上海人，他们之间也不能避免相互干扰，对那些自己亲自上阵，寻找合适的结婚对象的相亲男女们，他们难免也要冷嘲热讽几句；他们中有些人也有可能子女年纪尚轻，条件也不错而在相亲角闲庭信步，优哉悠哉，只因为他们是一群"摸市场"，"凑热闹"或来"搅局"的父母。

"毛的孩子们"曾在20世纪70—80年代回乡大潮中回到自己出生成长的城市，成为"大龄青年"的他们也曾在公园中聚集，为自己寻找配偶，这是"自发相亲"；20多年后，当他们的子女长大成人，进入择偶阶段后，他们又自发组织了"相亲军团"，这次，他们是"白发相亲"。由"自发相亲"到"白发相亲"，公园相亲这种解决办法具有实际操作性层面的路径依赖。

我们发现，知青一代在婚恋问题上曾经被"党疼"、被"国爱"，而当他们的子女要解决婚姻大事时，国家已经从私人情感领域退出，市场业已上位，其欲逐逐地盯着他们的钱包，婚介费用的攀升，相亲、婚庆与旅游等相关产业的兴盛表明经济利润的巨大。而大众媒体要么对"剩男剩女"问题危言耸听，要么利用当事人的情感需求和普通民众的娱乐消费需求，制造"剩女话题"，赚足注意力，从而收获更高的收视率、阅读率和更多的广告支持。

正是在这种社会情境下，因为随缘结识、通过亲友介绍、婚介、网络和传媒征婚等其他各种结识异性并发展婚恋关系的方式存在这样或那样的问题，所以在很多知青一代父母看来，相亲角才具有比较优势，所以他们不得已才走进公园。然而，遗憾的是，作为帮助子女寻找婚配对象的免费平台，相亲角的作用和效率却比较有限。同时，悖谬的是：一方面相亲角效率低，一方面它却聚集了超旺的"人气"。

从理论上说，一个情境或者说一个场域的建成和维续需要行动者之间的有效互动，能够有效地通达预定目标。但相亲角似乎是一个很悖论的情境，一方面它的目标很明确，另一方面它却效率低下。在多数情况下，呈现在我们眼前的是诸多行动者之间的矛盾、冲突；是待婚男女的父母或者亲戚之间的口角、文化和利益冲突的空间。按照常理，相亲角这种缺乏效率的场域似乎是不可持续的。但事实上，它又确确实实地一直延续着，锣鼓一旦敲响，戏便一直在那里日复一日地表演着。

　　相亲目标已经异化，"知青一代"父母的交流才是更有可能被实现的目标，相亲的结果已经退居次要的位置；行动者虽然一方面彼此争斗、冲突，另一方面又很有技巧地维持着这个场景的延续。因此，从过程、从动态中探寻其内在的机制，也许不失为一种有趣的尝试。

　　通过对相亲角的实地研究，我们发现它之所以"人气"越来越旺，主要是因为它具备了很多潜功能。这正是"白发相亲"现象背后的社会学内涵：首先，相亲角是知青一代父母的社会交往与情感交流的新途径：相亲角成为上海知青的"情感驿站"，周末来此地权当是"短途旅游"，而且在这里可以寻找到"亲家朋友"；其次，通过其他家长，他们不但了解到与择偶有关的方方面面的信息，而且这里也成为他们之间交流日常生活信息的平台；再次，在上海及国内的其他大中城市，相亲角也扮演了单身老人的"鹊桥会"的角色，它也成为中老年人寻找伴侣的平台；另外，相互之间的熟悉，或多或少地减轻了外地家长们对于上海的陌生感和疏离感，"同病相怜"者彼此之间的倾诉在一定程度上缓解了他们内心的焦虑与无助等，因此它成为外地父母建构居住地认同的一个认识性资源；还有就是相亲为两代人的情感交流提供新话题，因为生活方式和价值观念的差异，父代和子代之间的交流相对有限，相亲成为双方日常生活中交流思想和感情的一个新话题，一个新的共同点和兴趣点；最后，对部分子女而言，相亲成为一种新型的社交方式。

　　由此，我们惊讶地看到：对于一些待婚男女的父母们而言，代子（女）相亲这个目标已经有意无意地被异化了。事实上，相亲角的"白发相亲"背后隐含着子女与父母之间的一种权力关系。首先，在选择结婚对象这一问题上，父母没有最终的决定权，这会促使父母一方不断让步和妥协；其次，多数子女内心反对父母的集市相亲行为，而把婚姻大事的决定权牢牢地掌握在自己手里；第三，双方在择偶问题上存在沟通障碍，这客观上导致了双方因疲惫而放弃。

此外，从行动者的角度进行分析，我们发现相亲角人气旺的另外一个原因在于相亲角父母们之间的默契：尽管存在竞争，他们之间也保持了一定程度的合作与协调。

在相亲角有一个特别有趣的现象：一些父母自觉不自觉地承担起"阐释者"和"护法者"的角色，看到那些新入场的"白发相亲"者，他们一遍又一遍地重复着这里的"游戏规则"，稍显偏激的话语之下隐藏不住的是一种热心公益的情怀；对于一些他们认为不适合参与这个平台竞争的求偶者或其父母，他们会主动"宣传"这些人的"不良记录"。尽管相互之间比较难为情，但是，相亲角还有一种同事圈子，圈内的人为对方的子女相互介绍合适的结婚对象。

当相亲角的父母遭受到威胁，比如同性恋的骚扰时，相亲角的朋友会帮助他们驱逐后者。看到婚介骗子被指认出来，相亲角的父母们会一致围观并声讨骗子，在"注意力经济"①的时代，围观就是一种支持，围观也可以转化为一种力量，围观

---

① 注意力经济（the economy of attention）这一观点最早见于美国加州大学学者 Richard A. Lawbam 在 1994 年发表一篇题为《注意力的经济学》（The Economics of Attention）的文章。最早正式提出"注意力经济"这一概念的是美国的迈克尔·戈德海伯（Michael H. Goldhaber），1997 年他发表了题为《注意力购买者》的文章并指出：目前有关信息经济的提法是不妥法的，因为按照经济学的理论，其研究的主要课题应该是如何利用稀缺资源。对于信息社会中的稀缺资源，他认为，当今社会是一个信息极大丰富甚至泛滥的社会，而互联网的出现，加快了这一进程，信息非但不是稀缺资源，相反是过剩的。而相对于过剩的信息，只有一种资源是稀缺的，那就是人们的注意力。注意力经济向传统的经济规律发起挑战，认为经济的自然规律在网络时代会产生变异，传统经济的主导稀有资源由土地、矿产、机械化设备、高科技工厂等物质因素转变为"注意力"。

或许可以改变现实。相亲角父母对婚介骗子的围观与声讨在一定程度能够维护相亲市场的秩序,尤其是"自发相亲"者的经济利益。围观与声讨能够起到正本清源的作用。

相亲角唯一的免费中介在公园享有美名,除了真正免费,她在相亲角的影响力的另一个主要来源在于她拥有从许姓免费中介那里"继承"来的诸多待婚者资料。"前任"退出之后,将所有的资料都给了"现任",并且教她如何帮年轻人配对。这是相亲角免费中介的"传帮带"。综上所述,我们从功能论和互动论的视角分析了相亲角效率低和人气旺并存的多重原因。

本书的主旨在于将"知青一代"父母关注儿女择偶和中国整个大的传统文化与市场化、商业化、全球化联系起来:讨论"知青一代"对儿女所面对上述力量综合作用的结果之一——相亲角这种新型婚姻市场——这种独特的社会情境的认识和解读;分析"自发相亲"的步骤、策略和过程,以及对相亲角的路径依赖、比较优势、潜功能和知青一代父母在相亲角的合作与协调的阐释,都是在尝试解释相亲角人气旺与效率低的原因,由此试图揭示"自发相亲"的与社会分层、社会流动和社会资本的关系,以及在择偶过程中对于家庭结构的影响。

相亲角的"自发相亲"是一种新型的择偶模式,是地方民众对当下经济、政治和社会变迁,尤其是市场化的一种回应与策略。"自发相亲"的兴起不是传统模式的简单复兴,而是一种重构形式[1],说它是一种新型的择偶模式,主要有两个原

---

[1]　人类学家 Siu (1993) 对当代中国乡村的政治与流行文化的研究是从社会变迁的视角考察了中国南方某乡镇婚姻支付的实践,探讨当前彩礼与嫁妆的兴起是传统模式的简单复兴还是一种重构形式。参见 Siu, Helen F. "The Reconstitution of Brideprice and Dowry in South China." In *Chinese Families in the Post-Mao Era*. Deborah Davis and Stevan Harrell, eds. pp.165—188. Berkeley: University of California Press, 1993.

因：其一，主要是针对它完全市场化、理性化的择偶标准而言；其二，主要是出于择偶场所是公园这个考虑。

"白发相亲"的本质在于待婚男女的父母在世俗的市场机制中帮助（代替）子女寻求理想的爱情。在田野研究中，让我感觉到非常刺耳的访谈内容，就是其中涉及交易的成分：择偶标准具体得不能再具体，理性得不能再理性，完全市场化。作为一种新型的择偶机制，相亲角的鲜明特征是市场化的自由交易，集中体现在市场化的和极端理性的择偶标准上。

令人遗憾的是：市场化的择偶模式并不能够提高择偶的效率，相亲角"人气旺"而"效率低"。其成功率低，从根本上讲，就是因为人们试图用一种市场的方式去解决情感的问题。这是一个悖论，所以相亲角不可能成功率高。"人气旺"凸显了择偶难这一问题的严重性和当事人解决问题的迫切性；"效率低"表明市场虽好，但是，并非所有的问题都可以采用市场的方式去解决。即便如此，相亲角却依旧不断聚集着越来越多的人气，这个悖论恰好同时说明，最理性的选择往往又是最不理性的（the irrationality of rationality），貌似最不理性的选择的背后却隐藏着最为理性的逻辑。

我们发现相亲角和"白发相亲"现象具有城市性。首先中国最初的相亲角（包括上海某公园的相亲角）是由晨练的老人自发组织的。毋庸置疑，晨练是城市老人才有的习惯，晨练场所也属于城市空间的一种。其次，相亲角和"白发相亲"现象都出现在大、中城市这种陌生人社会，不仅子代在城市工作和生活，其父母和流出的家庭也处于城市。与"知根知底"、乡土性仍然保留的小县城和农村不同，在流动性较强的相亲角，"白发相亲"者彼此之间基本上是陌生人，互不了解其家庭情况。

　　我们知道，相亲角位于上海的市中心，是这个大都市的政治、经济、文化和社会生活的核心地带，属于这个城市的重要公共空间。理论上讲，这里曾经、正在和将要发生的大致都是公共领域里的重大事件。然而，十分悖谬的是：相亲角的兴起和火爆。自古至今，普通民众的婚恋都是一个比较私人的话题，被划归在私人领域之内。而今，这件私事再次跨出私人领地，迈入公共空间。对于中国人来说，男大未婚，女大未嫁曾经是一个家庭小心翼翼遮盖的"丑事"，中国人讲究"家丑不外扬"，但是，待婚男女的父母和亲戚们却在相亲角这个婚姻市场上推介自家子女，对对方的孩子品头论足，谈条件，订约会，尽管不情愿，但是，客观上这件家庭内部的事情被暴露在公众视野里。

　　为什么说"白发相亲"是地方民众对当下经济、政治和社会变迁，尤其是市场化的一种回应与策略？"白发相亲"指向两个核心问题：父母为什么能够代替子女相亲？子女为什么能够同意父母帮助自己相亲？

　　在第二章关于制度与情境的论述中，笔者就市场化对于民众日常生活方方面面的影响已经作了分析。简言之，1978年以后，一系列由国家主导的经济改革预示着巨大的社会变迁的出现。其中，最为关键的变化就是1949年建国后国家所倡导的官民平等，群众当家做主的理念逐渐被宣扬效率和竞争的市场经济的核心价值所取代，其直接后果反映在大陆的城市，就是普遍的不平等，社会保障缺乏和国家福利的锐减。这里，笔者试图简要回答这两个问题。面对当下的经济、政治和社会变迁，待婚（实际上包括已婚子女）子女与其父母的关系明显加强了，家庭对于个人的生存和发展所起到的作用越来越大。教育、医疗、住房和养老等中国大陆民众日常生活领域中几项

重大问题的市场化从客观上强化了父母和子女之间的联系。在
人生的不同阶段,处在市场化洪流中的父母和子女对彼此承担
了至关重要的责任,他们休戚与共,直至"一损俱损,一荣
俱荣"。

　　此外,"白发相亲"现象中包含着民众对传统的扬弃、再
造和利用。不少老年人也不遵循"正月里不提亲"的老例,
春节也忙得不亦乐乎。为了替孩子们找到合适的终身伴侣,一
些老人甚至每天都要赶到公园为子女筛选合适的相亲对象。在
天津,抛老例儿,春节相亲的人比平日增两成。①

　　综上所述,我们认为"白发相亲"现象所揭示出来的更
深刻的社会内涵主要有以下三点:

　　第一,相亲角以阶层内婚为目标的择偶标准表明整个社会
结构的开放性进一步降低,从一个侧面证明了转型期阶层壁垒
已经强化和社会结构业已固化。婚配模式是衡量社会结构开放
程度的一个指标,② 可以通过婚配模式的变迁,透视社会结构
的变化趋势。对相亲角的实证研究发现了十分明显的以阶层内
婚③为目标的择偶偏好。

　　西方学者④研究发现,在发达国家的现代化过程中,同质
婚经历了一个先升后降的倒 U 形变化过程。同质婚下降的主

---

　　① 覃贻花:《春节相亲的人比平日增两成,抛老例儿正月乐相亲》,《北方网》
2009 年 1 月 9 日 (http://news.enorth.com.cn/system/2009/01/09/003857520.shtml)。

　　② Ultee, Wout C., and Ruud Luijkx, "Educational Heterogamy and Father-to-son
Occupational Mobility in 23 Industrial Nations." *European Sociological Review* (6):
125—149, 1990.

　　③ 张翼:《中国阶层内婚制的延续》,《中国人口科学》2003 年第 4 期。

　　④ Smits, Jeroen, Wout Ultee, and Jan Lammers, "Educational Homogamy in 65
Countries: An Explanation of Difference in Openness Using Country-Level Explanatory
Variables." American Sociological Review 63: pp. 264—285, 1998.

要原因在于，随着社会物质财富的积累，社会保障制度的健全和社会福利水平的提高，人们通过婚姻保持和提高自己社会地位的动机逐渐下降，经济因素的重要性也随之下降，以浪漫爱情为基础的跨越阶层边界的婚姻在增长。这样，随着同质婚的下降，整个社会结构开放性也提高。恰恰相反，相亲角的存在显示了上述理论明显的不适用性。GDP 高速增长；社会福利和保障羞羞答答地滞后；人们迫切需要通过婚姻保持并提高自身的社会地位；择偶与婚姻中的经济考量日益深重；没有爱情，也没有时间和心情谈感情，物质条件只要合适，就先"解决对象问题"，由此，在婚姻市场上，以经济条件为基础的阶层内择偶趋势占据主导地位，整个社会结构的开放性也降低了。

关于中国社会阶层业已固化这个议题，我们从"白发相亲"的步骤可以得到印证。一方面，父母在相亲角首先相的是"目标父母"。父母经过多重筛选，将初步的"结婚候选人"名单提交给子女，子女决定要跟谁面谈和交往。假如有 A 到 J 共 10 位被选者，在这个交往过程中，他们可以以各种理由拒绝从 A 到 J 中任何一位或几位候选人，但是他们不能拒绝这一类人。因为 A 到 J 实际上是属于一类人，是与相亲者本人阶级地位等条件相匹配的同类人。因为，我们发现择偶过程中，子女的选择范围是既定的，是明显的同质婚。

在相亲角的"白发相亲"者所处的社会阶层来看，我们断然看不到"富一代"、"权一代"，这里也没有"军一代"的身影，有的大致是两类人：一种是比较富裕的城市中产阶级；另一种就是普通的市民。因为这个婚姻市场的准入门槛较高，城市贫民和农村人（指那些出身全国农村、乡镇、小县城和小城市，在高考选拔中成功胜出，通过个人奋斗在大城市初步站住脚跟的"贫二代"）被彻底排斥在外。从相亲角的阶级分层，我们能够清晰地看到阶层固化的结果。

从相亲角的情况来看，中国当前的阶层通婚圈中，非富即贵者的子女和大权在握者的后裔仍旧是明显的同质婚。在市场化的过程中，阶层的壁垒更加森严，社会的结构业已固化。同样是随着市场化，中国大陆在计划制经济时代所特有的单位制及其衍生性服务对于城市个人和家庭的制度化安排和帮助逐渐消失，所以面对子女的找对象难问题，知青一代的父母们只有走向市场，试图为孩子寻找"上迁婚"，至少是门当户对的结婚对象的机会，借此以确保或者提升自身及其子女的社会地位，在风云激荡的市场化大潮中，实现阶层地位的再生产。普遍来讲，知青一代是被耽误的一代，从下放到下岗，他们有着不完整的教育，被耽误的社会生活，转型阶段遭遇经济困窘，然而，但知青一代的苦难似乎延续到了他们的子女的婚姻上面。

简言之，在中国的转型过程中，不管是先赋性因素还是自致性因素衡量，改革以来出现一个同质婚的回潮。造成这种状况的主要原因在于，面对转型过程中日益分化的社会结构和高度不确定的市场，人们为确保自身和子女的生活水准，在择偶过程中会谨慎地考察对方当下的社会经济状况和未来的发展潜力。上海学者对中国大陆青年择偶的进一步的分析发现，跨层难度的上升和对角线效应的强化是 20 世纪 80 年代教育匹配上升的主要原因。[1] 教育同类婚的回潮，尤其是相亲角的同质婚现状，从一个方面证实了转型期阶层壁垒强化和社会结构业已

---

① 李煜：《婚姻的教育匹配：50 年来的变迁》，《中国人口科学》2008 年第 3 期。

固化的命题。

第二,通过"自发相亲"这种现象,我们可以从中窥探市场化背景下中国城市家庭结构的转型:由"非市场化"向"市场化"转型。经济改革以来,国家逐渐不再扮演改革开放以前那种全能主义的、总体主义的、支配性角色,不再通过政治色彩浓烈的群众动员和群众运动来实现对社会和政治诸多领域中的各种力量的规训与统辖,而是通过一定程度的归权和赋权,来给予上述领域一定的自主权,从而为基层社会留出部分的自主性区域。从技术的层面来讲,国家发挥其作用,实现对个人和社会的控制的方略更为隐秘和精妙,其技术含量明显增加①。在此,我们以中国城市家庭的变迁为切入口,试图加深对国家、社会和个人三者的关系的变迁的理解。

默怀霆在中国城市家庭生活的变迁和连续性一文中设问:作为一种渗透着情感和传统的基本制度的家庭,究竟什么因素影响其变迁?古德在《世界革命和家庭模式》中将现代世界家庭变迁的社会影响机制分为三种:经济发展,文化传播和国家对社会的改造。其中,经济发展和国家的干预被看作是对个人和家庭间接的影响形式,而文化的传播则发挥着直接的影响。这就是学界对家庭变迁的结构和文化两个解释视角。默怀霆认为1949年和1978年"两次社会革命"对中国的家庭生活模式产生了重大的影响。就中国而言,经济的发展,西方发达社会的文化传播和国家对社会的改造和社会主义制度可能给家庭生活模式带来变化。②

---

① 参见渠敬东、周飞舟、应星《从总体支配到技术治理——基于中国30年改革经验的社会学分析》,《中国社会科学》2009年第6期。

② 默怀霆:《中国城市家庭生活的变迁和连续性》,《开放时代》2005年第3期。

　　而对于中国大陆来说，国家对社会的改造是挥之不去的特点。默怀霆认为国家推动家庭的变革所进行的直接和间接的努力一样重要。直接的形式是指涉及家庭的新法规的实施以及旨在宣传、动员、教育并推进家庭变革的诸多运动（如 1950 年颁布、修订并落实婚姻法；始于 1970 年的一波一波的计划生育运动；促进男女平等、简化婚丧风俗等运动），而间接的形式是指国家对社会的改造所带来的制度变化，制度环境的改变促进家庭模式和态度的变化。比如"1955 年发动的社会主义改造运动，却对中国大陆家庭有着间接的深刻影响，尤其是对家庭财产和家庭企业的剥夺，使全体公民更彻底地依附于国家社会主义的官僚机构，结果是大大动摇了父母为子女包办婚姻的能力"①。因此，可以认为 20 世纪 50 年代建立的社会主义制度结构对家庭生活有着复杂的间接影响，其中，从包办婚姻到自由恋爱婚姻是官方赞成的一个家庭变化，由此，青年人自主选择配偶的能力被提高了。他将这种家庭的社会主义转型称作"非市场化转型"。

　　那么，在讨论中国大陆城市的微观制度对个人和家庭的影响时，我们不能只谈 20 世纪 50 年代国家主导的社会主义转型，而不提 1978 年以后引入的市场化改革。在我们看来，由此可能导致家庭的资本主义转型，或者"市场化转型"。

　　首先，住房商品化和市场化，使住房成本变成了普通城市家庭开支的最大项。如果不是"权二代"，也不是"富二代"，而是"贫二代"，普通白领单凭自己的工资积蓄，基本上无法支付购买婚房所必需的货币。一般城市家庭必须拿出两代人的

---

　　①　默怀霆：《中国城市家庭生活的变迁和连续性》，《开放时代》2005 年第 3 期。

积蓄才能达成这一目标。房子变成了高悬在待婚男女及其父母头上的"地上河",压力和焦虑无时无刻不积聚在他们的内心。国家推行的这种住房制度的市场化客观上将城市个人和家庭推向了市场,这种外在的压力与他们内心的压力的合力,使得社会行动者在日常生活中的话语和逻辑也呈现出市场化的特征,因此,相亲角的择偶实践中展现出来的市场化逻辑就不足为奇了。

其次,私有化市场化改革也使家族或私营企业变得更加普遍,增加了家庭积累财产的可能性;此外,对于大多数城市独生子女家庭来说,家庭财产的继承不是困难的事情。因此,城市居民,尤其是收入与房价等生活支出相比不高的普通白领必然彻底地依附于家庭,"白发相亲"之所以能够行得通,客观上得益于这种依附关系。另一方面,待婚男女的工作不再是计划制时期由国家安排,而是自己在人才市场上自谋出路;合同聘任制的实施又使得他们随时面临工作变换和升职压力并存的局面,所以待婚群体经受的来自就业市场的压力不言而喻。此外,在市场化的大制度环境中,现代企业和事业单位内部分工愈来愈严密,工作空间缩小,工作团队范围缩小,再加上各部门强调部门利益,每一个小部门都可能是一个利益中心,因此,相比较于70—80年代的青年人的父母工作的工厂车间人数,现代化的诸多工作单位,尤其是外资企业,每个工作团队最多只有5—6个人,大大缩减了可选性。

最后,上海的空间不断扩大,房价高企,造成很多人居住地与工作地之间空间距离拉大,每天花费在公共交通上的时间和精力无疑从客观上"剥夺"了青年人对于婚恋大事的投入。总之,市场化作为一种社会制度的外在安排,对城市家庭和个人产生了直接和间接的重大影响,中国的城市家庭出现了

"市场化转型"。

第三，中国当下的社会转型中重要的一环是由家庭本位转向了个人本位。实际上，本研究试图按照制度与生活的思路，探索制度—社会主义市场经济体制—作为一个宏观的框架性条件如何与人们的日常生活发生交互性作用。我们试图将本研究放在一个社会转型的背景下，讨论市场化的择偶模式与计划经济下的择偶模式之间的差异，寻找期间发生的变化。

计划经济下，国家，尤其是单位制是个人缔结婚姻关系的重要渠道，单位对个人的监控很强，离开单位，个人无法立足。此外，婚姻制度也是在一个封闭的民族国家内发生作用，并影响个人的私人生活领域；而在市场经济下，在全球化的背景下，个人与国家的关系发生了变化，个人对市场的依赖性增强，物质化，市场化，消费主义化等观念渗透到私人的情感生活世界，"亲密关系"（Intimacy）发生了变化。一方面，个人主义增强，体现为一种"外扩型"的态势。个人在私人生活领域，尤其是情感生活世界中的"反思性"、"试验性"、"选择性"[1]增强。个人的民主化和自由化步子越迈越大；另一方面，传统的婚姻制度和择偶文化对个体的影响力逐步萎缩，体现为一种"内缩型"的态势。总之，对于婚姻制度而言，市场化是一种外在的影响力，其背后隐藏的是个人与国家关系的新变化。如阎云翔认为，传统的宗法制度及文化遭到了国家建设的蚕食，原有的维系婚姻制度的制度性的支撑遭到破坏，而又缺乏新的维系支撑[2]。

---

[1] 吉登斯：《失控的世界》，江西人民出版社 2001 年版，第 53—62 页。

[2] 阎云翔：《私人生活的变革：一个中国村庄里的爱情、家庭与亲密关系 1949—1999》，龚小夏译，上海书店出版社 2005 年版，第 257—261 页。

　　谈到市场化，必然涉及市场经济。有人将市场经济单纯地理解为一种资源配置方式，这是表面现象，最多是市场经济的功能之一，就市场经济在中国的发展，我们发现，它实际上具有改造人们的世界观和价值观，甚至是颠覆传统文化的功能。中华传统文化由于市场经济的介入，是否会在当下戛然而止，无法再继续下去了？30 多年改革开放和市场化建设，中国社会的利益博弈与权力秩序发生了重大的变化，简言之，这是由计划经济到市场经济的变化，换个角度来看，我们也可以把它理解为社会由家庭本位转向了个人本位。

　　一个典型的例子是农村责任田包产到户，这是以个人为单位，这一点阎云翔的研究也证实了这一点①，这种由家庭本位到个人本位的改变从根本上改变了农村社会的赡养关系，婚姻关系和代际关系。再以城市中的拆迁为例，拆迁费和回迁房的计算标准也是以人头为标准，这些对中国社会产生了重大影响，在很大程度上，形塑了人们的私有财产关系和私有财产权力，其影响力不可低估。

　　个人权力和个人利益的张扬带来了个体的解放和自由，但是自由从来都是要付出代价的：其直接的一个后果就是造成了个人与他人、个人与集体，个人与国家之间的紧张感，打破了传统社会中的家国结构的和谐格局，滋生了一些传统的农耕文化中不存在的信任危机和博弈行为。以农民为例，我们对农民的道德评价一般包括两类："老实巴交"和"奸诈狡讦"，在自然经济占主导的社会形态中，在相对封闭的熟人社会中，这种行为模式不会带给他们不好的结果，相

---

　　①　阎云翔：《家庭政治中的金钱与道义：北方农村分家模式的人类学分析》，《社会学研究》1998 年第 6 期。

反，它会提升他们在熟人社会中的声望。在市场经济占主导的社会形态中，农民将"老实巴交"的作风留在了农村，在城市里，他们采取了城市人的行为规则和道德规范。因此，市场经济带给中国的不仅仅是长达多年的两位数增长，是数十亿人的脱贫和少数人的中等富裕，或许，它已然直接威胁到传统价值和文化的存在。

　　数千年以来，中华民族从未经历过如此重大的变迁，由自给自足的自然经济直接转变为市场经济，改革开放以来，来自西方的经济新自由主义在中国开枝散叶，为世界历史提出了一个新的命题：变迁如此巨大，涉及人口如此众多，如何能够持续30多年的发展和进步，却没有伴随着剧烈的社会革命和动荡？处于剧烈变迁中的中国社会究竟依靠什么作为稳定器和凝聚核？经济日益富强和威权主义并未衰退的国家？暴力和血腥的市场？虚无缥缈和若有若无的社会？还是家庭？

　　1949年新生政权建立以来，以阶级斗争为纲和以经济建设为纲两条发展思路的引导下所进行的社会主义建设的结果之一就是：市场不是西方意义上的市场，市场也不再是传统意义上的市场；而传统本身已变更或者被再造，仅剩下核心家庭。在农村，20世纪90年代的中国家庭无所不用其极地攫取嫁妆和彩礼的客观事实表明"家庭"已经被"社会主义式的革命彻底掏空并重新定义"[1]。此外，改革已经重组了家庭的道德结构，阎云翔90年代在黑龙江下岬村的田野研究表明：以"社会主义政策为本的政治经济学，从根本上摧毁了家庭关系

---

　　[1]　Siu, Helen F., The Reconstitution of Brideprice and Dowry in South China. In Chinese Families in the Post-Mao Era. Deborah Davis and Stevan Harrell, eds. pp. 165—188. Berkeley: University of California Press, 1993.

中性别与等级的组织形式及序级结构"。①

　　中共中央从 1992 年十四大提出建立社会主义市场经济体制，1993 年发布了关于建立社会主义市场经济体制若干问题的决定，2003 年中共十六届三中全会审议并通过了《中共中央关于完善社会主义市场经济体制若干问题的决定》至今，市场化机制在国家建设和民众生活中的影响深远。中国正背负着历史的行囊快速前进，人类学家关注的是"改革的修辞与市场的力量到底怎样改变晚期社会主义中国老百姓的生活"②或许，社会学者可能会对如下问题更感兴趣：1978 年以来，中国城市的市场结构究竟发生了怎样的变化？中国的城市社会如何与不同时期复杂的国家机器相辅相成？地方社会又如何与不同地域层次的社会以至国家发生关系？市场化机制建立以来，城市家庭的动力何在？现行的医疗、教育、住房和社保体制对个体的职业生涯和情感世界究竟造成了何种影响？个人又采取了何种行动策略进行应对？国家、家庭和个人三者的关系在社会主义市场化机制的框架中，发生和即将发生怎样的变迁？

---

　　① 　萧凤霞：《中国纪元：背负历史行囊快速前行——评有关中国当代社会生活的三部著作》，《社会学研究》2006 年第 5 期。

　　② 　同上。

参考文献

［美］安东尼·吉登斯：《现代性与自我认同：现代晚期的自我与社会》，赵旭东、方文译，三联书店 1998 年版。

［美］欧文·戈夫曼：《污名：受损身份管理札记》，宋立宏译，商务印书馆 2009 年版。

［美］乔纳森·特纳：《情感社会学》，孙俊才、文军译，上海人民出版 2007 年版。

［美］乔纳森·特纳：《人类情感：社会学的理论》，孙俊才、文军译，东方出版社 2009 年版。

［英］卡尔·波兰尼：《大转型：我们时代的政治与经济起源》，冯钢、刘阳译，浙江人民出版社 2007 年版。

［英］齐格蒙·鲍曼：《现代性与大屠杀》，杨渝东、史建华译，译林出版社 2002 年版。

《〈2009 中国人婚恋状况调查报告〉寒冬重磅发布》，2010 年 1 月，百合网（http：//news. baihe. com/mtbd/zxbd/3952. htm）。

《〈中国妇女〉大年龄青年婚姻专号将出版》，《人民日报》1984 年 9 月 8 日。

《2008 中国网民婚恋调查》，中国红娘网 2008 年 2 月

（www. hongniang. com）。

《遏制全球经济的爱情》，《世界报》2011 年 6 月，转引自新华网（http：//news. xinhuanet. com/world/2011 - 06/06/c_ 121498983. htm）。

《日本知名女优苍井空开通微博 14 小时粉丝逾 19 万》，《新浪网》2011 年 11 月（http：//ent. sina. com. cn/s/j/2010 - 11 - 12/09163143760. shtml）。

《上海经济年鉴 2007》，上海经济年鉴社 2007 年版，转引自《国民经济主要指标发展速度·上海年鉴 2007》，《上海市地方志》2009 年 2 月（http：//www. shtong. gov. cn/node2/node19828/node78865/node78925/node79041/userobject1ai 100262. html）。

《四千"红娘"搭鹊桥》，《人民日报》1985 年 2 月 6 日。

《为帮助大龄青年解决婚姻问题　北京市举办大型联欢晚会》，《人民日报》1984 年 6 月 20 日。

《郑州为大龄未婚青年举办晚会》，《人民日报》1984 年 7 月 3 日。

《祝您幸福》，《人民日报》1985 年 3 月 1 日。

［印度］帕拉维·艾亚尔：《"婚姻市场"的星期天下午》，《亚洲时报》2010 年 7 月 10 日，转引自《中国网》（http：//www. china. com. cn/international/txt/2008 - 07/11/content_ 15991266. htm）。

Cinderalla：《中国父母的一厢情愿——公园速配》，《每日镜报》2008 年 6 月 17 日，转引自《中国网》（http：//www. china. com. cn/international/txt/2008 - 06/17/content_ 15834690. htm）。

Royallin：《你看后害怕的上海姑娘相亲记》，天涯网 2007 年 11 月（http：//www. tianya. cn/publicforum/content/free/1/

1046362. shtml）。

阿董：《南京"万人相亲会"老中青上阵》，2006 年 3 月，《中新网》（http：//news. eastday. com/eastday/node81741/node81763/node124673/userobject1ai1923697. html）。

北光：《父母相亲会》，《社区》2005 年第 14 期。

贝克尔：《家庭论》，商务印书馆 1998 年版。

彩亮：《古老行当玩新招——相亲成为巴西兴旺的"出口业"》，《国际市场》1996 年第 8 期。

曹慧中：《为谁辛苦为谁忙——讲述父母相亲会背后的故事》，《青年探索》2007 年第 2 期。

陈意新：《从下放到下岗 1968—1998》，《二十一世纪》1999 年第 56 期。

褚中志：《中国土地资源配置的市场化改革问题思考》，《思想战线》2005 年第 4 期。

邓圩：《首个社会变迁调查：五大变迁说广东社会发展》，人民网 2008 年 7 月（http：//www. lookinto. cn/post/179. html）。

东方春雪：《关于相亲》，友人网 2006 年 3 月（http：//story. younet. com/files/2006/03/12/71158. shtml）。

窦蓓蓓：《"中国相亲大会"成功举办的传播学思考》，《视听纵横》2009 年第 3 期。

杜海涛：《焦虑成为社会普遍心态》，人民网 2011 年 8 月（http：//www. 21ccom. net/articles/zgyj/gqmq/2011/0805/42 517. html）。

渡渡：《国外最"另类"的相亲方式》，《今日南国》2009 年第 8 期。

方心清：《全球化视野下的生活方式变迁》，《浙江学刊》2003 年第 5 期。

飞鸣镝：《长春老人王树芳举办"父母相亲会"》，《老年人》2008 年第 8 期。

费孝通：《乡土中国》，三联书店 1985 年版。

风笑天：《电视征婚有助于青年人择偶吗?》，《社会》2001 年第 1 期。

顾骏：《也说"上海人排外"现象》，《东方早报》2009 年 6 月（http：//finance. baidu. com/2009 - 06 - 03/11827 3076. html）。

郭景萍：《试析作为"主观社会现实"的情感———一种社会学的新阐释》，《社会科学研究》，2007 年第 3 期。

韩娜：《家长相亲会遭遇七年之痒：选媳像选妃　淘婿如淘金》，《北京晨报》2011 年 4 月（http：//acwf. people. com. cn/ GB/99935/14421216. html）。

何怀宏：《中国的忧伤》，法律出版社 2011 年版。

吉登斯：《失控的世界》，江西人民出版社 2001 年版。

姜昆等：《中国知青回忆录，1968—1979》，吉林人民出版社 1996 年版。

蒋波：《老百姓不相信政府专家及媒体成"老不信"》，新华网 2011 年 9 月（http：//news. xinhuanet. com/local/2011 - 09/08/c_ 121999265. htm）。

蒋佳佳、孙晓菲：《80 后入驻人民公园相亲角　父母操心儿女终身大事》，《东方网》2009 年 2 月（http：// sh. eastday. com/qtmt/20090207/u1a533692. html）。

金琼：《试论勃朗特三姐妹小说的叙事视角及其"情感结构"》，《名作欣赏》2008 年第 20 期。

李广平编：《中国知青悲欢录》，花城出版社 1993 年版。

李佳佳：《申城风景线："梅花"七夕搅局　沪人相亲热

度 不 减 》，中 国 新 闻 网 （ http：//www. chinanews. com/sh/2011/08 – 06/3238893. shtml）。

李君娜：《人民广场相亲角搬上荧屏》，《解放日报》2011年 7 月 27 日（http：//www. jfdaily. com/a/2251916. htm）。

李强：《转型时期：中国社会分层》，辽宁教育出版社2004 年版。

李晓丽：《别样母亲节礼物：中老年人相亲会昨在中山公园》，《青岛早报》2010 年 5 月 9 日（http：//www. qingdaonews. com/gb/content/2010 – 05/09/content_ 8371848. htm）。

李逊：《工人阶级领导一切？——"文革"中上海"工人造反派"及工人阶级的地位》，载宋永毅主编《文化大革命：历史真相与集体记忆》，香港田园书屋 2007 年版。

李友梅：《社会结构中的"白领"及其社会功能——以 20世纪 90 年代以来的上海为例》，《社会学研究》2005 年第6 期。

李煜、徐安琪：《婚姻市场中的青年择偶》，上海社会科学院出版社 2004 年版。

李煜、徐安琪：《择偶模式和性别偏好研究：西方理论和本土经验资料的解释》，《青年研究》2004 年第 10 期。

李煜：《婚姻的教育匹配：50 年来的变迁》，《中国人口科学》2008 年第 3 期。

李煜：《择偶配对的同质性与变迁：自致性与先赋性的匹配》，《青年研究》2008 年第 6 期。

李云虹：《京城公园内的"相亲大军"》，《法律与生活》2005 年 6 月下半期。

梁漱溟：《中国文化要义》，上海人民出版社 2005 年版。

刘精明：《市场化与国家规制——转型期城镇劳动力市场

中的收入分配》，《中国社会科学》2006 年第 5 期。

刘汝蓉：《"城乡比较视野下的家庭价值观变迁研究"上海地区调查初步结果公布》，中国社会科学网 2008 年 5 月 15 日（http：//www. cssn. cn/news/323862. htm）。

刘小枫：《这一代人的怕和爱》（增订本），华夏出版社 2007 年版。

刘小萌：《中国知青史——大潮（1966—1980 年）》，中国社会科学出版社 1998 年版。

刘亚秋：《知青苦难与乡村城市间关系研究》，《清华大学学报》（社会科学版）2008 年第 2 期。

刘媛：《相亲超市》，《现代青年》2011 年第 4 期。

鲁品越：《当投机劫持房市：看不见的手的危机》，《社会科学报》2010 年 1 月 7 日第 1 版。

吕大乐：《白领：新兴的中产阶级》，载周晓虹主编《中国社会与中国研究》，社会科学文献出版社 2004 年版。

吕大乐：《上海白领》，载刘兆佳等编《社会转型与文化变貌》，香港中文大学亚太研究所 2001 年版。

罗琪、徐晓军：《白领相亲现象中的"弱关系"假设及其实质》，《华中师范大学研究生学报》2009 年第 3 期。

罗媛媛：《当代青年的婚恋现状及其对策探讨——基于第二届湖北青年相亲文化节活动的研究》《中国青年研究》2008 年第 7 期。

骆为：《美国人咋相亲》，《海外文摘》2008 年第 1 期。

麻国庆：《家族化公民社会的基础：家族伦理与延续的纵式社会——人类学与儒家的对话》，《学术研究》2007 年第 8 期。

麻国庆：《永恒的家与多变的家园》，《广西民族大学学报》（哲学社会科学版）2007 年第 3 期。

马北：《土耳其人在公共浴室里相亲》，《乡镇论坛》2000
年第 8 期。

马尚龙：《上海女人》，文汇出版社 2007 年版。

米娜：《"相亲"新方式》，《食品与生活》2008 年第
12 期。

摩摩：《便利时代："相亲"交给"专门店"》，《风采》
2007 年 10 期。

默怀霆：《中国城市家庭生活的变迁和连续性》，《开放时
代》2005 年第 3 期。

穆光宗：《独生子女家庭五大风险——中国计生政策迈向
人本》，《瞭望东方周刊》2006 年第 37 期。

诺儿：《另类相亲：花开花落不言爱》，《大众文艺》2005
年第 11 期。

潘采夫：《当中产成了愤怒的小鸟》，嫣牛博 2011 年 8 月 1 日
（http://www.bullock.cn/blogs/pancaifu/archives/154537.aspx）.

潘鸣啸：《上山下乡运动再评价》，《社会学研究》2005
年第 5 期。

潘泽泉：《情感社会学：一个亟待研究的社会学领域》，
《湖南师范大学社会科学学报》，2005 年第 4 期。

裴文彬等：《涌动在长三角的"相亲经济"》，《记者观
察》（上半月），2006 年第 8 期。

彭希哲、任远：《从"知青一代"的职业流动看社会变
迁》，《社会学研究》1998 年第 1 期。

曲福田、石晓平：《城市国有土地市场化配置的制度非均
衡解释》，《管理世界》2002 年第 6 期。

渠敬东、周飞舟、应星：《从总体支配到技术治理——基

于中国 30 年改革经验的社会学分析》，《中国社会科学》2009
年第 6 期。

任骋：《中国民俗通志·禁忌志》，山东教育出版社 2005
年版。

瑞弗卡舒：《在耶路撒冷相亲》，《八小时以外》2003 年
第 11 期。

萨苏：《日本人成婚靠相亲》，《社区》2009 年第 4 期下。

上海市人口普查办公室编：《世纪之交的中国人口》（上
海卷），中国统计出版社 2005 年版。

史卫民、何岚：《知青备忘录——上山下乡运动中的生产
建设兵团》，中国社会科学出版社 1996 年版。

孙立平：《断裂——20 世纪 90 年代以来的中国社会》，社
会科学文献出版社 2003 年版。

覃贻花：《春节相亲的人比平日增两成，抛老例儿正月乐相
亲》，《北方网》2009 年 1 月 9 日（http：//news. enorth. com. cn/
system/2009/01/09/003857520. shtml）。

谭进、胡一敏：《"父母包办相亲"是提高婚恋效率还是
"开历史倒车"》，《观察与思考》2007 年第 10 期。

谭进、胡一敏：《"父母包办相亲"是提高婚恋效率还是
"开历史倒车"》，《观察与思考》2007 年第 10 期。

唐灿：《家庭现代化理论及其发展的回顾与评述》，《社会
学研究》2010 年第 3 期。

唐韡：《从"相亲角"看都市未婚白领大龄化问题——以
上海人民公园为例》，《职业时空》2008 年第 2 期。

田晓虹：《转型期择偶模式的实态与变化》，《浙江学刊》
2001 年第 1 期。

王金玲：《非农化与农民家庭观念的变迁》，《社会学研

究》1996 年第 4 期。

王宁：《略论情感的社会方式—情感社会学研究笔记》，《社会学研究》2000 年第 4 期。

王宁：《消费社会学——一个分析的视角》，社会科学文献出版社 2001 年版。

王鹏、侯钧生：《情感社会学：研究的现状与趋势》，《社会》2005 年第 4 期。

王思斌：《婚姻观念的变化与农村社会亲属化》，《农村经济与社会》1990 年第 5 期。

王秀梅译注：《诗经·邶风·击鼓》，中华书局 2006 年版，第 37 页。

王毅：《"不一样的周末"他们忙着给子女相亲》，《城市周刊》2009 年 10 月 28 日（http：//week. hzrb. cn/system/2009/10/28/010224512. shtml）。

王跃生：《制度变革、社会转型与中国家庭变动——以农村经验为基础的分析》，《开放时代》2009 年第 3 期。

吴鹏：《三位新任副总理皆为"知青一代"》，《共产党员》2008 年第 5 期。

萧风霞：《中国纪元：背负历史行囊快速前行——评有关中国当代社会生活的三部著作》，《社会学研究》第 5 期。

肖向云：《"万松书缘"相亲会》，《杭州日报》2010 年 5 月 12 日（http：//week. hzrb. cn/system/2010/05/12/010630489. shtml）。

肖向云：《万松书院相亲会，上了海外纪录片》，2006 年 8 月 6 日《杭州日报》（http：//hzrb. hangzhou. com. cn/20060801/ca1182797. htm）。

谢玲丽主编：《2007 上海人口与计划生育年鉴》，上海科学技术文献出版社 2007 年版。

　　徐安琪：《择偶标准五十年变迁及其原因分析》，《社会学研究》2000 年第 6 期。

　　徐安琪：《中国离婚现状、特点及其趋势》，《上海社会科学院学术季刊》1994 年第 2 期。

　　徐炯权：《公园相亲，单身老人自办"鹊桥会"》，《老年人》2006 年第 2 期。

　　徐友渔：《知青经历和下乡运动—个体经验与集体意识的对话》，《北京文学》1998 年第 6 期。

　　许志英、张根柱：《生命活动的艺术结晶——论庐隐作品的情感结构与其文本形式的对应关系》，《中山大学学报》（社会科学版）2001 年第 4 期。

　　薛照红：《重视研究"大姑娘"的择偶心理》，《社会》1984 年第 4 期。

　　阎云翔：《家庭政治中的金钱与道义：北方农村分家模式的人类学分析》，《社会学研究》1998 年第 6 期。

　　阎云翔：《私人生活的变革：一个中国村庄里的爱情、家庭与亲密关系 1949—1999》，龚小夏译，上海书店出版社 2005 年版。

　　杨国斌：《悲情与戏谑：网络事件中的情感动员》，《传播与社会学刊》2009 年第 9 期。

　　杨国斌：《红卫兵一代的认同转变》，载宋永毅主编《文化大革命：历史真相与集体记忆》，香港田园书屋 2007 年版。

　　杨善华、沈崇麟：《城乡家庭——市场经济与非农化背景下的变迁》，浙江人民出版社 2000 年版。

　　杨雄：《上海白领青年职业生活调查》，《青年研究》1999 年第 6 期。

姚如青：《土地要素流动非市场化下的土地产权制度创新》，《浙江学刊》2009 年第 2 期。

姚瑶、黄皓军：《"相亲角"里的双亲》（中文海外版），《中国女性》2007 年第 7 期。

余平：《谁相亲?》，《广州日报》2006 年 10 月 26 日 B6 版。

玉笛：《柏柏尔族的相亲节》，《世界文化》2005 年第 8 期。

郁方：《19 世纪末以来中国中产阶层的消费文化变迁与特征》，《学术研究》2005 年第 7 期。

原野：《老人"征婚热"渐成常态　公园相聚公开相亲》，《新晚报》2010 年 7 月 20 日（http：//www. xinnews. com/）。

翟振武、杨凡：《中国出生性别比水平与数据质量研究》，《人口学刊》2009 年第 4 期。

张洪：《城市土地利用与市场化》，《思想战线》2000 年第 6 期。

张宁宁：《回沪知青群体社会保障问题探析》，《劳动保障世界》2011 年第 8 期。

张淑英：《天津市关心大年龄未婚青年的婚姻》，《社会》1984 年第 3 期。

张翼：《中国阶层内婚制的延续》，《中国人口科学》2003 第 4 期。

赵孟营：《新家庭社会学》，华中理工大学出版社 2000 年版。

赵爽：《中国农村个体化趋势的特征》，《兰州学刊》2010 年第 2 期。

郑霞、曹刚、薛亚林：《人民公园家长相亲角诞生 3 年，一些"职业红娘"紧盯家长们的钱袋》，《新民晚报》2008 年 8 月 5 日，（http：//bbs. xinmin. cn/frame. php? frameon = yes&referer =

http%3A//bbs. xinmin. cn/forumdisplay. php%3Ffid%3D285)

周栋栋:《相亲会兴盛的研究》,《法制与经济》2009 年第 2 期。

周永明:《"幸福"在中国的不幸》,《二十一世纪》2010 年 10 月号。

朱光磊等:《当代中国社会各阶层分析》,天津人民出版社 1998 年版。

朱光磊主编:《大分化新组合:当代中国社会各阶层分析》,天津人民出版社 1994 年版。

朱孔芳、刘小霞:《上海市回沪知青子女抗逆力研究》,《当代青年研究》2010 年第 1 期。

祝华新:《到了用网络倒逼改革的时候了》,《中国青年报》2011 年 7 月 25 日(http://zqb. cyol. com/html/2011 - 07/25/nw. D110000zgqnb_ 20110725_ 5 - 03. htm)。

Anita Chan, *The Children of Mao: Personality Development and Political Activism in the Red Guard Generation*, Seattle: University of Washington Press, 1985, pp. 1 - 5.

Becker, Gary S. , "A Theory of Marriage: Part I", *Journal of Political Economy* 81: pp. 813 - 846, 1973; Becker, Gary S. , *A Treatise on the Family*. Cambridge, MA: Harvard University Press, 1981, pp. 108 - 135.

Becker, Gary S. , "A Theory of Marriage: Part II", *Journal of Political Economy* 82: pp. 11 - 26, 1974.

Blossfeld, Hans - Peter, and Johannes Huinink, "Human Capital Investments or Norms of Role Transition? How Women's Schooling Affects the Process of Family Formation", *American Journal of Sociology* 97: pp. 143 - 168, 1991.

Blossfeld, Hans – Peter, "Changes in the Process of Family Formation and Women's Growing Economic Independence: A Comparison of Nine Countries", in *The New Role of Women: Family Formation in Modern Societies*, edited by H. P. Blossfeld, Boulder, Westview Press, 1995, pp. 3 – 32.

Buss, D. H., "Human Mate Selection", *American Scientist* 73: pp. 47 – 51, 1985.

Davis, Deborah, "Change, Continuities, and Contradictions in State Priorities for the Institution of Marriage", the workshop on marriage in cosmopolitan China, Hong Kong, HK University, July 5 – 6, 2011, p. 8.

Davis, Deborah. & Harrell, S., *Chinese families in the post-Mao era.* Berkeley: Universi ty of California Press, 1993.

Davis, Deborah, "Men as Success Objects and Women as Sex Objects: A Study of Personal Advertisement", *Sex Roles* 23: 43 – 50, 1990.

Davis, Deborah, Who Gets the House? Renegotiating Property Rights in Post – Socialist Urban China, *Modern China* (First Published Online 22 June 2010; DOI: 10. 1177/0097700410373265).

DiMaggio P. Mohr J., "Cultural Capital, Educational Attainment, and Marital Selection", *American Journal of Sociology* 90: 1231 – 61, 1985.

Edward, J. N., "Familiar Behavior as Social Exchange", *Journal of Marriage and the Family* 31: 518 – 526, 1969.

Elder, Glen, "Appearance and Education in Marriage Mobility." *American Sociological Review*, 1969 (34): pp. 519 – 533.

Emily Honig, Gail Hershatter, *Personal Voices: Chinese*

Women in the 1980s, Stanford: Stanford University Press, pp. 104 – 110, pp. 207 – 242.

Eshleman, J. R. , *The Family*: *An Introduction*, (7th Edition) Botston: Allyn and Bacon, 1994, pp. 33 – 81.

Farrer. James, *Opening Up*: *Youth Sex Culture and Market Reform in Shanghai*, The University of Chicago Press, 2002, pp. 10 – 12.

Fenggang, Yang, "The red, black, and gray markets of religion in China", *The Sociological Quarterly* 2006 (46): pp. 93 – 122.

Fu, Vincent Kang, "Racial Intermarriage Pairings", *Demography* 38: pp. 147 – 59, 2001.

Gadberry, James H. , and Richard Dodder, "Educational Homogamy in Interracial Marriages—An Update", *Journal of Social Behavior and Personality* 8 (6): pp. 155 – 63, 1993.

Goh Chin Lian, "Parents helps children in matchmaking", 2008 – 9 – 8, SG Forums (http: //sgforums. com/forums/1225/topics/329931) .

Goldstein, Joshua R. , and Catherine T Kenney, "Marriage Delayed or Marriage Forgone? New Cohort Forecasts of First Marriage For U. S. Women", *American Sociological Review* 66: pp. 506 – 519, 2001.

Hayes A. F. , "Age Preferences for Same-sex and Opposite-sex Partners. " *Journal of Social Psychology* 135: pp. 125 – 133, 1995.

Jankowiak, William, *Sex*, *Death*, *and Hierarchy in a Chinese City*. New York, NY: Columbia University Press, 1993.

Jerry A. Jacobs and Teresa G. Labov, "Gender Differentials in Intermarriage among Sixteen Race and Ethnic Groups", *Sociological Forum*, Vol. 17, No. 4, Dec. , 2002, pp. 621 – 646.

Kalmijn, Matthijs, "Trends in Black/White Intermarriage", *Social Forces* 72: 119 – 46, 1993.

Kalmijn, Matthijs, "Intermarriage and Homogamy: Causes, Patterns, Trends", *Annual Review of Sociology* 24: 395 – 421, 1998.

Kerckhoff, Alan C. and Keith E. Davis, "Value consensus and need complementarity in mate selaection". *American Sociological Review* 27 (June): pp. 295 – 303, 1962.

Lasswell, M. & Lasswell, T. , *Marriage and the family* (3rd Ed.), Belmont, CA: Wadsworth Publishing Company, 1991, p. 375.

Liang, Zai, and Naomi Ito, "Intermarriage of Asian Americans in the New York City Region: Contemporary Patterns and Future Prospects", *International Migration Review* 33: pp. 876 – 900, 1999.

Lin Xie, Jiamin Zhang, "Parents Busy Matchmaking for Their Children", *Women of China*, No. 10, 2007.

Litchter, Daniel T. , Diane K. McLaughlin, George Kephart, and David J. Landry, "Race and the Retreat from Marriage: A Shortage of Marriageable Men?" *American Sociological Review* 57: pp. 781 – 799, 1992.

Liu, Xin. *In One's Own Shadow: An Ethographic Account of Condition of Post-Reform Rural China*. Berkeley: University of Califonia Press, 2000, p. 80.

M. Kalmijn, Intermarriage and Homogamy, Causes, Patterns, Trends, *Annual Review of Sociology*, Vol. 24, 1998, pp. 395 – 421.

Mare R. D. , "Five Decades of Educational Assortative Mating. " American Sociological Review 56 : 15 – 32 , 1991.

Murstein I. Bernard, "Mate Selection in the 1970s" , *Journal of Marriage and Family*, 1980 (November), pp. 777 – 792.

Nee, Victor, "Sources of the New Institutionalism", In Mary C. Brinton and Victor Nee, (eds.), *The New Institutionalism In Sociology*, New York : Russell Sage Foundation, 1998 , pp. 1 – 16.

Nye, F. Ivan, "Family mini theories as special instances of choice and exchange theory", *Journal of marriage and the family* 42 : pp. 479 – 489 , 1980.

Oppenheimer, Valerie Kincade, "A Theory of Marriage Timing. " *American Journal of Sociology* 94 : pp. 563 – 591 , 1988.

Oppenheimer, Valerie Kincade, "Women's Rising Employment and the Future of the Family in Industrial Societies" , *Population and Development Review* 20 : pp. 293 – 342 , 1994.

Oppenheimer, Valerie Kincade, "Women's Employment and the Gains to Marriage : The Specialization and Trading Model of Marriage" , *Annual Review of Sociology* 23 : pp. 431 – 453 , 1997.

Perry, E. J. , "Moving the masses : Emotion work in the Chinese Revolution", *Mobilization* 7 (2) : 111 – 128 , 2002.

Pinelli, Antonella, and Alessandra De Rose, "Italy", in *The New Role of Women : Family Formation in Modern Societies*, edited by H. P. Blossfeld. Boulder : Westview Press, 1995 , pp. 174 – 190.

Qian, Zhenchao, "Breaking Racial Barriers : Variations in Interracial Marriage between 1980 and 1990 ", *Demography* 34 : pp. 263 – 76 , 1997.

Qian, Zhenchao, "Who Intermarries? Education, Nativity, Region, and Interracial Marriage, 1980 and 1990", *Journal of Comparative Family Studies* 30: pp. 579 – 99, 1999.

Raymo, James M. , "Education Attainment and the Transition to First Marriage Among Japanese Women", *Demography* 40 (1): pp. 83 – 103, 2003.

Raymo, Kimberly Goyett, and Arland Thornton, "Economic Potential and Entry into Marriage and Cohabitation. " *Demography* 40 (2): pp. 351 – 367, 2003.

Riley, Nancy, Interwoven Lifes: Parents, Marriage, and Guanxi in China. *Journal of Marriage and the Family* 56: 791 – 803, 1994.

Rock, "Dating for children", *Women of China*, No. 8, 2005.

Rosenfeld, Michael J. , "A Critique of Exchange Theory in Mate Selection", *American Journal of Sociology* 110 (5): pp. 1284 – 1325, 2005.

Ruth Cherrington, *Deng's Generation: Young Intellectuals in 1980s China*, New York: St. Martins Press, 1977, pp. 3 – 7.

Santow, Gigi, and Michael Bracher, "Change and Continuity in the Formation of First Marital Unions in Australia. " *Population Studies* 48: pp. 475 – 96, 1994.

Schoen, R. and Wooldredge, J. , "Marriage Choices in North Carolina and Virginia, 1969 – 1971 and 1979 – 1981", *Journal of Marriage and the Family* 51: 465 – 481, 1989.

Siu, Helen F. , "The Reconstitution of Brideprice and Dowry in South China", In *Chinese Families in the Post-Mao Era.* Deborah Davis and Stevan Harrell eds. Berkeley: University of California Press, 1993, pp. 165 – 188. .

Smits, Jeroen, Wout Ultee, and Jan Lammers, "Educational Homogamy in 65 Countries: An Explanation of Difference in Openness Using Country-Level Explanatory Variables", *American Sociological Review* 63: pp. 264 – 285, 1998.

South, Scott J. , "The Variable Effects of Family Background on the Timing of First Marriage: United States, 1969 – 1993", *Social Science Research*, 2001 (30): pp. 606 – 626.

Sweeney, Megan M. , "Two Decades of Family Change: the Shifting Economic Foundations of Marriage", *American Sociological Review* 67: pp. 132 – 147, 2002.

Taylor PA, Glenn ND. , "The Utility of Education and Attractiveness for Females' Status Attainment through Marriage. " *American Sociological Review* 1976 (41): pp. 484 – 98.

Thornton, Arland D. , William G. Axinn, and Jay D. Teachman, "The Influence of School Enrollment and Accumulation on Cohabitation and Marriage in Early Adulthood", *American Sociological Review* 60: pp. 762 – 774, 1995.

Ultee, Wout C. , and Ruud Luijkx, "Educational Heterogamy and Father-to-son Occupational Mobility in 23 Industrial Nations", *European Sociological Review* (6): 125 – 149, 1990.

W. J. G. Unnk, "Who Marries Whom? The Role of Social origins, Education and High Culture in Mate Selection of Industrial Societies during the Twentieth Century", PhD Thesis, Jijmegen University, 1996.

Wang, Yujun, "A Critique of the Status Exchange Theory of Merton and Davis in Mate Assorting", Paper presented at the annual meeting of the American sociological association, Montreal Convention Center, Monttrea, Quebec, Canada, Aug. 11, 2006.

Whyte and William L. Parish, *Urban Life in Contemporary China*, Chicago, IL: University of Chicago Press, 1984.

Whyte, Martin. King, "Changes in Mate Choice in Chengdu", In Deborah Davis and Ezra Vogel (eds.), *Chinese Society on the Eve of Tiananmen.* Cambridge, MA: The Council on East A-sian Studies, Havard University, 1990.

Williams, R. , *Marxism and literature*, Oxford: Oxford University Press, 1977, pp. 128 – 136.

Winch R. F. , "The Theory of Complementary Needs in Mate-Selection: An Analytic and Descriptive Study", *American Sociological Review* 19 (3): pp. 241 – 249, 1954.

Xie, Yu, James M. Raymo, Kimberly Goyett, and Arland Thornton, "Economic Potential and Entry into Marriage and Cohabitation", *Demography* 40 (2): pp. 351 – 367, 2003.

Yang, Guobin, "Achieving emotions in collective action: Emotional processes and movement mobilization in the 1989 Chinese student movement", *The Sociological Quarterly* 41 (4), pp. 593 – 614, 2001.

附录三

相亲角掠影

张贴有相亲信息的纸袋长阵

相亲摊档

如此条件? 惊讶的老妈妈

熙熙攘攘的上海相亲角

人潮涌涌，只为待婚子女

千里姻缘红线牵

父母相亲摊档

花丛中的"剩女"

衍生业务

商业搭便车